Mapeamento da História do Usuário

Mapeamento da História do Usuário

Jeff Patton

ALTA BOOKS
GRUPO EDITORIAL
Rio de Janeiro, 2023

Mapeamento da História do Usuário

Copyright © **2023** ALTA BOOKS

ALTA BOOKS é uma empresa do Grupo Editorial Alta Books (Starlin Alta Editora e Consultoria Ltda.)

Copyright © **2014** Jeff Patton.

ISBN: 978-85-508-1977-8

Authorized Portuguese translation of the English edition User Story Mapping ISBN 9781491904909 © 2014 Jeff Patton. This translation is published and sold by permission of O'Reilly Media, Inc., which owns or controls all rights to publish and sell the same. PORTUGUESE language edition published by Grupo Editorial Alta Books Ltda., Copyright © 2023 by STARLIN ALTA EDITORA E CONSULTORIA LTDA.

Impresso no Brasil — 1ª Edição, 2023 — Edição revisada conforme o Acordo Ortográfico da Língua Portuguesa de 2009.

Dados Internacionais de Catalogação na Publicação (CIP) de acordo com ISBD

P322m   Patton, Jeff

　　　　　Mapeamento da História do Usuário / Jeff Patton ; traduzido por Eveline Machado. - Rio de Janeiro : Alta Books, 2023.
　　　　　320 p. ; 15,7cm x 23cm.

　　　　　Tradução de: User Story Mapping
　　　　　Inclui índice.
　　　　　ISBN: 978-85-508-1977-8

　　　　　1. Ciência da computação. I. Machado, Eveline. II. Título.

　　　　　　　　　　　　　　　　　　　　　　　　　　CDD 004
2023-1220　　　　　　　　　　　　　　　　　　　　CDU 004

Elaborado por Vagner Rodolfo da Silva - CRB-8/9410

Índice para catálogo sistemático:
1. Ciência da computação 004
2. Ciência da computação 004

Todos os direitos estão reservados e protegidos por Lei. Nenhuma parte deste livro, sem autorização prévia por escrito da editora, poderá ser reproduzida ou transmitida. A violação dos Direitos Autorais é crime estabelecido na Lei nº 9.610/98 e com punição de acordo com o artigo 184 do Código Penal.

O conteúdo desta obra fora formulado exclusivamente pelo(s) autor(es).

Marcas Registradas: Todos os termos mencionados e reconhecidos como Marca Registrada e/ou Comercial são de responsabilidade de seus proprietários. A editora informa não estar associada a nenhum produto e/ou fornecedor apresentado no livro.

Material de apoio e erratas: Se parte integrante da obra e/ou por real necessidade, no site da editora o leitor encontrará os materiais de apoio (download), errata e/ou quaisquer outros conteúdos aplicáveis à obra. Acesse o site www.altabooks.com.br e procure pelo título do livro desejado para ter acesso ao conteúdo..

Suporte Técnico: A obra é comercializada na forma em que está, sem direito a suporte técnico ou orientação pessoal/exclusiva ao leitor.

A editora não se responsabiliza pela manutenção, atualização e idioma dos sites, programas, materiais complementares ou similares referidos pelos autores nesta obra.

Produção Editorial: Grupo Editorial Alta Books
Diretor Editorial: Anderson Vieira
Vendas Governamentais: Cristiane Mutüs
Gerência Comercial: Claudio Lima
Gerência Marketing: Andréa Guatiello

Assistente Editorial: Brenda Rodrigues
Tradução: Eveline Machado
Copidesque: Leandro Menegaz
Revisão: André Cavanha; Thamiris Leiroza
Diagramação: Daniel Vargas; Joyce Matos
Revisão Técnica: William Pereira
(Analista/Desenvolvedor de Sistemas)

Rua Viúva Cláudio, 291 — Bairro Industrial do Jacaré
CEP: 20.970-031 — Rio de Janeiro (RJ)
Tels.: (21) 3278-8069 / 3278-8419
www.altabooks.com.br — altabooks@altabooks.com.br
Ouvidoria: ouvidoria@altabooks.com.br

ALTA BOOKS
GRUPO EDITORIAL

Editora afiliada à:

Para Stacy, Grace e Zoe, as pessoas que mais me apoiam e fazem todo meu esforço valer a pena.

E em memória de Luke Barrett, um caro colega e mentor.

Luke fez a diferença na minha vida, e na vida de muitos outros.

Sumário

Prefácio de Martin Fowler xi
Prefácio de Alan Cooper xiii
Prefácio de Marty Cagan xv
Prefácio xix
Leia Isto Primeiro xxvii

1. A Visão do Todo 1
    A Palavra com "A"   1
    Contando Histórias, Não Escrevendo Histórias   3
    Contanto a História Inteira   3
    Gary e a Tragédia do Backlog Enxuto   5
    Converse e Documente   6
    Estruture Sua Ideia   8
    Descreva Seus Clientes e Usuários   8
    Conte as Histórias dos Seus Usuários   10
    Explore Detalhes e Opções   13

2. Planeje Criar Menos 19
    O Mapeamento Ajuda os Grandes Grupos a Criar uma Compreensão Compartilhada   20
    O Mapeamento Ajuda a Encontrar Lacunas na História   23
    Sempre Há Muito   24
    Divida o Lançamento de um Produto Mínimo Viável   25
    Divida um Roteiro de Lançamentos   26
    Não Priorize os Recursos — Priorize os Resultados   27
    Isto É Mágico — Sério, É Mesmo   27
    Por que Discutimos Tanto sobre MVP   30
    O Novo MVP Não É um Produto de Jeito Nenhum!   32

3. Planeje Aprender Mais Rápido 33
    Comece Discutindo Sua Oportunidade   34
    Valide o Problema   34
    Crie um Protótipo para Aprender   35
    Cuidado com o que as Pessoas Dizem que Querem   37
    Crie para Aprender   37
    Itere até Ser Viável   40
    Como Fazer do Modo Errado   40
    Aprendizagem Validada   42
    Minimize Realmente Seus Experimentos   44
    Recapitulando   45

4. Planeje Terminar no Prazo 47
Conte para a Equipe   48
O Segredo para a Boa Estimativa   49
Planeje Criar Peça por Peça   50
Não Lance Cada Faixa   52
Outro Segredo da Boa Estimativa   52
Gerencie Seu Orçamento   53
    O que da Vinci Faria?   55
Iterativo e Incremental   58
Estratégia de Abertura, Meio Jogo e Final   59
Divida Sua Estratégia de Desenvolvimento em um Mapa   60
Tudo É um Risco   61
E Agora?   61

5. Você Já Sabe Como 63
1. Escreva Sua História Um Passo de Cada Vez   63
    Tarefas São o que Fazemos   64
    Minhas Tarefas São Diferentes das Suas   65
    Sou Apenas Mais Orientado aos Detalhes   66
2. Organize Sua História   68
    Preencha os Detalhes que Faltam   69
3. Explore Histórias Alternativas   69
    Mantenha o Fluxo   70
4. Separe o Mapa para Criar um Backdone   71
5. Divida as Tarefas que Ajudam a Chegar a um Resultado Específico   73
É Isso! Você Aprendeu Todos os Conceitos Importantes   74
Experimente Isso em Casa ou no Trabalho   75
É um Mapa do Agora, Não um Mapa do Futuro   76
Experimente de Verdade   78
Com o Software É Mais Difícil   79
O Mapa É Apenas o Começo   81

6. A História Real sobre Histórias 85
A Ideia Simples e Disruptiva de Kent   85
Simples Não Significa Ser Fácil   88
Ron Jeffries e os Três C's   89
    1. Ficha   89
    2. Conversa   90
    3. Confirmação   91
Palavras e Imagens   91
É Isso   93

7. Contando Histórias Melhores 95
Modelo Legal da Connextra   96
Modelos Zumbis e o SnowPlow   100
Uma Checklist sobre o que Realmente Falamos   102
Crie Fotos das Férias   105
É Muita Coisa para Se Preocupar   106

8. Nem Tudo Está na Ficha 109
Pessoas Diferentes, Conversas Diferentes   109
Precisaremos de uma Ficha Maior   110

Irradiadores e Caixas Térmicas	114
Esta Ferramenta Não Serve para Isto	117
Criando uma Compreensão Compartilhada	117
Lembrando	119
Monitorando	120

9. A Ficha É Apenas o Começo 123

Construa com uma Imagem Clara em Mente	124
Crie uma Tradição Oral de Contar Histórias	125
Examine os Resultados do Seu Trabalho	126
Não É para Você	128
Crie para Aprender	129
Nem Sempre É o Software	131
Planeje Aprender e Aprenda a Planejar	131

10. Prepare Histórias Como um Bolo 133

Crie uma Receita	133
Dividindo um Bolo Grande	135

11. Quebrando Pedras 141

O Tamanho Sempre Importa	141
As Histórias São Como Pedras	143
Épicos São as Pedras Grandes às Vezes Usadas para Acertar as Pessoas	145
Os Temas Organizam os Grupos de Histórias	146
Esqueça os Termos e Foque a Narrativa	147
Comece com as Oportunidades	148
Descubra uma Solução Mínima Viável	149
Entre nos Detalhes de Cada História durante a Entrega	151
Continue Conversando à Medida que Cria	152
Avalie Cada Parte	154
Avalie com Usuário e Clientes	155
Avalie com as Partes Interessadas	156
Libere e Continue Avaliando	157

12. Triturador de Pedras 161

Valioso-Útil-Viável	162
Uma Equipe de Descoberta Precisa de Muitos Pessoas para Ter Sucesso	165
Três Amigos	166
Proprietário do Produto como Produtor	169
Isso É Complicado	170

13. Comece com as Oportunidades 173

Tenha Conversas sobre as Oportunidades	173
Aprofunde-se, Descarte ou Reflita	174
A Oportunidade Não Deve Ser um Eufemismo	179
Mapeamento da História e Oportunidades	179
Seja Exigente	185

14. Usando a Descoberta para Criar uma Compreensão Compartilhada 187

Descobrir Não É Criar Software	187
Quatro Passos Essenciais para a Descoberta	189
1. Estruture a Ideia	189
2. Entenda os Clientes e os Usuários	189
3. Visualize Sua Solução	193

    4. Minimize e Planeje   202
    Atividades de Descoberta, Discussões e Artefatos   205
    A Descoberta É para Criar uma Compreensão Compartilhada   207

15. Usando a Descoberta para Aprendizagem Validada 209
    Estamos Errados na Maior Parte das Vezes   209
    Os Velhos Tempos Difíceis   211
    Empatia, Foco, Ideação, Protótipo, Teste   212
    Como Bagunçar Algo Bom   216
    Ciclos Curtos de Aprendizagem Validados   218
    Como o Pensamento Startup Enxuta Muda o Design do Produto   219
        Comece Supondo   220
        Nomeie Suas Suposições Arriscadas   220
        Planeje e Crie um Pequeno Teste   221
        Meça Executando o Teste com Clientes e Usuários   223
        Repense Sua Solução e Suposições   223
    Histórias e Mapas da História?   224

16. Aprimore, Defina e Crie 225
    Fichas, Conversas, Mais Fichas, Mais Conversas…   225
    Cortando e Lapidando   225
    Workshop das Histórias   226
    Planejamento do Sprint ou da Iteração?   229
    As Pessoas Não Colaboram   232
    Divida e Diminua   234
    Use o Mapa da História durante a Entrega   239
    Use um Mapa para Visualizar o Progresso   239
    Use Mapas Simples durante os Workshops da História   241

17. Histórias Lembram Muito os Asteroides 245
    Remontando as Pedras Quebradas   247
    Não Exagere no Mapa   249
    Não se Preocupe com Coisas Pequenas   249

18. Aprenda com Tudo que Você Cria 251
    Revise como uma Equipe   251
    Revise com Outras Pessoas na Organização   254
    O Suficiente   256
    Aprenda com os Usuários   258
    Aprenda com o Lançamento para os Usuários   258
    Resultados Seguindo um Cronograma   259
    Use um Mapa para Avaliar a Prontidão do Lançamento   260

Fim, Será? 263

Agradecimentos 265

Referências 269

Sobre o Autor 271

Colofão 273

Índice 275

Prefácio de Martin Fowler

Uma das consequências vantajosas do surgimento do desenvolvimento de software Ágil é a noção de dividir grandes conjuntos de requisitos em partes menores. Essas partes — histórias — permitem muito mais visibilidade sobre o progresso de um projeto de desenvolvimento. Quando um produto é criado história por história, com a implementação de cada história totalmente integrada no produto de software, todos conseguem ver o crescimento do produto. Ao usar histórias que fazem sentido para os usuários, os desenvolvedores podem conduzir o projeto determinando quais histórias criar em seguida. Essa maior visibilidade ajuda a encorajar uma maior participação dos usuários, ou seja, eles não precisam mais esperar um ano ou mais para ver o que a equipe de desenvolvimento andou fazendo.

Mas essa fragmentação tem consequências negativas. Uma delas é que fica fácil perder a visão geral do que um sistema de software deve fazer. Você pode acabar com muitas partes que não se encaixam para formar um todo coerente. Ou pode criar um sistema que acaba por não ser útil para os usuários, pois perdeu a essência do que é preciso ao se perder nos detalhes.

O mapeamento da história é uma técnica que dá uma visão geral que uma pilha de histórias muitas vezes não tem.

É isso, na verdade — a descrição deste livro em uma frase simples. E essa frase traz consigo a promessa de muito valor. Uma visão geral ajuda a se comunicar com os usuários de modo eficiente, ajuda a todos os envolvidos a não criar recursos desnecessários e dá uma orientação para uma experiência do usuário coerente. Quando converso com meus colegas na ThoughtWorks sobre o que eles fazem para desenvolver suas histórias, o mapeamento da história normalmente aparece como uma técnica central. Muitas vezes eles aprenderam essa técnica nos workshops dados por Jeff, pois é ele quem desenvolveu a técnica e pode comunicá-la da melhor forma. Este livro permite que mais pessoas entendam essa técnica diretamente da fonte.

Mas não é só um livro para pessoas que têm algo como "analista comercial" em seu cartão de visitas ou no perfil online. Talvez meu maior desapontamento na década da adoção dos métodos Ágeis é o modo como muitos programadores veem as histórias como uma comunicação de mão única dos analistas para com eles. Desde o começo, as histórias deveriam estimular *conversas*. Se você realmente deseja criar um software eficaz para dar suporte a uma atividade, então precisa ver as pessoas que criam software como uma fonte vital de ideias para seus recursos, pois são os programadores que melhor conhecem o que o software é capaz de fazer. Eles precisam entender o que seus usuários estão tentando alcançar e devem colaborar na criação das histórias que capturam as necessidades desses usuários. Um programador que entende o mapeamento da história pode ver melhor o contexto mais amplo do usuário e participar na estruturação do software, levando a um trabalho melhor.

Quando Kent Beck (quem deu origem à noção de "história") desenvolveu suas ideias sobre desenvolvimento de software, ele chamou a comunicação de principal valor das equipes eficientes. As histórias são os blocos de construção da comunicação entre os desenvolvedores e aqueles que utilizam o seu trabalho. Os mapas da história organizam e estruturam esses blocos de construção e, assim, melhoram o processo de comunicação — que é a parte mais crítica do desenvolvimento de software em si.

— Martin Fowler
18 de junho de 2014

Prefácio de Alan Cooper

No famoso romance de ficção científica de Mary Shelley, *Frankenstein*, o louco Doutor Frankenstein desenvolve uma criatura com várias partes de pessoas mortas e dá vida a ela com a então nova tecnologia da eletricidade. Claro, sabemos que isso não é realmente possível. Você não pode criar vida costurando partes aleatórias de corpos.

Contudo, isso é o que os desenvolvedores de software tentam fazer o tempo todo. Eles adicionam recursos ao software, um por vez, e se perguntam por que apenas poucos usuários amam seu produto. O cerne dessa questão é que os desenvolvedores usam seu método de construção como uma ferramenta de design, mas os dois não são intercambiáveis.

É muito razoável que os programadores *construam* o software com um recurso de cada vez. É uma estratégia perfeitamente boa, comprovada há anos. O que também ficou provado com os anos é que, quando usado como um método para projetar o comportamento e o escopo de um produto digital, o modo "um recurso por vez" produz o monstro Frankenstein de um programa.

Embora estejam intimamente relacionadas, as práticas de projetar o comportamento do software e criar esse software são muito diferentes e normalmente realizadas por pessoas diferentes com variados conjuntos de habilidades. As muitas horas que os designers de interação passam observando os usuários e mapeamento os padrões de comportamento deixariam a maioria dos programadores maluca. Por outro lado, as horas de esforço com os algoritmos são solitárias demais para a maioria dos designers.

Mas quando as duas vertentes da prática — design e desenvolvimento — colaboram, o trabalho se torna eletrizante e tem o potencial de criar um produto vivo, que respira. O trabalho em equipe dá vida ao monstro e faz as pessoas o amarem.

Embora a ideia de colaboração não seja nova nem particularmente perspicaz, ela é, na verdade, muito difícil de executar com eficácia. O modo como os desenvolvedores trabalham — sua cadência, linguagem e ritmo — é muito diferente dos designers de interação.

Os profissionais em cada um dos dois campos são fortes, capazes e bem disciplinados internamente, embora compartilhem uma fraqueza em comum. É realmente difícil expressar um problema de design em termos de programação e é igualmente difícil expressar um problema de desenvolvimento em termos de design. As duas disciplinas irmãs não têm uma língua em comum. E é justamente nessa junção entre as duas disciplinas que reside Jeff Patton.

O método de Jeff no mapeamento da história faz sentido para os desenvolvedores e também para os designers. O mapeamento é a Pedra de Roseta da nossa era digital.

Apesar de protestos em contrário, o desenvolvimento Ágil não é uma ferramenta de design muito útil. É um modo de considerar o desenvolvimento amigável para o design, o que é muito bom, mas em si não o fará chegar a um produto que os usuários amam. Por outro lado, muitas vezes vimos bons designs, bem documentados e dados aos desenvolvedores — Ágeis ou não — que conseguiram acabar com a essência do design no processo de implementação.

A abordagem do mapeamento da história de Patton é a ponte sobre esse abismo. O design de interação é sobre encontrar a verdade do usuário e contá-la como uma narrativa. O desenvolvimento de software é sobre dividir essas narrativas em partes pequenas e funcionais, implementando-as e integrando-as. É muito fácil que a essência da narrativa escape durante esse processo complexo. Sim, as funções são implementadas, mas o paciente morre na mesa de operação.

Ao mapear as histórias do usuário, o design mantém sua estrutura narrativa, embora ainda seja desconstruída pela implementação efetiva. A história do designer, que é uma versão formal da história do usuário, permanece intacta no desenvolvimento.

O mundo corporativo convencional provou que é quase impossível que uma equipe com duzentas ou trezentas pessoas crie um produto que as pessoas amem. Entrementes, a comunidade startup provou que uma equipe com quatro ou cinco *consegue* criar pequenos produtos que as pessoas amam, mas até esses pequenos produtos acabam ficando grandes e perdem seu brilho. O desafio que enfrentamos é criar um software grande que as pessoas amem. Um software grande atende ao grande público fazendo trabalhos complexos e viáveis comercialmente. É muito difícil tornar tal software divertido de usar e fácil de aprender.

A única maneira de criar um software grande que não é um monstro tipo Frankenstein é aprendendo como integrar as disciplinas do design de software e desenvolvimento. Ninguém sabe fazer isso melhor que Jeff Patton.

— Alan Cooper

17 de junho de 2014

Prefácio de Marty Cagan

Tive uma sorte tremenda de conseguir trabalhar com muitas das melhores equipes de produtos de tecnologia do mundo. Pessoas que criam os produtos que você usa e ama todos os dias. Equipes que literalmente mudam o mundo.

Também tento ajudar as empresas que não estão se saindo muito bem. Startups correndo para ganhar alguma tração antes que o dinheiro acabe. Empresas maiores se esforçando para replicar sua inovação inicial. Equipes falhando em adicionar continuamente valor ao negócio. Líderes frustrados com o tempo que leva da ideia à realidade. Engenheiros irritados com os donos do produto.

O que aprendi é que há uma profunda diferença entre como as melhores empresas do produto criam produtos de tecnologia e o resto. E não estou falando de diferenças menores. Falo de tudo, desde como os líderes se comportam até o nível de empoderamento das equipes, como as equipes trabalham juntas, como a organização pensa sobre financiamento, pessoal e criação de produtos, a cultura, como o produto, o design e a engenharia colaboram para descobrir soluções eficientes para os clientes.

Este livro é intitulado *Mapeamento da História do Usuário*, mas logo você verá que ele é muito mais do que essa técnica poderosa, porém simples. O livro chega na essência de como as equipes colaboram, se comunicam e acabam tendo algo bom para criar.

Muitos de vocês nunca tiveram a chance de ver de perto como uma forte equipe de produto funciona. Tudo o que você sabia é o que viu em sua empresa ou onde trabalhou antes. Portanto o que eu gostaria de fazer aqui é tentar lhe dar uma ideia de como as melhores equipes são diferentes do resto.

Com um aceno de gratidão ao livro *Good Product Manager, Bad Product Manager* (sem publicação no Brasil), de Ben Horowitz, aqui está um vislumbre de algumas diferenças importantes entre equipes de produto fortes e fracas (em tradução livre):

> As boas equipes têm uma visão de produto convincente que elas buscam com uma paixão missionária. As equipes ruins são mercenárias.

> As boas equipes conseguem inspiração e ideias de produto com KPIs de pontuação, observando as dificuldades dos clientes, analisando os dados que os

clientes geram ao usar o produto e buscando sempre aplicar novas tecnologias para resolver problemas reais. As equipes ruins coletam os requisitos das vendas e dos clientes.

As boas equipes entendem quem são as partes interessadas principais, elas entendem os limites dentro dos quais as partes interessadas operam e se comprometem a propor soluções que não só funcionam para os usuários e os clientes, mas também dentro dos limites do negócio. As equipes ruins coletam requisitos das partes interessadas.

As boas equipes são habilidosas em muitas técnicas para rapidamente testarem as ideias do produto para determinar quais são realmente as que valem a pena serem desenvolvidas. As equipes ruins fazem reuniões para gerar roteiros priorizados.

As boas equipes adoram debater ideias com líderes inteligentes em toda a empresa. As equipes ruins ficam ofendidas quando alguém de fora ousa sugerir que elas façam algo.

As boas equipes têm o produto, o design e a engenharia lado a lado, adotam o dar e receber entre a funcionalidade, a experiência do usuário e a tecnologia facilitadora. As equipes ruins ficam em suas respectivas áreas funcionais e pedem que os outros façam solicitações de seus serviços na forma de documentos e reuniões agendadas.

As boas equipes estão sempre testando novas ideias para inovar, mas fazem isso de modo a proteger a receita e a marca. As equipes ruins ainda aguardam permissão para executar um teste.

As boas equipes insistem em ter os conjuntos de habilidades necessárias para criar produtos vencedores, como um design de interação forte. As equipes ruins nem sabem o que são designers de interação.

As boas equipes asseguram que seus engenheiros tenham tempo para experimentar os protótipos de descoberta todos os dias para que possam colaborar com suas ideias sobre como melhorar o produto. As equipes ruins mostram os protótipos aos engenheiros durante o planejamento de sprint para que possam fazer uma estimativa.

As boas equipes interagem diretamente com os usuários finais e clientes toda semana para compreender melhor seus clientes e ver a resposta deles a suas últimas ideias. As equipes ruins pensam que elas são o cliente.

As boas equipes sabem que muitas das suas ideias favoritas acabarão não funcionando para os clientes, e até aquelas que funcionam precisarão de várias iterações para chegarem ao ponto de fornecer o resultado desejado. As equipes ruins apenas criam o que está no roteiro e ficam satisfeitas em cumprir datas e assegurar a qualidade.

As boas equipes entendem a necessidade da velocidade e de como uma iteração rápida é o segredo da inovação, e entendem que essa velocidade vem das técnicas certas, não do trabalho forçado. As equipes ruins reclamam que são lentas porque seus colegas não se dedicam o bastante.

As boas equipes assumem compromisso de alta integridade após avaliarem a solicitação e assegurarem que têm uma solução viável que realmente funcionará para o cliente e o negócio. As equipes ruins reclamam por serem uma empresa baseada em vendas.

As boas equipes instrumentam seu trabalho para que possam entender de imediato como o produto está sendo usado e fazem ajustes com base nos dados. As equipes ruins consideram a análise e o relatório "algo bom de se ter".

As boas equipes integram e lançam produtos continuamente, sabendo que um fluxo constante de lançamentos menores fornece uma solução muito mais estável para seus clientes. As equipes ruins testam manualmente no final de uma fase de integração difícil, então lançam tudo de uma só vez.

As boas equipes são obcecadas pelos clientes de referência. As equipes ruins são obcecadas pelos concorrentes.

As boas equipes comemoram quando conseguem um impacto importante nos KPIs do negócio. As equipes ruins comemoram quando finalmente lançam algo.

Percebo que talvez você esteja se perguntando o que tudo isso tem a ver com mapas da história. Acho que você se surpreenderá. E é precisamente por isso que sou fã de mapas da história.

Conheci poucos especialistas na metodologia Ágil que considero qualificados para realmente ajudarem uma equipe de produtos séria a subir o nível que a empresa precisa e merece. Jeff Patton é um deles. Observei-o trabalhando em campo com equipes no meio da descoberta do produto. Eu o apresentei a empresas porque ele é eficiente. As equipes o adoram porque é qualificado, porém humilde.

A época em que os gerentes de produto coletavam e documentavam requisitos, os designers se esforçavam para maquiar o produto, os engenheiros se abrigavam no porão, codificando, acabou há tempos para as melhores equipes. É hora de acabar para sua equipe também.

— Marty Cagan

18 de junho de 2014

Prefácio

> Viva nele, nade nele, ria nele, ame nele / Tire as manchas constrangedoras do lençol de forro, isso mesmo / E se divirta visitando os parentes, transforme um sanduíche em banquete.
>
> — Tom Waits, "Step Right Up"

Este livro deveria ser algo pequeno… um panfleto, na verdade.

Eu me propus a escrever sobre uma prática simples chamada *mapeamento da história*. Eu e muitas outras pessoas criamos mapas simples para nos ajudar a trabalhar juntos e imaginar a experiência de usar um produto.

O mapeamento da história nos mantém focados nos usuários e em sua experiência, e o resultado é uma conversão melhor e, por consequência, um produto melhor.

Criar um mapa é bem simples. Trabalhando com outras pessoas, contarei a história de um produto, escrevendo cada grande passo que os usuários dão na história em notas adesivas, em um fluxo da esquerda para a direita. Então, voltaremos e falaremos sobre os detalhes de cada passo, e escreveremos esses detalhes em notas adesivas, colocando-as na vertical sob cada passo. O resultado é uma estrutura de grade simples que conta uma história da esquerda para a direita, e a divide em detalhes de cima para baixo. É divertido e rápido. E os detalhes criam um backlog melhor das histórias para nossos projetos de desenvolvimento Ágil.

Quão complicado poderia ser escrever um livro sobre isso?

Mas acontece que até as coisas simples podem ficar muito sofisticadas. E escrever sobre o motivo de você querer criar um mapa de história, o que acontece quando cria um e todos os diferentes modos de poder usá-lo me exigiria muitas páginas. Havia mais coisas nessa prática simples do que eu pensei.

Se você está usando um processo de desenvolvimento Ágil, é possível que esteja preenchendo backlogs com histórias do usuário. Presumi que, uma vez que as histórias eram uma prática comum, seria uma perda de tempo escrever sobre elas neste livro. Mas eu estava errado. Em uma década e meia desde que as histórias foram descritas pela primeira vez por Kent Beck, elas ficaram mais populares — e mais mal compreendidas e usadas — do que nunca. Isso me deixa triste. E mais, acaba com todo o benefício que conseguimos com o mapeamento da história.

Assim, neste livro, gostaria de corrigir o maior número possível dos muitos grandes equívocos sobre as histórias e como elas são usadas nos desenvolvimentos de software Ágil e Lean (também conhecido como método enxuto). Por isso, nas palavras de Tom Waits, eu transformei esse "sanduíche em um banquete".

Por que Eu?

Gosto de fazer coisas. O que me motiva é a alegria de criar uma parte do software e ver as pessoas usá-lo e se beneficiarem com ele. Sou um metodologista relutante. Descobri que precisava aprender como processo e prática funcionam juntos para melhorá-los. Só agora estou aprendendo, mais de 20 anos depois no desenvolvimento de software, como ensinar o que aprendi. E sei que o que ensino é um alvo móvel. O que entendo muda toda semana. O melhor modo de explicá-lo muda quase tão rápido quanto. Tudo isso me impediu de escrever um livro por anos.

Mas chegou a hora.

As histórias e os mapas da história são uma boa ideia. Eles têm beneficiado muitas pessoas. Eles têm tornado suas vidas melhores e os produtos criados melhores. Mas embora as vidas de algumas pessoas tenham ficado melhores, há mais pessoas do que nunca tendo dificuldades com as histórias. Quero ajudá-las a parar com isso.

Este livro é algo que posso fazer para ajudar. E, se ele melhorar as vidas profissionais de alguns apenas, comemorarei.

Este Livro É para Você Se Você Estiver Lidando com Histórias

Como muitas organizações adotaram processos Ágeis e Lean, e as histórias que os acompanham, talvez você caia em algumas armadilhas causadas pela má compreensão sobre elas. Armadilhas do tipo:

- Como as histórias permitem focar a criação de pequenas coisas, é fácil *perder a visão do todo*. Muitas vezes o resultado é um "produto Franken", em que fica claro para todos que o usam que ele é montado a partir de partes que não se encaixam.
- Quando você cria um produto de qualquer tamanho significativo, criar uma coisa pequena após a outra deixa as pessoas se *perguntando quando você terá terminado ou o que exatamente será entregue*. Se você é o criador, você também se pergunta.
- Como as histórias são sobre conversas, *as pessoas usam essa ideia para não anotar nada*. Então, esquecem o que foi falado e acordado nas conversas.
- Como as boas histórias devem ter um critério de aceitação, o foco é tê-lo por escrito, mas ainda não há uma compreensão em comum do que precisa ser criado. Como consequência, *as equipes não terminam o trabalho planejado no intervalo de tempo estipulado*.
- Como boas histórias devem ser escritas da perspectiva de um usuário e há muitas partes que os usuários nunca veem, os membros da equipe questionam dizendo que *"nosso produto não tem usuários, então as histórias do usuário não funcionarão aqui"*.

Se você caiu em alguma dessas armadilhas, tentarei acabar com os equívocos que levam a elas em primeiro lugar. Você aprenderá a pensar na visão do todo, como planejar e estimar o grande (e o pequeno), e como ter conversas produtivas sobre o que os usuários tentam realizar, assim como o que uma boa parte do software precisa fazer para ajudá-los.

Quem Deve Ler Este Livro?

Você, claro. Sobretudo se o comprou. Eu, por exemplo, acho que você fez um ótimo investimento. Se pegou emprestado, deve pedir o seu agora e devolver o livro quando o novo chegar na sua casa.

Contudo, a leitura deste livro oferece motivos e benefícios específicos para os profissionais em funções específicas:

- *Gerentes de produto e profissionais de experiência do usuário (UX) em empresas de produtos comerciais* devem ler este livro para ajudá-los a fechar a lacuna entre pensar sobre produtos inteiros e a experiência do usuário, e pensar sobre planos táticos e itens do backlog. Se você está lutando para ir da visão que está imaginando aos detalhes que suas equipes podem construir, os mapas da história ajudarão. Se você está lutando para ajudar os outros a imaginar a experiência — e simpatizar com — dos usuários de seu produto, o mapeamento da história ajudará. Se você está lutando para descobrir como incorporar boas práticas de UX e design de produto, este livro ajudará. Se você tem trabalhado para incorporar a experiência no estilo de Startup Enxuta no modo como trabalha, este livro o ajudará.

- *Donos de produto, analistas de negócio e gerentes de projeto nas organizações de TI (tecnologia da informação)* devem ler este livro para ajudá-los a fechar a lacuna entre seus usuários internos, as partes interessadas e os desenvolvedores. Se você está lutando para convencer muitas partes interessadas em sua empresa a ficarem em sintonia, então os mapas da história ajudarão. Se você está lutando para ajudar os desenvolvedores a verem o todo, os mapas da história ajudarão.

- *Coaches dos processos Ágil e Lean* com o objetivo de ajudar indivíduos e equipes a melhorar devem ler este livro. E, como você faria, pense sobre os equívocos que as pessoas em sua organização têm sobre as histórias. Use as histórias, os exercícios simples e as práticas descritas neste livro para ajudar as equipes a melhorarem.

- *Todas as outras pessoas.* Ao usar os processos Ágeis, muitas vezes procuramos funções, como donos de produto ou analistas de negócio, para conduzir muito do trabalho com histórias, mas o uso eficiente das histórias requer que *todos* tenham o básico. Quando as pessoas não entendem o básico, você ouve reclamações de que as "histórias não são bem escritas", que elas são "grandes demais" ou "não têm detalhes suficientes". Este livro ajudará, mas não como você pensa. Você e os outros aprenderão que as histórias não são um modo de escrever melhor os requisitos, mas um modo de organizar e ter conversas melhores. Este livro o ajudará a entender os tipos de conversa que você deve ter para conseguir as informações necessárias quando precisa delas.

Espero que você se identifique com um ou mais grupos que descrevi. Se não, dê o livro a alguém que se identifique.

Em caso afirmativo, vamos começar.

Algumas Convenções Usadas Neste Livro

Imagino que este não é o único livro sobre desenvolvimento de software que você já leu, portanto nada deve surpreendê-lo.

Os Cabeçalhos em Cada Capítulo o Orientam no Assunto

Use-os para encontrar seu caminho ou pule as partes que não estiver interessado no momento.

> *Os principais pontos aparecem assim. Imagine que estou dizendo isso um pouco mais alto do que todo o outro texto.*

Se você está folheando, leia os pontos principais. Se gostar deles, ou se não são óbvios de cara, leia o texto antes e depois deles. Isso deverá esclarecê-los.

As seções separadas são usadas para descrever:

- *Conceitos interessantes, mas não essenciais.* Elas devem ser distrações divertidas. Pelo menos espero que sim.
- *Receitas para práticas específicas.* Você deve conseguir usar essas receitas para ajudá-lo a iniciar com uma prática específica.
- *Histórias e exemplos que outras pessoas forneceram.* Você deve ter boas ideias a partir deles e tentar usá-los em sua organização.

O livro está organizado em seções específicas. Você pode ler uma seção por vez ou usá-las para ajudar a encontrar ideias para o desafio específico que tem no momento.

Como Este Livro Está Organizado

Comprei uma nova impressora a laser colorida há algum tempo. Abri a caixa e no topo da impressora havia um folheto com "Leia Isto Primeiro" em grandes letras vermelhas. Imaginei "Devo *realmente* ler isto primeiro?", porque normalmente não faço o que me dizem para fazer. Mas fiquei contente por ler, porque havia muitas proteções de plástico em várias partes dentro da impressora para mantê-la segura durante o transporte e se eu a tivesse conectado antes de removê-las, poderia ter danificado a impressora.

Essa história pode parecer uma digressão, mas não é.

Este livro tem um capítulo "Leia Isto Primeiro" porque existem dois conceitos críticos e um vocabulário associado que usarei no resto do livro. Gostaria que você tivesse os conceitos em sua cabeça antes de iniciar. Se começar com o mapa da história antes de entendê-los, não posso garantir a sua segurança.

Mapeamento da História a 3.000m

Os Capítulos 1-4 lhe darão uma visão de alto nível do mapeamento da história. Se você usa histórias há algum tempo e lidou com um mapa da história antes, essa seção deve ser o suficiente para começar imediatamente.

O Capítulo 5 tem um exercício bacana para ajudá-lo a aprender os principais conceitos usados para criar um ótimo mapa da história. Experimente com um grupo no escritório e todos que participam entenderão. E prometo que os mapas criados para os produtos resultarão melhores depois disso.

Entendendo Bem as Histórias do Usuário

Os Capítulos 6-12 contam a história por trás das histórias, como realmente funcionam e como fazer um bom uso delas nos projetos Ágil e Lean. Dentro dos mapas da história existem muitas pequenas histórias que você pode usar para orientar o desenvolvimento diário. Mesmo que você seja um veterano na metodologia Ágil, prometo que aprenderá algo sobre histórias que ainda não sabe. E se é novo nas histórias, aprenderá o bastante para surpreender os sabichões em Ágil do seu escritório.

Backlogs Melhores

Os Capítulos 13-15 se aprofundam no ciclo de vida de uma história. Explicarei as práticas específicas que ajudam a usar histórias e mapas da história, começando com grandes oportunidades e passando pelo trabalho de descoberta para identificar uma lista cheia de histórias que descrevem um produto viável. Você aprenderá como os mapas da história e muitas outras práticas podem ajudá-lo em cada etapa do caminho.

Criando Melhor

Os Capítulos 16-18 detalham mais como usar as histórias de forma tática, interação por iteração ou sprint por sprint. Você aprenderá a preparar as histórias, prestar atenção enquanto as cria, realmente terminá-las, e aprender com cada história que você converte em um software funcional.

Acho que os últimos capítulos de muitos livros de desenvolvimento de software são uma bobagem a mais. Em geral eu os ignoro. Infelizmente, não escrevi nenhum capítulo assim. Você precisará ler o livro todo. Meu único consolo é que você tirará algumas pérolas úteis de cada capítulo que poderá colocar em ação imediatamente.

Ao trabalho.

Leia Isto Primeiro

Este livro não tem introdução.

Sim, você leu direito. Agora, talvez se pergunte de imediato: "Por que o livro de Jeff não tem uma introdução? Ele esqueceu de escrevê-la? Ele está começando a apresentar problemas após todos esses anos? O cachorro a comeu?"

Não, eu não esqueci de escrever uma introdução para este livro. E não estou apresentando problemas. Pelo menos acho que não. Meu cachorro não a comeu (embora o porquinho-da-índia da minha filha pareça suspeito). É que sempre acreditei que os autores passam muito tempo me convencendo que devo ler o livro deles e grande parte desse convencimento fica na introdução. O recheio da maioria dos livros só começa no Capítulo 3. E tenho certeza de que não sou apenas eu que faço isso, mas normalmente pulo a introdução.

Este livro realmente começa aqui.

E você não tem permissão para pular essa parte porque é realmente a parte mais importante. Na verdade, se você entender apenas dois pontos deste livro, ficarei feliz. E esses dois pontos estão bem aqui neste capítulo:

- O objetivo de usar histórias não é escrever histórias melhores.
- O objetivo do desenvolvimento de produto não é criar produtos.

Deixe-me explicar.

O Jogo do Telefone Sem Fio

Tenho certeza de que você se lembra de quando era criança e brincava com esse estranho "jogo do telefone sem fio", em que sussurrava algo para alguém, que sussurrava para outra pessoa e assim por diante no grupo, até a última pessoa revelar a mensagem totalmente distorcida e todos riam. Hoje, minha família ainda brinca com esse jogo em casa com as crianças em volta da mesa. Nota para os pais: é uma boa atividade para ocupar as crianças entediadas com a conversa dos adultos no jantar.

No mundo dos adultos, continuamos com o jogo — apenas não sussurramos entre nós. Escrevemos documentos longos e criamos apresentações oficiais que entregamos a alguém, que segue entendendo algo totalmente diferente do que foi pretendido. E essa pessoa usa o tal documento para criar outros e passar para pessoas diferentes. Contudo, diferente da brincadeira que jogávamos quando crianças, não rimos no final.

Quando as pessoas leem instruções por escrito, as interpretam de modo diferente. Se você acha um pouco difícil de acreditar (afinal está escrito!), deixe-me mostrar alguns exemplos de instruções que deram muito, muito errado.

Essa é a capa do livro *Cake Wrecks*, de Jen Yates (sem publicação no Brasil). O livro surgiu do site um tanto quanto divertido, cakewrecks.com (conteúdo em inglês). Não acesse o site se você não tem, pelo menos, uma hora para tanto. O site mostra fotos de bolos decorados de forma estranha que desafiam qualquer explicação — mas Jen explica mesmo assim. Agora, um dos temas recorrentes no site e no livro são os requisitos mal interpretados. Mas, claro, ela não se refere a eles como *requisitos* porque é uma palavra pouco popular. Ela os chama de *literais* porque o leitor vê e interpreta literalmente o que foi escrito. Olhando as fotos, consigo imaginar alguém ouvindo um cliente e anotando o que ele deseja, então passando para alguém que decorará o bolo.

Cliente: Alô, gostaria de pedir um bolo.

Funcionário: Certo, o que gostaria de escrever nele?

Cliente: Poderia ser "Até logo, Alicia" em roxo?

Funcionário: Certo.

Cliente: E pode colocar estrelas em volta?

Funcionário: Sem problemas. Eu anotei e entregarei à confeiteira agora mesmo. Ficará pronto na parte da manhã.

Este é o resultado:

Veja outro. No desenvolvimento de software, chamamos isso de *requisitos não funcionais*:

Esses são exemplos divertidos e podemos rir de desperdiçar R$100,00 em um bolo. Mas às vezes a aposta é bem maior que isso.

É possível que você tenha ouvido a história sobre o acidente ocorrido em 1999 do Orbitador Climático de Marte da NASA, que custou US$125 milhões.[1] Tudo bem,

---

1 Existem muitos artigos que tentam descrever o que deu errado com o Orbitador de Marte. Veja um deles em: *http://www.cnn.com/TECH/space/9909/30/mars.metric.02/*.

talvez não. Mas aqui está a parte engraçada. Se existe um projeto afundado até o nariz em requisitos e documentação escrita, é um projeto da NASA. Porém, apesar de todos os arquivos cheios de requisitos e documentação, o orbitador falhou porque a NASA usou o sistema métrico para suas medições, já os membros da equipe de engenharia Lockheed Marting usou o antigo sistema imperial para desenvolver os comandos de navegação para os propulsores do veículo. Embora ninguém saiba exatamente onde foi parar o orbitador, alguns acham que ele encontrou seu lugar feliz orbitando o Sol em algum lugar depois de Marte.

Por ironia, colocamos as coisas por escrito para nos comunicar com mais clareza e não correr o risco de mal-entendidos. Mas, com muita frequência, acontece o contrário.

Documentos compartilhados não são compreensão compartilhada.

Pare por um momento e anote isso. Coloque em uma nota adesiva e guarde no bolso. Considere tatuar em algum lugar do seu corpo para que possa ver quando estiver pronto para trabalhar pela manhã. Quando ler, ajudará a lembrá-lo das histórias que estou contando agora.

Compreensão compartilhada é quando ambas as pessoas entendem o que a outra está imaginando e por quê. É óbvio que não houve uma compreensão compartilhada entre vários confeiteiros e as pessoas que lhes passam as instruções por escrito. E na NASA, alguém importante não compartilhou a compreensão com as pessoas que trabalhavam no sistema de orientação. Estou certo que, se você estivesse envolvido no desenvolvimento de software há um tempo, não teria que vasculhar suas antigas memórias para lembrar da situação em que duas pessoas acreditavam que tinham acordado sobre um recurso que elas queriam adicionar ao software e mais tarde descobriram que o modo como uma imaginou era muitíssimo diferente da outra.

Criar uma Compreensão Compartilhada É Perturbadoramente Simples

Um ex-colega de trabalho, Luke Barrett, fez pela primeira vez este desenho para descrever o problema. Perguntei onde ele tinha visto isso, mas ele não lembrava. Alguém por aí não está recebendo o crédito que merece. Por anos vi Luke passar estas quatro estruturas como slides em PowerPoint enquanto eu casualmente as descartava como sendo interessantes, mas óbvias. Aparentemente sou um cabeça-

-dura. Foram necessários anos para que eu entendesse como o desenho ilustra a coisa mais importante sobre usar histórias no desenvolvimento de software.

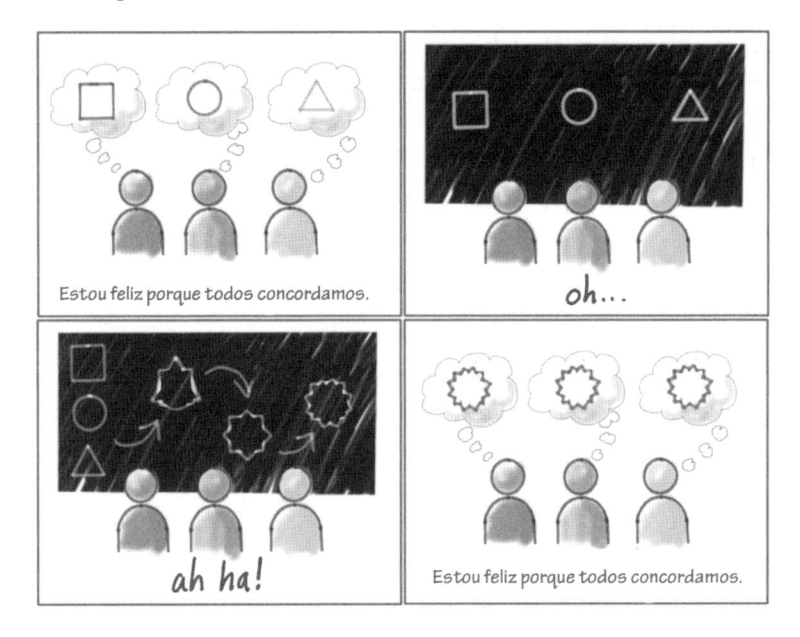

A noção é que se eu tenho uma ideia na minha cabeça e a coloco por escrito, quando *você* lê o documento, talvez possa imaginar algo diferente. Podemos até perguntar "Todos vocês concordam com o que está escrito?" e podemos dizer "Sim! Concordamos.".

Porém, se nos reunimos e conversamos, você pode me dizer o que pensa e posso fazer perguntas. A conversa melhora se pudermos externalizar nosso pensamento fazendo desenhos ou organizando nossas ideias com fichas ou notas adesivas. Se dermos um ao outro tempo para explicar nossos pensamentos com palavras e imagens, criamos a compreensão compartilhada. Mas é nesse ponto que percebemos que todos entendemos as coisas de modo diferente. É uma chatice. Mas, pelo menos, agora sabemos.

Não significa que uma pessoa está certa ou errada, mas que todos vemos aspectos diferentes e importantes. Através da combinação e aprimoramento de nossas ideias diferentes, acabamos com uma compreensão em comum que inclui todas as melhores ideias. Por isso que externalizar nossas ideias é tão importante. Podemos fazer esboços ou mover as notas adesivas, e o legal é que realmente estamos movendo as ideias. O que de fato fazemos é desenvolver nossa compreensão compartilhada. Isso é superdifícil com palavras apenas.

Quando saímos da conversa, talvez ainda damos nome ao mesmo recurso ou aprimoramento, só que agora realmente temos em mente a mesma coisa. Nós nos sentimos alinhados e confiantes de que estamos avançando juntos. É a qualidade que estamos conseguindo. E, infelizmente, ela é intangível. Você não pode ver nem tocar a "compreensão compartilhada", mas pode senti-la.

Pare de Tentar Escrever Documentos Perfeitos

Há muitas pessoas que acreditam que existe um modo ideal de documentar — que, quando as pessoas leem documentos e saem com compreensões diferentes, a culpa é do leitor ou de quem escreveu o documento. Na verdade, não é de nenhum dos dois.

A resposta é apenas parar com isso.

Pare de tentar escrever o documento perfeito.

Siga em frente e escreva algo, qualquer coisa. Então use as conversas produtivas com palavras e imagens para criar uma compreensão compartilhada.

> *O verdadeiro objetivo de usar histórias é a compreensão compartilhada.*

As histórias no desenvolvimento Ágil são nomeadas a partir do modo como devem ser usadas, não do que é anotado. Se você usa histórias no desenvolvimento e não conversa em conjunto usando palavras e imagens, está fazendo errado.

Se seu objetivo ao ler este livro é aprender a escrever histórias melhores, o objetivo está errado.

Bons Documentos São Como Fotos das Férias

Se eu mostrar uma das fotos das minhas férias, talvez você veja minhas filhas na praia e diga por educação: "Que fofo", mas quando eu vejo a foto das férias, lembro de uma praia em particular no Havaí que tivemos que dirigir por mais de uma hora por uma trilha cheia de buracos em um jipe com tração nas quatro rodas, então caminhar por mais meia hora sobre campos de lava para chegar. Lembro das crianças reclamando, dizendo que nada poderia valer esse sacrifício e eu imaginando a mesma coisa. Mas valeu. Desfrutamos de um dia feliz em uma praia incrível onde havia poucas pessoas, sendo por isso que tivemos o trabalho de chegar lá. Tartarugas apareciam no litoral para se aquecer na areia; foi a cereja do bolo daquele dia fabuloso.

Claro, se você olhar a foto não saberá de tudo isso porque não estava lá. Lembro de tudo porque eu estava.

Bem ou mal, é assim que os documentos realmente funcionam.

Se você participa de muitas discussões sobre qual software criar e, em seguida, cria um documento para entendê-lo, pode compartilhá-lo com outra pessoa que estava lá. Talvez vocês concordem que ele é bom. Mas lembre-se, sua compreensão compartilhada preenche os detalhes que não estão no documento. Outro leitor que não estava presente não captará as mesmas coisas que você. Mesmo que a pessoa diga que entendeu, não acredite nela. Reúnam-se e usem o documento para contar uma história do mesmo modo como usei a foto das minhas férias para contar a você a minha história.

Documente para Ajudar a Lembrar

Ouvi pessoas brincando e dizendo: "Estamos usando um processo Ágil porque paramos de escrever documentos." Isso é uma brincadeira para as pessoas que sabem, porque um processo baseado em história precisa de muitos documentos para dar certo. Mas nem sempre eles parecem documentos de requisitos tradicionais.

É preciso conversar, desenhar, escrever e trabalhar com notas adesivas ou fichas. É apontar para os documentos que trouxemos para a conversa e destacá-los com marca-texto e notas escritas. É interativo e cheio de energia. Se você senta à mesa para uma conferência com uma pessoa digitando o que é dito em um sistema de gerenciamento de histórias, é provável que esteja fazendo errado.

Quando histórias são contadas, qualquer coisa pode ser usada como ferramenta para comunicar. E enquanto contamos essas histórias, fazemos muitas anotações e desenhamos muitas imagens; precisamos guardá-las. Nós as levamos junto conosco para ver mais tarde, fotografar e redigitar em mais documentos.

Mas lembre-se, o mais importante não é o que está escrito, é o que lembramos quando lemos. É o fator "foto das férias".

Fale, desenhe, escreva, use notas adesivas e fichas, então fotografe seus resultados. Melhor ainda, faça um vídeo curto de vocês conversando sobre o que está no quadro. Vocês lembrarão muitos detalhes com uma profundidade espantosa que possivelmente não conseguiriam documentar.

> *Para ajudar a lembrar, fotografe e faça vídeos curtos dos resultados de suas conversas.*

Falando sobre a Coisa Certa

Existem muitas pessoas que acreditam que seu trabalho seja coletar e comunicar requisitos. Mas não é.

> *A verdade é que seu trabalho é mudar o mundo.*

Sim, disse isso para chamar sua atenção. E sim, eu sei que parece um exagero. É porque a frase normalmente é associada à paz mundial, à erradicação da pobreza ou até a metas mais improváveis, como fazer os políticos concordarem entre si. Mas falo sério. Toda ótima ideia que você transforma em uma solução do produto muda o mundo de um modo pequeno, ou nem tanto, para as pessoas que o utilizam. Na verdade, se não muda, você falhou.

Agora e no Futuro

Existe um modelo simples e transformador que pessoalmente utilizo e tenho em mente o tempo todo, e você precisa internalizá-lo também enquanto tem uma conversa sobre histórias e cria uma compreensão compartilhada.

E desenho o modelo desta maneira:

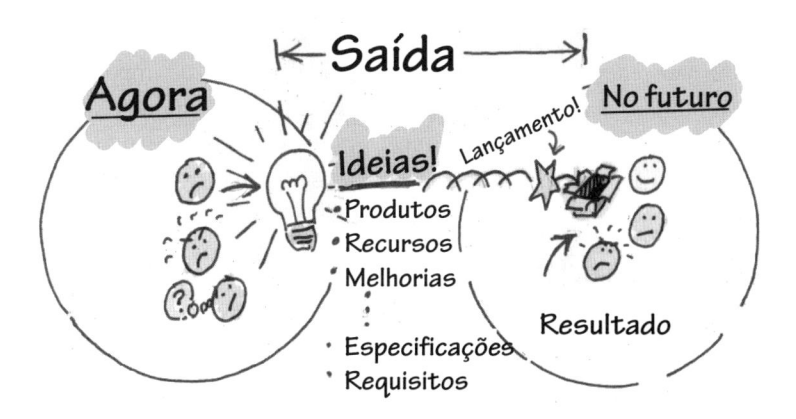

O modelo começa vendo o mundo como ele é agora. Quando você o vê como é agora, encontra pessoas descontentes, tristes, confusas ou frustradas. Agora o mundo é um lugar grande, portanto focaremos em grande parte as pessoas que usam o software que criamos ou esperamos que o utilizarão. Quando você dá uma olhada no que elas estão fazendo — as ferramentas que usam e como fazem as coisas —, você proporá ideias que podem ser para:

- Produtos totalmente novos que você pode criar
- Recursos para adicionar a um produto existente
- Melhorias para produtos que você já criou

Em algum momento, você terá que comunicar os detalhes sobre suas ideias para outras pessoas e poderá começar a fazer algum design e especificação. Se você passa isso para outra pessoa, então pode chamar todos esses detalhes de *requisitos*. Mas é importante lembrar que os requisitos são apenas outro nome para as ideias que temos e que ajudariam as pessoas.

Dados esses requisitos, passamos por um processo que resulta em uma entrega e produz um software que realmente tem lugar no mundo, e tem lugar no *futuro*. E o que esperamos ser verdade é que essas pessoas antes infelizes, tristes, frustradas ou confusas ficarão contentes quando esse software chegar. Agora, elas não estão felizes porque viram a caixa bonita na qual ele veio — em geral, o software não vem mais em caixas nos dias de hoje. Elas não estão felizes porque leram as notas de versão nem baixaram o app para seu celular. Estão felizes porque quando usam o software, o site, o aplicativo de celular ou qualquer coisa que você criou, elas fazem coisas de um modo diferente — e é isso que as deixa felizes.

Agora, a verdade é que você não consegue agradar a todos o tempo inteiro. Sua mãe deve ter dito isso a você. Algumas pessoas ficarão mais contentes do que outras com qualquer coisa que você produza, e outras podem ficar tristes, não importa o quanto você trabalhou e o quão incrível seu produto possa ser.

O Software Não É o Objetivo

Tudo entre a ideia e a entrega se chama *saída*. É o que construímos. As pessoas que trabalham no desenvolvimento de software Ágil medirão deliberadamente a *velocidade* da saída e tentarão agilizar sua taxa de resultados. À medida que as pessoas criam um software, é claro que elas se preocupam com o custo do que estão fazendo e a velocidade com a qual terminam as coisas, como deveria ser.

Mas, embora seja necessária, a saída não é o objetivo real; não é a saída que realmente queremos. É o que vem depois, como consequência disso, que se chama *resultado*. O resultado é o que acontece quando as coisas aparecem — por isso se chama assim — e é difícil porque não medimos o resultado até as coisas surgirem. E não medimos o resultado pelo número de recursos entregues nem pelo que as pessoas têm a capacidade de fazer agora. Medimos o que as pessoas realmente fazem de modo diferente para atingir seus objetivos como consequência do que você criou, e, o mais importante, se você tornou suas vidas melhores.[2]

É isso. Você mudou o mundo.

Você colocou algo nele que muda como as pessoas atingem seus objetivos; e quando o utilizam, o mundo fica diferente para elas.

Se você se lembra, seu objetivo não é apenas criar um produto ou um recurso novos. Quando você conversar sobre o recurso, falará sobre seu público-alvo, o que eles fazem agora e como as coisas mudarão para eles no futuro. Essa mudança positiva no futuro é realmente o motivo para as pessoas quererem o produto.

Boas conversas sobre histórias são sobre quem e por que, não apenas o quê.

Certo, Não É Apenas sobre Pessoas

Eu me importo com as pessoas tanto quanto qualquer um, mas pode acreditar, não é apenas sobre fazer as pessoas felizes. Se você trabalha em uma empresa que paga você e as outras pessoas, você tem que focar aquilo que realmente ajuda sua organização a ganhar mais, a proteger ou expandir seu mercado, ou a operar com mais eficiência. Se sua empresa não for saudável, então você não terá recursos (nem trabalho) para ajudar ninguém.

Assim, revisei um pouco esse modelo. Ele, na verdade, começa olhando para dentro da organização. Nela, você encontrará outras pessoas que não estão felizes. E é normalmente porque o negócio não está se saindo tão bem quanto elas gostariam. Para corrigir isso, elas podem ter ideias para focar clientes específicos ou usuários

---

2 A linguagem clara e a distinção entre *saída* e *resultado* ficou clara para mim pela primeira vez em uma conversa com Robert Fabricant chamada "Behavior Is Our Medium". Antes disso, eu me esforçava com uma linguagem que era clara em minha cabeça — e na cabeça dos outros também. Felizmente, era clara na cabeça de Robert.

e criar ou melhorar produtos de software que estão usando. Veja, no final é sobre pessoas, porque:

> *Sua empresa não pode ter o que deseja a menos que seus clientes e usuários obtenham algo que eles desejam.*

O fluxo continua ao se escolher as pessoas nas quais se concentrar, os problemas a resolver e as ideias para transformar em um software funcional. E a partir desse ponto — se os clientes compram, os usuários usam e as pessoas estão felizes —, finalmente o negócio que patrocinou esse desenvolvimento verá o benefício que está buscando. Isso será refletido em coisas como maior receita, custos operacionais menores, clientes mais contentes ou participação do mercado expandida. Isso deixa felizes muitas pessoas dentro da sua empresa. Deve deixá-lo feliz também, uma vez que você ajudou a empresa a ficar saudável, tornando melhor as vidas de pessoas reais no processo. É um ganho mútuo.

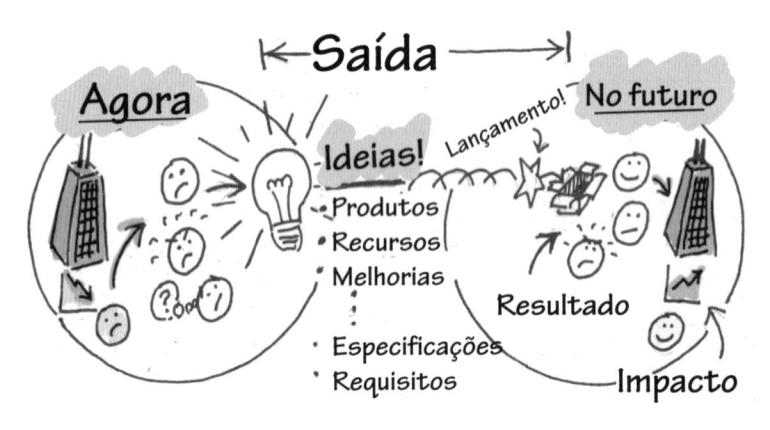

É o longo prazo que acontece como consequência de bons resultados que rotularei como *impacto*. Muitas vezes os resultados são algo que você pode observar imediatamente após a entrega. Mas o impacto leva mais tempo.

Crie Menos

Existe uma verdade incômoda no mundo do software, e suspeito que seja assim em muitos outros lugares. Mas eu conheço o software. E o que sei é que:

> *Sempre há mais para criar do que temos tempo ou recursos — sempre.*

Um dos equívocos comuns no desenvolvimento de software é que estamos tentando ter mais saída e mais rápido. Porque faria sentido: se houvesse muito o que fazer, fazer mais rápido ajudaria, certo? Mas se você fizer do jeito certo, perceberá que seu trabalho não é criar *mais* — mas criar *menos*.

> *Minimize a saída, e maximize o resultado e o impacto.*

No final do dia, seu trabalho é *minimizar* a saída e *maximizar* o resultado e o impacto. O segredo é que você tem que prestar muita atenção nas pessoas cujos problemas tenta resolver. Isso inclui as pessoas que escolherão comprar o software para resolver um problema em suas organizações, os *selecionadores*, assim como as pessoas que o utilizam, os *usuários*. Por vezes, são a mesma pessoa. Outras, não.

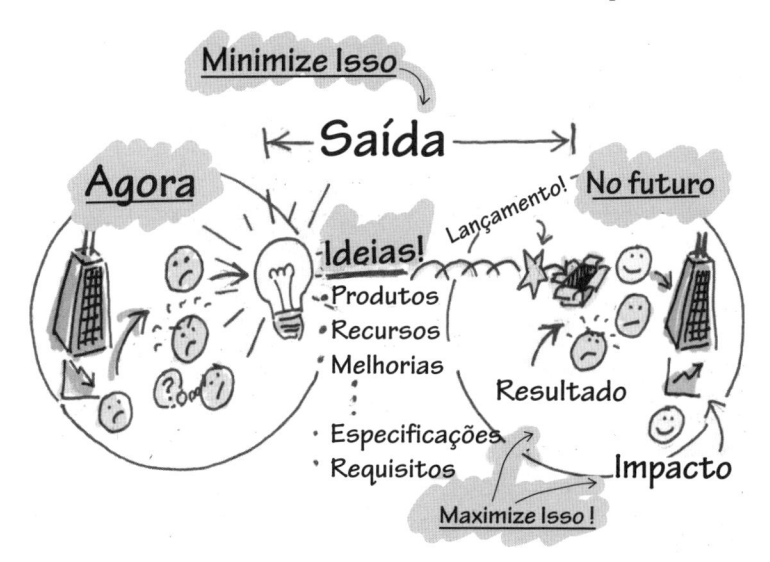

Seu negócio tem muitos usuários e clientes possíveis nos quais se concentrar. Sua estratégia comercial deve lhe dar alguma direção sobre em quem focar para ter o impacto desejado. Garanto que nenhuma empresa tem os recursos para deixar *todo mundo* feliz — isso simplesmente não é possível.

Não me entenda mal aqui. Criar um software mais rápido sempre é uma boa ideia. Mas nunca é a solução.

Mais sobre a Temida Palavra com "R"

Por quase toda a primeira década da minha carreira com softwares, que passei criando software para lojas físicas, consegui não usar a palavra *requisitos* — pelo menos não muito. Simplesmente não era um termo relevante para o que eu fazia. Eu tinha muitos clientes diferentes com ideias específicas sobre o que os ajudaria. Também sabia que trabalhava para uma empresa que tinha que ganhar dinheiro vendendo meu produto. Na verdade, passava longas horas de pé em feiras ajudando a empresa a vender o produto para uma grande variedade de clientes. Eu sabia no final do dia que teria que continuar a trabalhar com aqueles clientes depois de enviar os produtos que minha equipe e eu desenvolvemos, então trabalhei diligentemente para agir segundo o melhor interesse deles. Isso significava que não podia dar a todos tudo que eles queriam, pois queriam coisas diferentes. E minha empresa e equipe não tinham um tempo infinito, assim tive que trabalhar muito para descobrir o mínimo que poderia criar para deixar as pessoas felizes. Isso pode parecer frustrante, mas, na verdade, é a parte divertida.

Conforme a empresa crescia, adicionávamos mais pessoas tradicionais na área de software. Em determinado momento, o chefe de uma equipe diferente me procurou e disse:

— Jeff, preciso que você faça essas mudanças no produto em que está trabalhando.

Respondi:

— Claro, tudo bem. Diga para quem é e quais problemas isso resolve para eles.

A resposta?

— São os requisitos.

Respondi:

— Entendi. Fale um pouco sobre para quem eles são, como eles usarão isso e onde isso se encaixa no modo como eles trabalham.

A pessoa me olhou como se seu fosse um idiota e disse pela última vez com o ar de quem quer encerrar o assunto:

— São os *requisitos*.

Foi naquele momento que aprendi que a palavra *requisitos* realmente significa *cala a boca*.

Para muitas pessoas, é exatamente isso que os requisitos fazem. Eles param as conversas sobre as pessoas e os problemas que estamos resolvendo. A verdade é que se você cria uma fração do que é requerido, ainda pode deixar as pessoas felizes.[3]

Lembre-se: no final do dia, seu trabalho não é ter os requisitos certos — seu trabalho é mudar o mundo.

É Tudo, no Momento

Se você não tirar nada mais deste livro, lembre-se disto:

- As histórias não são uma forma escrita de requisitos; contar histórias com a colaboração de palavras e imagens é um mecanismo que cria uma compreensão compartilhada.
- As histórias não são requisitos; são discussões sobre resolver problemas para nossa organização, clientes e usuários que levam a acordos sobre o que criar.
- Seu trabalho não é criar um software mais rápido; é maximizar o resultado e impactar o que você consegue com o que escolheu criar.

As histórias como pretendidas são um modo totalmente diferente de pensar sobre os desafios que enfrentamos trabalhando juntos para criar um software — e muitas outras coisas por sinal. Se você puder trabalhar em conjunto com eficiência e criar coisas que resolve problemas, dominará o mundo. Ou, pelo menos, uma pequena parte habitada por seus produtos.

À medida que ler este livro, espero que volte ao básico de usar histórias. Espero que você trabalhe junto de outras pessoas, contando histórias sobre seus usuários e clientes, e como pode ajudá-los. Espero que desenhe e crie grandes modelos com notas adesivas. Espero que se sinta engajado e criativo. Espero que sinta estar fazendo a diferença. Porque quando faz isso da maneira certa, você faz. E é muito divertido também.

Agora é hora de falar sobre a maior diversão que você provavelmente terá ao contar histórias, e é quando usa um mapa da história.

---

3 Como concordo muito com o sentimento, estou parafraseando o modo como Kent Beck adverte sobre o mau uso do termo requisito, em seu livro *Extreme Programming Explained* (sem publicação no Brasil).

CAPÍTULO 1
A Visão do Todo

"Adoro o desenvolvimento Ágil! Todas as semanas vemos mais software funcional. Mas parece que perdi a visão do todo."

Se eu recebesse um centavo para cada vez que eu ouço algo assim de um membro da equipe Ágil, teria… bem… muitos centavos. Ouço isso muito. Talvez você tenha dito algo parecido. Bem, tenho boas notícias para você. Usar um processo Ágil e uma abordagem baseada em histórias não significa ter que sacrificar a visão do todo. Ainda é possível ter discussões saudáveis sobre o produto inteiro e ver progresso a cada semana.

Como você pacientemente leu o capítulo "Leia Isto Primeiro", pularei a parte sobre histórias e passarei diretamente para como os mapas da história resolvem um dos maiores problemas no desenvolvimento Ágil. Se já está acostumado a escrever histórias sobre projetos Ágeis, este capítulo pode ser o suficiente para você começar.

A Palavra com "A"

Se você está lendo este livro, é possível que saiba que o mapeamento da história é um modo de trabalhar com histórias do usuário quando são usadas nos processos Ágeis. Agora, este é o ponto em que os outros livros com algo relacionado ao desenvolvimento Ágil reproduzem o "Manifesto do Desenvolvimento de Software Ágil", escrito em 2001 por 17 rapazes que estavam frustrados com algumas grandes tendências de processo improdutivo da época. Fico feliz por terem escrito. E fico feliz com o fato de que o impacto do trabalho deles foi sentido por muitas pessoas.

Mas sinto muito por desapontá-lo, não reproduzirei o manifesto e falar porque ele é importante. Acredito que você já saiba o motivo. E se você ainda não leu o manifesto, deveria.

No espaço que esse manifesto ocuparia neste capítulo, incluí uma foto divertida de um gatinho.[1] Por quê? Foi comprovado muitas vezes que fotos engraçadas de gatinhos na internet chamam muito mais atenção do que *qualquer* manifesto jamais poderia chamar.

Portanto como você pode imaginar, qual a relação desse gatinho com a metodologia Ágil? Na verdade, nenhuma. Mas com certeza a metodologia tem relação com este livro, com as histórias e a evolução do mapeamento da história.

<Dica de uma música de flashback...>

Eu trabalhava em uma startup em São Francisco em 2000 e a empresa tinha contratado Kent Beck (o cara que criou a Programação Extrema e quem descreveu pela primeira vez a ideia das histórias) como consultor para dar continuidade ao processo de desenvolvimento de software. Estou refazendo meu caminho, mas o importante é que a ideia de história é antiga. Se você está começando a usar histórias, perdeu o status de adotante inicial que poderia ter uma década ou mais atrás. Kent e outras pessoas que iniciaram a Programação Extrema sabiam que todos os modos de fazer requisitos no passado não funcionavam bem. A ideia simples de Kent era que deviamos nos reunir e contar nossas histórias; que conversando poderíamos ter uma compreensão compartilhada e juntos chegaríamos a soluções melhores.

---

1 Foto tirada por Piutus, encontrada no Flickr e com a licença Creative Common Attribution.

Contando Histórias, Não Escrevendo Histórias

Quando ouvi pela primeira vez o termo *história*, fiquei intrigado. Admito. A ideia de que banalizaríamos coisas importantes que as pessoas queriam chamando-as de histórias não parecia certa. Mas aprendo devagar — um aspecto que levantei anteriormente ao discutir sobre compreensão compartilhada. Demorou um pouco para eu realmente entender que:

As histórias são nomeadas de acordo com como devem ser usadas, não com o que deve ser escrito.

Mesmo antes de ter realmente entendido por que as histórias tinham esse nome, percebi que poderia escrever muitas delas — uma frase ou um pequeno título, em notas adesivas ou fichas. Poderia movê-las e priorizá-las para decidir qual era mais importante. Assim que decidia que uma era mais importante que outra, poderíamos começar a discutir sobre ela. Era muito legal. Por que eu não tinha escrito coisas em fichas e organizado assim antes?

O problema era que essa única ficha podia ser algo que talvez levasse horas para um desenvolvedor de software adicionar a um produto, talvez dias, semanas ou um mês. Quem sabe? Eu não sabia — pelo menos não até começarmos a conversar sobre ele.

Tive uma discussão séria ao trabalhar com histórias em meu primeiro projeto Ágil quando iniciei uma conversa de história e aprendi que minha história era grande demais. Esperava terminar a história na próxima iteração. Os desenvolvedores com que conversei me informaram o contrário. Senti que tinha feito algo errado. Os desenvolvedores identificaram uma pequena parte sobre a qual poderíamos conversar e isso seria feito em nossa próxima iteração. Mas fiquei frustrado por não falarmos sobre a visão do todo. Eu realmente queria entender quanto tempo levaria para a parte grande que eu realmente precisava. Esperava que essa discussão resolvesse isso, mas não.

Contanto a História Inteira

Em 2001, deixei minha equipe e comecei a fazer as coisas de modo diferente. Eu e minha equipe experimentamos a abordagem de escrever histórias que focavam a visão do todo. Trabalhamos para entender o produto que construíamos e para fazer concessões juntos. Usamos muitas fichas com títulos de histórias para organizar nossos pensamentos e dividir a visão do todo em pequenas partes que poderíamos criar em seguida. Em 2004, escrevi meu primeiro artigo sobre essa ideia. Mas não cunhei o termo *mapeamento da história* até 2007.

Acontece que o nome que você dá a alguma coisa é importante. Foi depois de dar um bom nome à prática que realmente vi que ela propagou. Eu achava que era uma ótima invenção na época — isto é, até começar a encontrar pessoas que faziam algo parecido, se não exatamente igual. Eu havia descoberto um *padrão*.

Ouvi pela primeira vez a definição de padrão de minha amiga Linda Rising, quando você conta a alguém sobre uma ótima ideia e a pessoa diz: "Sim, fazemos algo parecido também." Não é uma invenção, é um padrão.

O mapeamento da história é um padrão. É o que pessoas sensíveis fazem para entender um produto ou um recurso inteiro. É o que fazem para dividir as grandes histórias em menores. Não se sinta mal se você não chegou nisso sozinho. Você acabaria conseguindo. Mas ler este livro evitará semanas ou meses de frustração.

> *Os mapas da história são para dividir as histórias grandes conforme você as conta.*

Hoje, muitas empresas adotaram a ideia de mapeamento da história. Minha amiga Martina na SAP disse em uma mensagem enviada em setembro de 2013 que:

> ... nesse ponto, mais de 120 workshops MHU [Mapeamento da História do Usuário] foram registrados oficialmente. Muitos POs simplesmente adoram! É uma abordagem bem estabelecida na SAP.

Toda semana ouço uma pessoa de algum lugar dizer como o mapear histórias ajudou a resolver um problema. Hoje em dia, aprendo mais conversando com os outros do que jamais aprenderia sozinho.

A ideia original de histórias era simples. Ela mudava o foco de documentos compartilhados para compreensão compartilhada. Um modo comum de usar histórias é fazer uma lista delas, priorizá-las, começar a falar sobre elas e transformá-las em software, uma coisa de cada vez. Parece bem razoável quando ouvimos. Mas pode criar grandes problemas.

Gary e a Tragédia do Backlog Enxuto

Alguns anos atrás conheci Gary Levitt. Gary era empresário no processo de lançamento de um produto novo da web. Esse produto existe no momento e se chama Mad Mimi (quando Gary criou o produto, era uma abreviação de *interface de marketing da indústria da música* [em inglês, *music industry marketing interface*]).[2] Gary é um músico que tinha sua própria banda. Ele administrava a banda, ajudava a administrar outras, também era músico de estúdio e fazia gravações para clientes.

No dia em que conheci Gary, ele tinha um pedido para dezenas de introduções e encerramentos para o programa da Oprah Winfrey, pequenas músicas usadas para sair e entrar de comerciais, e coisas do tipo. Os produtores dos programas de televisão compram isso assim como as pessoas que planejam uma newsletter compram clipart, só que é um clipart de áudio. Gary tinha uma ideia para um aplicativo bem grande que ajudaria os músicos como ele e pessoas que ele conhecia a colaborar em projetos como o que ele trabalhava no momento, junto com muitas outras coisas que um gerente de banda e músico precisariam fazer para gerenciar e promover a banda.

Gary queria o software predefinido, portanto ele trabalhou com alguém e esse alguém trabalhava de um modo Ágil. A pessoa pediu a Gary para escrever uma lista de todas as coisas que ele queria, priorizar a lista, e então eles poderiam conversar sobre coisas de maior valor — as mais importantes — e começar a criá-las uma por vez. Essa lista é o que os processos Ágeis se

---

2 Leia sobre Gary no artigo "How This Guy Launched A Multi-Million Dollar Startup Without Any VC Money" da *Business Insider*.

referem como *backlog* e parecia fazer sentido para Gary criar a lista e começar com o mais importante primeiro. E foi isso que ele fez.

Gary criou seu backlog e a equipe de desenvolvimento começou a criar coisas um pouco de cada vez. Nesse ínterim, Gary estava perdendo dinheiro conforme continuava a pagar por cada parte de software criado. O software ganhava forma lentamente, mas Gary podia dizer que levaria muito mais tempo para ele corresponder à sua visão, e ficaria sem dinheiro bem antes.

Eu conhecia uma pessoa que estava trabalhando com Gary. Meu amigo sabia que Gary estava estressado e quis ajudá-lo. A pessoa que eu conhecia perguntou se eu poderia conversar com Gary, para falar e ajudar a organizar suas ideias. Contatei Gary e fiz planos para encontrá-lo em seu escritório em Manhattan.

Converse e Documente

Gary e eu começamos a conversar. Conforme ele falava, eu fazia fichas com os principais pontos do que ele dizia. Há um mantra do qual gosto quando crio mapas da história. Eu digo "conversar e documentar", que basicamente significa não deixar as palavras se perderem. Anote-as em fichas para que possa consultar mais tarde. Você notará como apontar algumas palavras em uma ficha rapidamente ajuda todos a lembrarem da conversa. Podemos colocá-las na mesa onde podemos reorganizá-las. Começamos usando palavras úteis, como *isto* e *aquilo* conforme apontamos as fichas. Economiza muito tempo. Ajudar Gary e externalizar seus pensamentos foi essencial para ter uma compreensão compartilhada. Ele não estava habituado a isso, portanto foi fácil, para mim, escrever as fichas enquanto ele contava a história.

> *Conversar e documentar: escreva fichas*
> *ou notas adesivas para externalizar seu*
> *pensamento à medida que conta histórias.*

Começamos colocando as fichas na mesa, mas logo ficamos sem espaço. Gary estava mudando de escritório no dia em que o visitei e grande parte da mobília no loft de Nova York onde ele estava instalado estava no chão. Assim, mudamos nosso mapa de fichas crescente para o chão.

No final do dia, o chão estava assim:

Pensar — Escrever — Explicar — Colocar

Ao trabalhar com uma equipe para criar um mapa da história, ou discutir sobre qualquer coisa, crie uma visualização simples para dar suporte ao debate. Uma das coisas que dão errado são muitas ideias *sumirem* — ou seja, dizemos algo e as pessoas concordam como se tivessem ouvido. As ideias não são anotadas ou referenciadas. Então, mais tarde na conversa, elas aparecem de novo e infelizmente precisam ser explicadas mais uma vez porque as pessoas não ouviram de fato ou as esqueceram.

Tenha o hábito de anotar um pouco da sua ideia antes de explicá-la.

1. Se você usa fichas ou notas adesivas, *anote* algumas palavras sobre a ideia imediatamente *após pensar nela*.
2. *Explique* sua ideia para as outras pessoas conforme aponta a nota adesiva ou a ficha. Use gestos grandes. Desenhe mais imagens. Conte histórias.
3. *Coloque* a ficha ou a nota adesiva em um espaço de trabalho compartilhado onde todos possam ver, apontar, acrescentar e mover. Com sorte, haverá muitas outras ideias suas e das outras pessoas nessa pilha cada vez maior.

Descobri que quando faço meu melhor para ouvir as pessoas, o que elas dizem me faz ter outras ideias. Costumava tentar manter essas ideias em minha cabeça e aguardar um momento para inseri-las na conversa, recorrendo à interrupção total se o momento não chegasse logo. Mas então percebi que eu parava de ouvir a pessoa que estava falando, pois minha capacidade mental limitada estava focada em lembrar a minha grande ideia. Hoje, apenas escrevo a ideia em uma nota adesiva e reservo, aguardando o melhor momento na conversa para inseri-la. De alguma forma, escrevê-la a tira da minha cabeça e eu consigo focar o que estou ouvindo. E lê-la depois na nota adesiva me ajuda a lembrar a ideia e explicá-la.

Não colocarei aqui os requisitos de Gary. E a primeira coisa sobre a qual falamos não foi a lista de recursos. Tivemos que voltar um pouco e começar do início.

Estruture Sua Ideia

Nossa primeira conversa focou estruturar a ideia do produto dele. Conversamos sobre seu negócio e quais eram suas metas. *Por que você está criando isso? Fale sobre os benefícios para você e as pessoas que usarão isso. Quais problemas isso resolve para as pessoas e para você?* Conforme você lê, talvez detecte que eu tinha um modelo "agora e no futuro" em minha cabeça. Eu tentava entender os resultados que Gary procurava, não a saída que ele desejava criar.

Se coloco duas fichas na mesa, uma sobre a outra, então as pessoas pressupõem que a ficha de cima é mais importante. Sem dizer uma palavra, se eu simplesmente coloco uma ficha sobre a outra, indiquei algo sobre importância. Experimente isso com uma lista de metas. Coloque-as de propósito na ordem errada e observe a pessoa com quem trabalha estender a mão e ajustá-las. Fiz isso com Gary e suas metas, e isso o ajudou a expressar o que era mais importante para ele.

Descreva Seus Clientes e Usuários

Gary e eu continuamos a conversar e documentar. A próxima conversa que Gary e eu tivemos foi sobre os clientes que comprariam e os usuários que usariam seu software. Listamos os diferentes tipos de usuários. Falamos sobre quais benefícios eles teriam, perguntamos por que usariam o produto e o que achamos que eles fariam com ele. O que havia ali para eles? Construímos uma grande pilha. Claro, as fichas pareciam ficar com os usuários mais importantes no alto dela. Engraçado como funciona dessa forma, sem uma decisão explícita.

Tipos de usuários + uma frase ou duas sobre cada um

Tipos de atividades para as quais as pessoas usariam o produto

Antes de entrarmos em detalhes, eu já conseguia ver que a visão de Gary era grande. Uma das realidades difíceis sobre o desenvolvimento de software é que sempre há mais para criar do que tempo e dinheiro dos quais dispomos. Portanto a meta *nunca* deve ser criar tudo. A meta é minimizar a quantidade que criamos. Assim, a primeira pergunta que fiz a Gary foi:

> — De todos os usuários diferentes e coisas que eles querem fazer, se o foco fosse empolgar um deles, quem seria?

Gary escolheu um e realmente começamos a contar histórias.

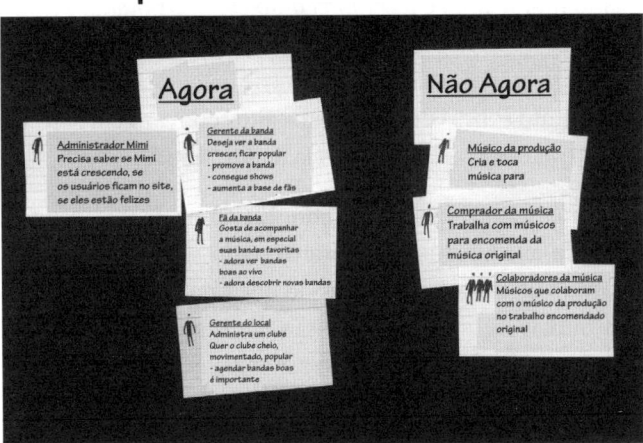

Tipos de Usuários do Mad Mimi

Agora

- **Administrador Mimi** — Precisa saber se Mimi está crescendo, se os usuários ficam no site, se eles estão felizes
- **Gerente da banda** — Deseja ver a banda crescer, ficar popular
  - promove a banda
  - consegue shows
  - aumenta a base de fãs
- **Fã da banda** — Gosta de acompanhar a música, em especial suas bandas favoritas
  - adora ver bandas boas ao vivo
  - adora descobrir novas bandas
- **Gerente do local** — Administra um clube. Quer o clube cheio, movimentado, popular
  - agendar bandas boas é importante

Não Agora

- **Músico da produção** — Cria e toca música para
- **Comprador da música** — Trabalha com músicos para encomenda da música original
- **Colaboradores da música** — Músicos que colaboram com o músico da produção no trabalho encomendado original

Estes são os diferentes tipos de usuários que Gary descreveu para o Mad Mimi. Só a ação de nomeá-los e escrever um pouco sobre o que desejam nos ajudou a ver que havia muita coisa aqui. Mesmo antes de discutirmos sobre os recursos, decidimos adiar a criação do software para alguns tipos de usuários.

Conte as Histórias dos Seus Usuários

Em seguida eu disse:

> — Certo, vamos imaginar o futuro. Vamos supor por um minuto que esse produto existe e vamos falar sobre um dia na vida de alguém que o usou, começando a contar a história. Primeiro, eles fariam isso, depois isto, e assim por diante.

E contamos a história em um fluxo da esquerda para a direita. Por vezes, voltamos e colocamos as coisas à esquerda de outras coisas, e como eram fichas, conseguíamos reorganizá-las com facilidade.

A outra coisa interessante que acontece naturalmente ao trabalhar com fichas é que se eu coloco uma à esquerda e outra à direita, e sem dizer nada indiquei uma sequência. É meio mágico para mim, mas me divirto facilmente. Fico admirado com quanto podemos comunicar sem dizer uma palavra.

> *Reorganizar as fichas juntos permite a você comunicar sem dizer nada.*

Conforme conversamos e documentamos, e conforme anotei nossa conversa, criamos uma coisa muito importante. Não, não é a pilha de fichas no chão. A coisa realmente importante é a *compreensão compartilhada*. Ficamos em sincronia. Isso é algo que Gary nunca havia feito com ninguém antes sobre sua ideia de produto, pelo menos com esse nível de detalhe. Ele mesmo nem sequer tinha pensado muito sobre isso. Os pontos altos estavam em sua cabeça, como as cenas de ação que vemos na pré-estreia de um filme.

Antes, Gary tinha feito o que foi pedido. Ele tinha escrito muitos títulos de história, colocado-as em uma lista e conversado sobre elas, uma por vez. As conversas eram mais sobre os detalhes do que criar e menos sobre a visão do todo. E havia muitas lacunas em sua visão do todo. Você descobrirá que, não importa a clareza da sua história, conversar sobre ela enquanto mapeia ajudará a descobrir as lacunas em seu próprio pensamento.

> *Mapear sua história o ajuda a encontrar as lacunas em seu pensamento.*

À medida que investigamos mais, percebemos que a história também não era apenas sobre um usuário. Gary iniciou com um gerente da banda que queria promover sua banda e o trabalho que ele fazia para criar a promoção e enviar um e-mail para os fãs. Então nós rapidamente tivemos que falar sobre o fã da banda e contar a história dele sobre ver a promoção, então fazer planos para ver o show.

Depois, como se estivéssemos promovendo a banda em algum lugar, precisaríamos contar a história do gerente do local e as informações que ele gostaria de saber sobre a promoção. Naquele momento, nosso mapa era grande o bastante para colocar na parede, portanto tivemos que continuar a história em outra camada abaixo da primeira. Por isso o mapa na fotografia tem duas camadas.

Durante a história, às vezes Gary chegava a uma parte em que ficava empolgado e começava a descrever muitos detalhes. Uma ficha sobre outra pode indicar prioridade. Mas também significa *decomposição*, que é apenas uma palavra elegante para detalhes menores que fazem parte de algo maior. Conforme Gary descrevia os detalhes, eu os registrava em uma ficha e os colocava abaixo da grande etapa do usuário acima. Por exemplo, quando Gary descreveu a criação de um folheto que os gerentes da banda usariam para promover os shows, ele ficou muito entusiasmado e teve muitos detalhes para discutir.

Gary morava em Nova York e, quando as bandas compunham os folhetos, imaginava todas as coisas legais que ele vê nas paredes e nos postes da cidade. Pode parecer que foram colocadas com cola e fita adesiva, então fotocopiadas, mas algumas eram realmente elegantes e artísticas. Após registrar um punhado de detalhes, eu disse:

> — Vamos voltar e ver os detalhes depois. Vamos continuar e avançar com a história.

É fácil se perder nos detalhes, sobretudo naqueles pelos quais somos apaixonados. Mas quando tentamos ter a visão do todo, é importante chegar ao fim da história antes de ver esses detalhes. Outro mantra que uso ao mapear, pelo menos nesse estágio, é "Pense em milhas de largura, polegadas de profundidade" — ou para as pessoas em países normais que usam o sistema métrico: "Quilômetros de largura, centímetros de profundidade." Chegue ao fim da história antes de se perder nos detalhes.

Foque a amplitude da história antes de se aprofundar.

Por fim, *chegamos* ao fim da história de Gary. O gerente da banda promoveu um show com sucesso para milhares de fãs que o divulgaram e foi um grande sucesso. A visão do produto até então era clara em nossas cabeças. Eu disse:

— Agora vamos voltar e preencher os detalhes, considerando algumas das alternativas.

A Grande História do Mimi

Se você ler o topo do mapa de Gary, verá atividades grandes como:

- Inscrever-se
- Mudar meu serviço
- Exibir minhas estatísticas da banda
- Trabalhar dentro do meu cronograma do show
- Trabalhar com o meu público
- Divulgar o show
- Inscrever-se na lista de e-mails da banda
- Exibir promoções online

Havia muitas outras coisas grandes no topo do mapa, mas esse é um bom subconjunto para você ter uma ideia do que escreveria em uma ficha. Observe como podemos pressupor quem faz o quê. Quando Gary disse: "Divulgar o show", eu sabia que falava sobre o gerente da banda. Quando eu disse: "Inscrever-se na lista de e-mails da banda", Gary sabia que eu falava sobre o fã da banda. Essas fichas estavam próximas e eram fáceis de apontar durante a conversa.

"Divulgar o show" era algo grande. Foi dividido nessas etapas organizadas da esquerda para a direita sob a ficha "Divulgar o show".

- Iniciar a promoção do show.

- Examinar o folheto promocional Mimi criado para mim.
- Personalizar o folheto promocional.
- Pré-visualizar o folheto promocional que criei.

Observe como o que escrevemos em cada ficha são frases verbais curtas que dizem o que o tipo específico de usuário deseja fazer. Escrevê-los assim nos ajudou a contar a história: "O gerente da banda divulgaria o show. Para tanto, ele iniciaria uma promoção, então examinaria o folheto Mimi criado, personalizaria, e depois…" Note que, quando você coloca "depois/então" entre o que é escrito em cada ficha, você tem uma bela história.

Explore Detalhes e Opções

Após termos a amplitude do mapa da história, ele começa a ganhar corpo. As fichas colocadas no topo de cada coluna no mapa se tornam coisas maiores, então os detalhes se dividem abaixo. Fazemos uma parada em cada etapa na história do usuário e perguntamos:

- Quais são as coisas específicas que eles fariam aqui?
- Quais são as alternativas que eles poderiam ter?
- O que tornaria isso muito legal?
- E quando as coisas dão errado?

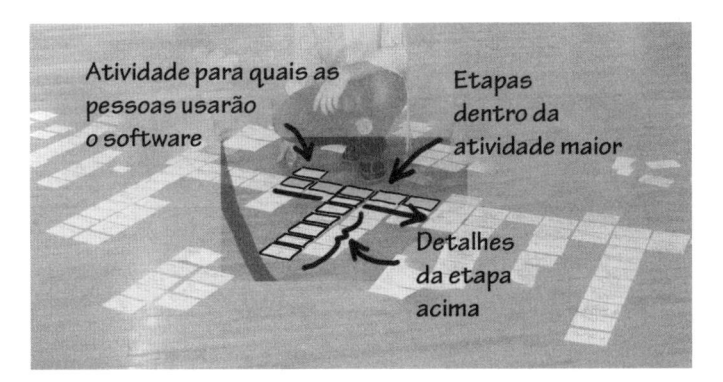

Ao final disso, voltamos e preenchemos muitos detalhes. O resultado foi que contamos a história sobre um dia na vida de um gerente da banda, assim como de outras pessoas importantes para o sucesso do gerente: fãs e gerentes do local.

Os Detalhes

Se você examinasse uma etapa da história como "Personalizar o folheto promocional?", veria detalhes como:

- Fazer upload de uma imagem
- Anexar um arquivo de áudio
- Incorporar um vídeo
- Adicionar texto gratuito
- Mudar o layout
- Iniciar com uma promoção que já usei antes

Você pode ver que até essas etapas menores precisarão de muito debate para desenvolver os detalhes. Mas, pelo menos, conseguimos nomear todas.

Observe como o que está escrito nas fichas também são frases verbais curtas que o ajudam a contar histórias. Podemos juntar com frases como "ou ele pode", assim: "Para personalizar o folheto, o gerente da banda pode fazer upload de uma imagem, pode anexar um arquivo de áudio, incorporar um vídeo ou..." É muito legal, realmente.

Perguntei a Gary:

— E agora? Temos todos os outros usuários com outras coisas que eles querem fazer; você deseja falar sobre elas? Pode ver que, se continuarmos falando, precisaremos de uma sala maior. E Gary, se você fizer tudo isso, será necessário muito dinheiro para criar o produto. Podemos falar sobre o resto, mas se criarmos isso tudo, você lançar seu produto e fizer isso, será um produto valioso.

Gary concordou e disse:

— Vou parar por aqui.

A parte triste da história é que perguntei a Gary:

— Você criou muito software até agora, mas quanto do software construído está no mapa que criamos?

— Quase nada — Gary respondeu — porque quando criei uma lista e priorizei as coisas, imaginei que precisávamos iniciar em outro ponto. Pensei sobre a visão do todo completa, a visão que levaria anos para eu conseguir alcançar e, agora que tivemos essa discussão, eu nem teria começado por aí.

O mapeamento da história significa ter uma boa conversa à moda antiga, então organizá-la na forma de mapa. A parte que a maioria das pessoas vê é o mapa

— da esquerda para a direita com os passos que as pessoas dão para contar uma grande história. De cima para baixo ficam os detalhes. Mas as partes essenciais que estruturam o produto e dão mais contexto muitas vezes ficam acima e à volta do mapa. São os objetivos do produto e informações sobre seus clientes e usuários. Se você deixar o mapa na parede, achará uma boa ideia adicionar esboços da interface do usuário (IU) e outras notas em volta do mapa.

Em apenas um dia trabalhando juntos, Gary e eu criamos uma compreensão compartilhada relacionada ao produto que ele queria construir. Mas havia uma nuvem de tempestade se formando acima de nossas cabeças e sabíamos disso. Dentro de cada uma das fichas, escrevemos muitos detalhes e muitas discussões. E, para Gary, todos aqueles detalhes e discussões eram iguais ao dinheiro que ele precisaria gastar para criar o software — um dinheiro que ele não tinha. Ele havia aprendido uma das verdades fundamentais sobre o desenvolvimento de software: sempre há mais para criar do que tempo disponível.

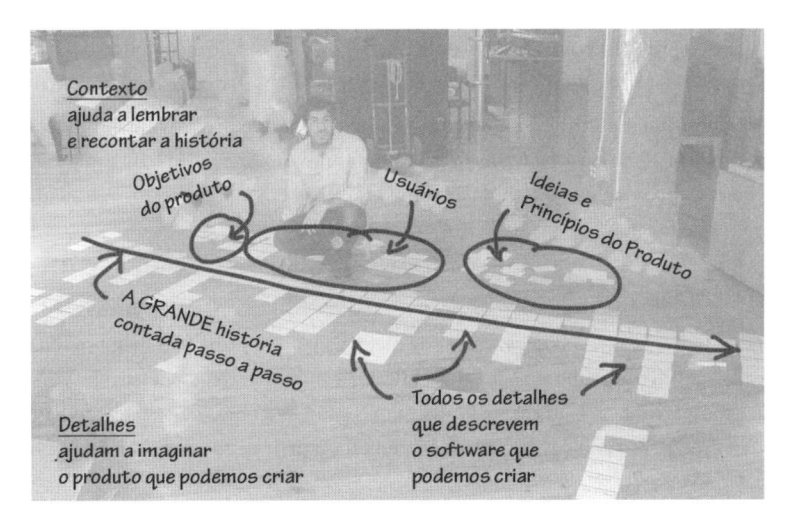

Agora, existem muitas outras grandes suposições que Gary estava fazendo sobre as pessoas que usariam seu produto e se elas realmente queriam ou, de fato, poderiam usá-lo como foi imaginado. Mas agora, essas coisas não eram sua maior preocupação. Ele precisava trabalhar mais para minimizar a ideia do produto para algo que fosse em primeiro lugar viável.

Finalmente a história de Gary teve um final feliz. Mas, no próximo capítulo, contarei a história de outra organização que descobriu que tinha muito ainda para criar e como usou um mapa para encontrar uma solução viável.

Artgility — Criatividade na Arte Encontra a Criatividade na TI

Ceedee (Clare) Doyle, Gerente de Projeto Ágeis e Coach,
Assurity Ltd, Wellington, NZ

Contexto

The Learning Connexion (TLC) é uma escola de artes em Wellington, Nova Zelândia, que ensina arte e criatividade. Os programas da TLC são únicos porque se baseiam em "aprender fazendo", ou seja, a prática é a teoria. Com os tutores, os alunos desenvolvem tarefas que se conectam às ideias que eles escolheram explorar.

A TLC era uma típica organização de pequeno a médio porte que desenvolveu sistemas de TI específicos para dar suporte às necessidades que ela tinha na época. Foram coletadas informações dos alunos em cinco locais diferentes e elas eram diferentes em cada um! A TLC precisava de um modo de gerenciar os alunos que trabalhariam para ela e a maneira de ensinar, que é bem diferente da maioria das instituições de ensino.

A TLC não tinha experiência com projetos de TI. Cada pequeno aplicativo que fora construído para ela havia sido feito pelo cachorro do colega do amigo do irmão de alguém usando tecnologias simples, como o Microsoft Excel e o Access. O único aplicativo comercial (usado para o relatório estatutário) lidava duas vezes com os dados de outras quatro fontes.

Como ex-aluno, eu mantinha contato com a equipe e, quando precisavam de ajuda, eles me contatavam. Em 2009, eu já estava na área de TI por nove anos e havia feito um projeto Ágil nos últimos três, desde que ouvira falar sobre isso. Esse era o lugar certo, o projeto certo e a hora certa de fazer!

Projeto Phoenix

Os workshops iniciais seriam duas sessões de meio dia com os principais membros da equipe. Eu trabalhava com um grupo grande e diversificado, e meu objetivo era desenvolver uma compreensão compartilhada. Comecei com uma visão geral de como o mapeamento da história funciona e uma visão geral das grandes etapas no processo de gestão dos alunos da escola.

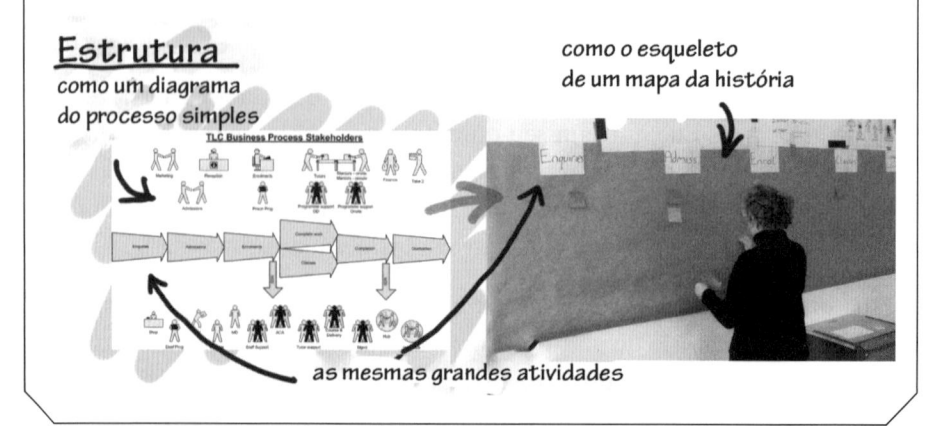

Estrutura
como um diagrama
do processo simples

como o esqueleto
de um mapa da história

as mesmas grandes atividades

Até eu mostrar essa imagem (a estrutura do mapa da história), cada membro da equipe tinha uma ideia do que *eles* faziam, mas, como a patrocinadora Alice disse, provavelmente era a primeira vez que eles tinham uma imagem clara de seu próprio processo de negócio e como todas as etapas interagiam.

A partir desse ponto, trocamos ideias sobre o que as pessoas queriam que o sistema fizesse. O escopo era *enorme* e as histórias, *muitas*.

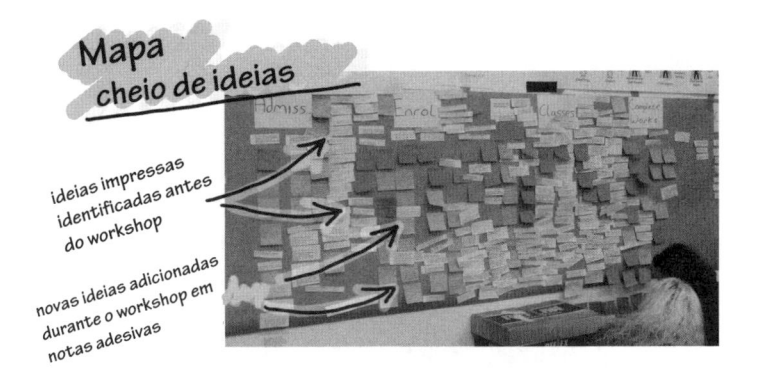

Mapa cheio de ideias

ideias impressas identificadas antes do workshop

novas ideias adicionadas durante o workshop em notas adesivas

O bom era que as pessoas eram criativas e estavam acostumadas ao método de "investigação apreciativa", portanto despejar tudo que elas podiam pensar que o sistema precisava fazer era algo como estar em casa.

Os principais títulos (no diagrama) eram Investigações → Admissões → Inscrições → Aulas → Trabalho completo → Término → Graduação.

Conversando sobre cada atividade

Está completa? Faz sentido?

Usando diretrizes do mapeamento da história, percorremos cada seção para assegurar que ela fizesse sentido e fizemos o fluxo para um aluno em cada etapa do processo. Várias pessoas tiveram ideias na hora, conforme percebiam onde se encaixavam no processo geral e *por que* tinham que fazer algumas atividades; outras perceberam que tinham deixado de lado certas etapas que fariam uma grande diferença para elas. Percorrer o mapa da história e minha ênfase em ter histórias verticais — o que aconteceu em conjunto — mostrou lugares onde elas poderiam trabalhar melhor juntas e as etapas que eram duplicadas. Até esse ponto, a equipe tinha pouca visão do que os outros faziam, mas de repente desenvolveram um entendimento compartilhado de como o processo inteiro funcionava e conseguiram um vocabulário em comum. Em um exemplo, as *Aulas* foram renomeadas como *Entrega* porque nem todos os alunos participavam das aulas.

Quando chegou a hora de priorizar, não teria funcionado identificar os pontos obrigatórios, o que deveria ser feito e o que poderia — o item entrava ou saía. Foi muito simples: "não podemos ficar sem isso" acima da linha e as demais informações ficaram abaixo. Após passarmos pelas Investigações, a equipe entendeu e passou o resto do dia fazendo o que faltava. Consegui tirar aquilo da frente! O pessoal tomou as rédeas e começou a adicionar cabeçalhos secundários para descrever melhor que "todas essas coisas têm que acontecer juntas, então essas". Assim, no final, as pessoas tinham criado, como um grupo, uma visão geral das etapas que o aluno percorre para ir da investigação inicial até a graduação.

O que começou como duas sessões de meio dia acabou se tornando três dias inteiros de workshops nos quais as pessoas iam e vinham quando havia necessidade (elas tinham que dar aulas etc.). A flexibilidade do local de trabalho significava que quase toda a equipe passou pela sala Phoenix e tinha dado sua opinião. Elas acharam o processo realmente útil para ter uma visão geral e para todos que tiveram seus desejos incluídos. Também identificaram onde havia lacunas e ficou fácil separar o que era realmente vital. No final, tivemos uma imagem clara do que estaria na primeira versão do software.

CAPÍTULO 2
Planeje Criar Menos

Sempre há mais para criar do que pessoas,
tempo ou dinheiro para fazer. Sempre.

Usar palavras absolutas como "sempre" e "nunca" sempre me deixa em apuros. Mas com a afirmação anterior, honestamente não consigo lembrar de uma situação em que ela não foi verdade, embora eu não tenha dados científicos para fundamentar isso. Ninguém jamais disse para mim: "Pediram para adicionar este novo recurso e, por sorte, tínhamos muito mais tempo que o necessário."

Mas uma das coisas mais legais sobre usar um mapa da história é que ele dá a você e aos outros colaboradores espaço para pensar nas alternativas e encontrar um modo de conseguir um ótimo resultado no tempo que vocês têm.

Pegue uma xícara de café e se acomode na cadeira. É hora de uma história.

Essa história é sobre meus amigos na Globo.com, a maior empresa de mídia no Brasil. A Globo.com tem estações de televisão e rádio, produz filmes para TV e programação original, e publica jornais. É um monstro da mídia no Brasil e a maior empresa no mundo que fala português.

A Globo.com sabe melhor do que a maioria das organizações no planeta que os prazos são realmente imutáveis. Por exemplo, ela produz uma versão legal de um jogo de futebol fantasia que é revisto e melhorado todo ano para a Copa do Mundo — o esporte que grande parte do planeta se refere como futebol. Se a Globo.com se atrasa no desenvolvimento do jogo, ela não pode mudar a data de lançamento. Por que não? O resto do mundo não irá reprogramar a Copa do Mundo. A Globo.com produziu as atrações e o conteúdo para os Jogos Olímpicos que o Brasil organizou em 2016 e posso assegurar que ela terminou a tempo — teve que terminar. E ela produzirá atrações e conteúdo para o lançamento de vários programas de televisão novos e reality shows. Nada disso pode ser reprogramado se a Globo.com se atrasa. Ela *sempre* deve terminar a tempo. E como essa é a realidade do seu negócio, a Globo.com é boa nisso. Não é porque a empresa é mais rápida que as demais — com certeza é rápida, mas não é *tão* rápida. É porque ela é inteligente ao fazer menos.

O Mapeamento Ajuda os Grandes Grupos a Criar uma Compreensão Compartilhada

Dê uma olhada nisto:

É só uma parte do grande mapa criado pelos líderes de oito equipes de três grupos diferentes na Globo.com trabalhando em conjunto. As equipes de Esportes, Notícias e Entretenimento criaram isso juntas com o intuito de pensarem no trabalho que precisavam fazer para recriar, reformular e renovar seu sistema de gestão de conteúdo subjacente. É o sistema que aciona todos os sites de notícias, esportes, novelas, atrações que ajudam a divulgar e recrutar pessoas para reality show, e muito, muito mais. Esse sistema enorme precisa lidar com grandes quantidades de feeds de vídeo, pontuações em tempo real e resultados de eleições, fotografias, notícias de última hora, e mais. Há muito a ser feito, e é preciso parecer bonito ao fazê-lo.

Quando cheguei nos escritórios da Globo.com no dia em que eles criaram esse mapa, as equipes que trabalhavam juntas estavam quase caindo na *armadilha do backlog enxuto*. As equipes individuais tinham preparado seus respectivos backlogs priorizados. Já estava claro que havia uma quantidade enorme de trabalho a fazer e cada equipe dependia da outra. Por exemplo, para lançar o site de notícias seria necessário não apenas a equipe de reportagem, mas também todas as outras equipes que criam componentes fundamentais que permitem ao site de notícias usar fotos, vídeos, dados em tempo real e muitas outras coisas.

Sentei-me com eles e os lembrei de algo que já sabiam:

> — Entendo que vocês são equipes diferentes porque ficam em áreas diferentes, mas é uma revisão maior de *um* sistema de gestão de conteúdo. Vocês terão que lançar juntos. Não podem planejar um lançamento até que vejam tudo junto. Vocês precisam visualizar todas essas dependências.

Eles concordaram e passaram a trabalhar rapidamente reorganizando seus backlogs individuais em um mapa. Em poucas horas criaram um mapa na parede usando notas adesivas que contavam a história de seu sistema de gestão de conteúdo.

Eu não fiquei na sala enquanto os membros da equipe trabalhavam juntos para criar o mapa. Mas quando voltei mais tarde no dia, fiquei surpreso com a rapidez com a qual eles o fizeram. Ficaram satisfeitos com eles mesmos e com toda razão. Eles entenderam vários backlogs complexos, organizando-os em uma história do produto coerente. E agora, cada equipe conseguia ver onde seu trabalho se encaixava na visão do todo.

Mapeie um lançamento do produto em várias equipes para visualizar as dependências.

Anatomia de um Grande Mapa

O mapa da Globo é um bom exemplo de como fica um mapa típico depois de você estruturar, mapear e explorar muitos detalhes.

O Backdone Organiza o Mapa

No topo do mapa está o *backdone*, que às vezes tem alguns níveis diferentes. Você pode começar com o fluxo básico da história, que é um nível. Mas quando fica muito longo, é útil subir mais um nível para resumir mais as coisas. Mais tarde, adicionarei uma linguagem sobre o que gosto de colocar em cada nível, mas um velho amigo me lembrou de dizer para parar de tentar propor uma linguagem precisa. "São apenas coisas grandes e pequenas", ele diria. E está certo.

A coisa toda lembra a coluna extraída de um animal seussiano estranho. Você tem a longa espinha dorsal (backdone) no topo com muitas vértebras espaçadas irregulares e longas costelas de tamanho variado saindo dela.

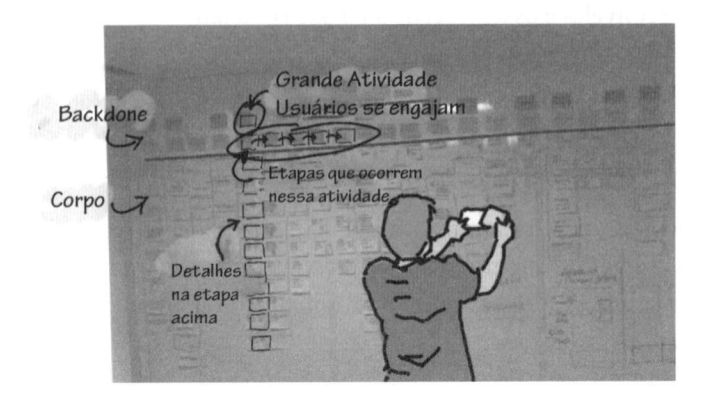

Mapeie Todos os Lançamentos Entregáveis

Esse mapa foi criado por várias equipes na Globo. Existem equipes de desenvolvimento responsáveis por vídeo, equipes encarregadas com a tarefa de criar coisas na retaguarda que os editores usam para criar e gerenciar o conteúdo. Existem equipes responsáveis por alguns metadados e associações subjacentes entre os dados — ou seja, a marcação semântica que eu nunca consigo entender. E há pessoas que lidam com a apresentação externa e como isso fica quando os usuários e/ou consumidores a veem. E ainda outras pessoas buscam atrações específicas relevantes para reportagens, esportes ou entretenimento.

Várias equipes tiveram que trabalhar juntas nesse mapa porque, para essa revisão maior, nenhuma equipe sozinha podia lançar sua parte sem as outras. As equipes criaram um único mapa porque elas precisavam considerar o lançamento de maneira holística.

Mapeie um Fluxo Narrativo através de Muitos Usuários e Sistemas

O mapa iniciou com pessoas à esquerda e as coisas que elas tinham que fazer para preparar os widgets básicos para as telas que continham reportagens, imagens e vídeos. Havia outras pessoas que combinavam nas páginas para novelas ou sites de notícias. Então havia editores que adicionavam conteúdo às páginas. A estrutura inteira conta a história de como muitas pessoas diferentes na Globo.com constroem e gerenciam o conteúdo em seu site.

Ao ler a estrutura do mapa da esquerda para a direita, ele conta uma história sobre todas as pessoas que usam o sistema e o que elas fazem para criar e gerenciar sites e conteúdo. A ordem da esquerda para a direita é o que chamo de *fluxo narrativo*, que é um modo acadêmico de dizer a ordem na qual contaríamos a história. Claro, todas essas pessoas fazem tudo isso de uma só vez e, às vezes, as coisas não se movem em uma ordem perfeita, mas sabemos que é assim. Apenas colocamos em uma ordem que nos ajuda a contar a história.

Para esse grande sistema, esse fluxo narrativo deve *atravessar muitas histórias diferentes de usuários e sistemas*. Gosto de colocar adesivos ou miniaturas de persona simples acima da estrutura para conseguir ver sobre quem falamos em determinados momentos na história. E tudo bem antropomorfizar os serviços da retaguarda ou as coisas complexas que o sistema faz. Meus amigos na SAP criam personas fictícias para seus sistemas e usam imagens do R2D2 ou do C3PO de *Guerra nas Estrelas*.

Este mapa cruza muitos tipos de usuários

Tipos de usuário

Sistema como um usuário

Dois tipos de usuário interagem nesta atividade

Fluxo da narrativa

O Mapeamento Ajuda a Encontrar Lacunas na História

Quando converso com pessoas que criaram mapas da história, elas dizem:

> — Sempre que fazemos isso, encontramos lacunas. Descobrimos coisas que achávamos que *outra* equipe deveria cuidar, mas não sabíamos. Descobrimos o material necessário entre os grandes recursos importantes sobre os quais esquecemos de conversar.

Mapeando em conjunto, a Globo.com encontrou algumas lacunas.

Após ter idealizado o produto ou a atração, fica mais fácil iniciar jogo "E Se". É onde começamos a perguntar "E se isso der errado?" ou "E se os outros usuários?". Pratique o jogo "E Se" com qualquer preocupação que você tenha e adicione notas adesivas ao corpo do mapa para representar as ideias necessárias para endereçar essas coisas no software. No Capítulo 1, Gary usou o jogo "E Se" para considerar opções e alternativas. Quando você fizer isso com outras equipes, descobrirá que elas são incríveis ao identificarem problemas que podem surgir onde sistemas diferentes se conectam.

Uma das críticas que as pessoas costumam fazer sobre o mapeamento da história é que sempre que elas sentam e criam os mapas, acabam com material demais. Mas acredito que estamos apenas encontrando coisas agora que teriam nos atrapalhado no futuro, e isso é bom.

Na abordagem à moda antiga para o desenvolvimento de software, quando descobrimos essa coisa nova mais tarde — depois de já termos estimado o tempo de entrega e nos comprometido com uma data de entrega —, chamamos isso de *aumento do escopo*. Pessoalmente acredito que o escopo não aumenta; o entendimento sim. E o que acontece quando as pessoas criam um desses mapas da história é que elas encontram lacunas em sua compreensão.

O escopo não aumenta; a compreensão sim.

Sempre Há Muito

Quando deixei as equipes de gestão de conteúdo na Globo.com, tudo estava uma maravilha — o entendimento era crescente e as equipes sabiam o que fazer. Porém, quando voltei para verificar com as pessoas uns dias depois, elas estavam se esforçando de novo porque perceberam que havia muito trabalho a ser feito, que provavelmente levaria mais de um ano para fazer tudo que estava no mapa. E, claro, como os leitores inteligentes podem perceber, quando os desenvolvedores de software dizem que levará um ano para fazer algo, eles na verdade querem dizer dois anos. Não é porque são incompetentes ou que são desafiados pelo calendário, é que somos péssimos em estimar o tempo para fazer algo que nunca fizemos antes. E, por natureza, somos seres otimistas.

Eles me disseram:

— Há coisas demais. Temos muita coisa para fazer aqui e levará muito tempo.

— Vocês têm que fazer tudo? — perguntei.

Eles, é claro, responderam que:

— Sim, porque tudo é parte de um grande sistema de gestão de conteúdo.

— Mas os projetos não duram tanto por aqui — respondi. Conheço o CEO e ele deseja ver os resultados muito mais rápido, certo?

— Sim — eles confirmaram —, ele deseja ver algo no ar dentro do prazo para as próximas eleições no Brasil em alguns meses!

— Vocês precisam que *tudo* isso entre no ar para as eleições? — perguntei.

Assim que fiz a pergunta, pude ver uma luz acender. É claro que eles não precisavam de *tudo*. Até o momento, eles tinham o foco em identificar a sequência e a dependência que achavam que precisariam para criar tudo. Eles conseguiram, mas o importante era saber quando. Eles mudaram o pensamento para focar os resultados.

> *Foque o que você espera que acontecerá fora do sistema para tomar decisões sobre o que está dentro dele.*

A Globo.com focava as eleições no Brasil. As equipes pensaram especificamente sobre o ótimo *resultado* de impressionar bem os visitantes, os anunciantes e a empresa de mídia principal da Globo com estilos mais novos e interessantes de conteúdo interativo durante as eleições. Se fizessem isso, seria uma vitória.

Essa foi a primeira vez deles enfrentando uma data de entrega impossível. Pensaram por um tempo e perceberam que realmente precisavam estar no ar com o site de notícias e possivelmente outras coisas que davam suporte a ele porque é onde os visitantes e outras pessoas acessariam para monitorar as eleições no Brasil. Focar o site de notícias significava prestar atenção de modos inovadores para mostrar dados da eleição em tempo real e notícias de última hora mais rápido. E, claro, havia um design visual mais novo e atualizado sobrepondo tudo.

Divida o Lançamento de um Produto Mínimo Viável

As equipes pegaram um rolo de fita azul e fizeram linhas no mapa da esquerda para a direita, fazendo faixas horizontais. Então, passaram a trabalhar subindo e descendo as fichas, acima e abaixo das linhas azuis para designar o que precisava ser feito na primeira faixa e o que poderia ser feito depois.

Os membros da equipe começam a organizar os detalhes em três faixas de lançamento

O processo mental foi mais ou menos assim: *Se ficamos no ar para as eleições no Brasil, muitas pessoas no país verão isso. Ficará com um destaque. Afetará nossos sites e teremos uma boa imagem.* Tudo nessa faixa é o que os usuários precisarão fazer após o software ser lançado para que eles possam chamar a atenção.

> *Foque os resultados — o que os usuários precisam fazer e ver quando o sistema surge — e divida os lançamentos que farão você chegar nos resultados.*

Divida um Roteiro de Lançamentos

O mapa continha inovações que melhorariam as propriedades da web da Globo.com. Mas realmente levaria muito tempo para fazer tudo. Acessar a janela de mercado que as eleições criavam seria uma oportunidade muito boa para perder. Focar isso ajudou a Globo a identificar o primeiro lançamento.

Então as equipes passaram a trabalhar pensando nas propriedades da web e nos eventos do mercado que deveriam ancorar os próximos lançamentos. Elas colocaram notas adesivas à esquerda de cada faixa com algumas palavras descrevendo sua intenção para cada faixa de lançamento, ou seja, os resultados-alvo. Então continuaram a mover as fichas para cima e para baixo em suas faixas corretas.

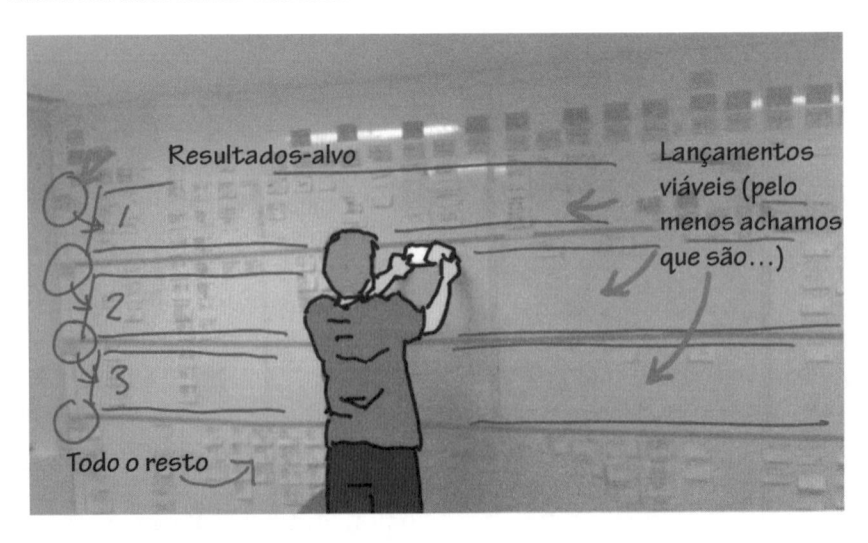

No final, tinham uma estratégia de lançamento incremental que os permitia lidar com todo o trabalho necessário para substituir o sistema de gestão de conteúdo inteiro ao longo do tempo, e de tal modo a ver o real benefício em cada lançamento. Se lessem a borda esquerda do mapa, teriam uma lista dos lançamentos nomeados, cada um com resultados-alvo específicos. Isso é um *roteiro de lançamentos*.

Observe que a lista não tem muitos recursos. É uma lista de benefícios reais — porque, lembre-se, seu trabalho não é criar um software, é mudar o mundo. A parte difícil é escolher para quais pessoas deseja mudar o mundo e como.

> *Focar os resultados-alvo específicos é o segredo para priorizar o trabalho de desenvolvimento.*

E o oposto é verdade também, isto é, se você não sabe quais são seus resultados-alvo — os benefícios específicos que está tentando obter —, então a priorização torna-se quase impossível.

Não Priorize os Recursos — Priorize os Resultados

Observe também como as equipes da Globo iniciaram com um grande objetivo de substituir o sistema de gestão de conteúdo inteiro. Substituir o sistema é a saída, a coisa que eles entregariam. Fazer isso resultaria em muitos resultados positivos. O segredo para dividir essa saída realmente grande era focar um resultado menor e específico.

Lembre-se: atrás dos resultados estão mudanças de comportamento específicas para pessoas específicas envolvidas em atividades específicas. Focando as próximas eleições no Brasil, a Globo escolheu focar as pessoas que seguem as notícias, em especial as que procuram detalhes das eleições em tempo real. Mas ao colocar o foco nessas pessoas, os amantes de novelas, esportes e muitos outros usuários ficaram de fora. Essas outras pessoas teriam que se contentar com o site atual um pouco mais. Lembre-se, não é possível agradar a todos o tempo inteiro.

Isto É Mágico — Sério, É Mesmo

Eu posso ser facilmente impressionado, mas a faixa é uma das coisas mais legais ao organizar ideias de software em um mapa da história.

Muitas vezes eu e as equipes com as quais trabalhei colocamos todas as nossas ideias sobre o produto perfeito em um mapa e ficamos sobrecarregados pela quantidade de trabalho que teríamos se criássemos tudo. *Tudo* parece importante. Mas, então, recuamos e pensamos sobre as pessoas específicas que usarão nosso produto e o que elas precisarão fazer para terem sucesso. Reduzimos isso em uma ou duas frases. Depois cortamos tudo que não precisamos e ficamos chocados com o tamanho real da nossa solução viável. Isso é *mágica*.

Gary, citado no Capítulo 1, fez algo parecido com seu produto. Por fim, ele limitou o foco ao gerente da banda, ao fã e ao administrador interno do Mimi — pois é preciso manter o site em execução. Gary escolheu deixar de fora os gerentes locais e os músicos da produção. No final, o que ele percebeu é que focando apenas essas pessoas e a atividade de promoção, ele acabou com uma ótima plataforma de promoção por e-mail. Assim, para quem hoje é usuário do Mimi, essa é a experiência conhecida.

Externar nosso pensamento em um grande mapa visível facilita todas essas etapas. Torna possível que muitas pessoas colaborem para a sua realização.

Encontrando um Lançamento Viável Menor

Chris Shinkle, SEP

A FORUM Credit Union é uma das cooperativas de crédito mais progressivas tecnologicamente. Embora a empresa tenha uma cultura de desenvolvimento competente e criativa, ela contatou a SEP para criar um novo sistema de banco online para competir com as soluções comerciais prontas (em inglês, *commercial off-the-shelf* — COTS) existentes. Seus objetivos incluíam adicionar funcionalidades para o seu mobile banking, gestão financeira pessoal e serviços de mensagem de texto de banco.

A SEP iniciou com uma sessão de descoberta do mapeamento da história em colaboração durante dois dias, incluindo resultados, personas e mapeamento da história. A sessão ajudou a facilitar uma conversa estruturada para priorizar um grande conjunto de funcionalidades. Porém os resultados e as personas não foram suficientes para priorizar as histórias. No final dos dois dias, o mapa da história cobria quase duas paredes na área de desenvolvimento com mais de 300m²!

Após o mapa da história ser construído, a SEP orientou as partes interessadas da FORUM por meio de um modelo de priorização simples:

Diferenciador
   Um recurso que os separa da concorrência

Spoiler
   Um recurso que invade o diferenciador de outra pessoa

Redutor de custos
   Um recurso que reduz os custos da organização

Mesa de apostas
   Um recurso necessário para competir no mercado

A SEP indicou a categoria de cada história usando notas adesivas diferentes. Surgiram debates interessantes — na verdade, os diferenciadores de algumas partes interessadas eram a mesa de apostas do outro participante. Ficou claro que muitas conversas estavam acontecendo pela primeira vez! O mapa da história com o modelo de priorização permitiu conversas que antes não tinham acontecido. E ajudou a orientar a equipe para chegar a uma compreensão compartilhada em torno das prioridades.

Marcar histórias com tipos diferentes

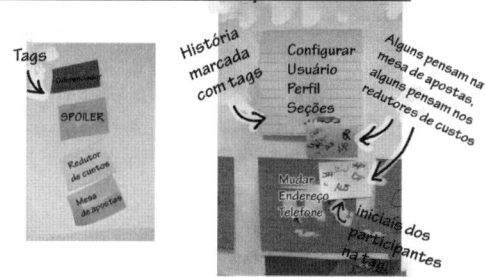

Após rotular as histórias, a SEP usou um sistema de votação para ajudar os participantes a convergir a ideação e a discussão no conjunto de recursos focados em resultados mais significativos. Para surpresa geral, várias histórias foram consideradas como passíveis de adiamento ou desnecessárias. Cálculos aproximados mostraram várias centenas de milhares de dólares economizados antes de ser escrita uma linha de código.

Quando foi perguntado sobre usar o mapeamento da história para iniciar o projeto, Doug True, CEO da FORUM, disse:

— Quando iniciamos pela primeira vez esse projeto com um processo de mapeamento da história incluindo o uso de personas, fui cético. Em especial, fiquei preocupado com o tempo investido nesse lado mais sensível do projeto. No segundo dia, as coisas se conectaram e o valor do tempo se materializou. Agora, nem consigo imaginar buscar um projeto com esse escopo e impacto nos membros sem tal processo.

Por que Discutimos Tanto sobre MVP

Há um termo que existe há tempos no setor de desenvolvimento de software: *produto mínimo viável* ou simplesmente MVP (em inglês, minimum viable product). Frank Robinson é quem recebe o crédito por ter inventado originalmente o termo *MVP*, mas atualmente dominam as definições de Eric Ries e Steve Blank. Apesar de várias pessoas inteligentes tentarem definir o termo, todos ainda parecem confusos — inclusive eu. Toda organização com a qual me deparo e usa esse termo quer dizer algo um pouco diferente. Até as pessoas na mesma organização e na mesma conversa costumam querer dizer coisas diferentes.

Como a maioria das palavras no dicionário, ela tem vários significados. Darei três definições para o termo: uma ruim e duas boas.

Aqui está a ruim:

> *Produto mínimo viável não é o pior produto que você poderia lançar.*

E o MVP *não é* o produto que seus usuários poderiam usar, mas apenas nas circunstâncias mais simples e somente se tiverem uma alta tolerância à dor. É comum eu ver organizações racionalizando suas decisões sobre produtos ruins com o argumento de que alguém poderia usar o produto, quando fica claro para todos os envolvidos que provavelmente ninguém escolheria usá-lo.

Se a Globo.com usasse essa definição para dividir seu primeiro lançamento, ela teria tido um resultado negativo. Ninguém ficaria impressionado. A marca seria prejudicada e a empresa ficaria pior do que se não tivesse lançado nada.

Quando usamos o termo *viável* ao falar sobre um organismo vivo, significa que ele pode sobreviver no mundo sozinho sem morrer. E quando falamos sobre software, significa a mesma coisa.

> *O produto mínimo viável é a menor versão do produto que consegue resultados desejados com sucesso.*

Gosto mais dessa definição. Mínimo é um termo subjetivo. Portanto, seja específico sobre para quem é subjetivo — pois não é você. Seja específico sobre quem são seus clientes e usuários, e o que eles precisam alcançar. O que é *mínimo* para eles? Acredite, ajudará muitíssimo na conversa. E ainda assim é uma conversa difícil. Mas a alternativa é o método "HiPPO" (sigla em inglês para *the highest paid person's opinion*) ou a "opinião da pessoa mais bem paga". Essa é ainda pior.

O termo que prefiro atualmente é a *solução mínima viável*. A maioria das coisas com as quais trabalho nas organizações não são produtos novos e completos. São recursos ou funcionalidades novas, melhorias nos recursos já existentes. Portanto, o termo *solução* parece fazer mais sentido. Assim, permita-me revisar minha definição:

A solução mínima viável é a menor solução lançada que consegue seus resultados desejados com sucesso.

Agora a parte difícil...

São apenas suposições.

Quando dividimos grande parte da funcionalidade do software e chamamos de solução mínima viável, realmente não sabemos se ela realmente é.

O problema com os resultados é que você não pode verdadeiramente observá-los até que as coisas surjam. Quando você divide um lançamento, é forçado a lançar hipóteses sobre o que acontecerá. Talvez tenha que imaginar quais clientes comprarão seu produto, quais usuários escolherão usá-lo, se eles conseguem usá-lo e o que é viável criar com o tempo que você tem. Você é forçado a imaginar o quão felizes eles ficarão. É muita suposição.

Isso é chato, pois se você supõe pouco, bem, fica abaixo do mínimo e fracassou. Se supõe alto, o que muitas pessoas fazem para proteger suas apostas, então você gastou muito dinheiro e arrisca não fazer as coisas. E pior, pode estar errado e nada do que faz importará.

Não é à toa que a definição de o "pior produto que você poderia lançar" ainda viva. É porque não precisamos fazer suposições sobre ela.

O Novo MVP Não É um Produto de Jeito Nenhum!

Sei que algumas pessoas podem ter ficado cada vez mais nervosas com os últimos capítulos. Talvez tenha pensado consigo mesmo: *O Jeff está esquecendo do mais importante!* E você pode estar certo. Algumas das coisas mais importantes que você pode discutir durante as conversas sobre a história e o mapa da história são:

- Quais são nossas maiores e mais arriscadas suposições? Onde está a incerteza?
- O que eu poderia fazer para aprender algo que substituiria os riscos ou as suposições por informações reais?

Isso me leva à minha terceira definição de MVP, como popularizada por Eric Ries em seu livro *A Startup Enxuta*. Eric aprendeu da maneira mais difícil, como a maioria, que apenas fazemos suposições. Eric trabalhou em uma empresa que lançou um produto considerado viável, mas estava errado. De modo inteligente, ele mudou sua estratégia para se concentrar no aprendizado — focando a validação de todas as suposições que a empresa tinha feito em seu primeiro lançamento MVP. Eric fez questão de mostrar que precisávamos criar experimentos menores, protótipos que testem nossa hipótese sobre o que é mínimo e viável. E se você adotar o modo de pensar de Eric, e deveria, seu primeiro produto deverá ser realmente um experimento — e o próximo, e o próximo, até realmente provar que conseguiu o produto certo.

> *Um produto mínimo viável também é a menor coisa que você poderia criar ou fazer para provar ou desaprovar uma suposição.*

Embora tenha sido muito legal que as pessoas na Globo.com foram capazes de desenvolver um plano para criar menos, elas não se enganaram. Elas sabiam que havia muito para aprender a provar que suas suposições eram boas. A partir desse ponto, elas e as outras pessoas precisaram criar um plano para aprender mais. E é aí onde continuaremos nossa história no próximo capítulo.

CAPÍTULO 3
Planeje Aprender Mais Rápido

Este é meu amigo Eric, na frente de seu backlog e quadro de tarefas na sala da equipe. Ele é proprietário do produto e trabalha duro com sua equipe para criar um produto de sucesso, mas que agora não tem sucesso. Mas isso não o preocupa. Ele tem uma estratégia para tornar o produto bem-sucedido. E até momento está dando certo.

Eric trabalha para uma empresa chamada Liquidnet. A Liquidnet é uma rede comercial global para investidores institucionais. Muito antes de Eric ficar na frente do quadro na imagem, alguém na empresa identificou um grupo de clientes que a Liquidnet poderia atender melhor, com algumas ideias sobre como fazer isso. Eric faz parte de uma equipe que pegou essas ideias e as executou. É isso que os proprietários do produto fazem. Se você achou que eles sempre agiam com suas próprias ideias, bem, errou. Uma das partes difíceis de ser proprietário do produto é assumir a propriedade da ideia de outra pessoa e ajudar a torná-la um sucesso ou provar que possivelmente não será. Os melhores proprietários do produto, como Eric, ajudam a equipe inteira a assumir a propriedade do produto.

Comece Discutindo Sua Oportunidade

Eric não iniciou seu trabalho criando um backlog das histórias do usuário. Começou com a grande ideia que alguém teve e a tratou como uma oportunidade para a empresa — porque era. Ele conversou com a liderança na empresa para entender mais. Eles discutiram:

- *Qual é a grande ideia?*
- *Quem são os clientes?* Quem são as empresas que achamos que comprariam o produto?
- *Quem são os usuários?* Quem são as pessoas dentro das empresas que achamos que usariam o produto e para o que o usariam?
- *Por que eles o desejariam?* Quais problemas ele resolveria para os clientes e os usuários que eles não conseguem resolver hoje? Qual benefício eles teriam ao comprar e usar o produto?
- *Por que o estamos criando?* Se criarmos esse produto e ele tiver sucesso, como isso nos ajuda?

Eric precisava desenvolver uma compreensão compartilhada com os outros na organização antes de assumir a propriedade da oportunidade. Ele sabia que precisaria contar a história do produto muitas vezes nos próximos meses, então preferia buscar as coisas grandes agora.

> *Sua primeira discussão da história é para estruturar a oportunidade.*

Valide o Problema

Eric confia na intuição da sua liderança, mas sabe que essa grande ideia é uma hipótese. Ele sabe que o único modo de ter certeza de que a ideia será bem-sucedida é quando realmente ela for vista com êxito.

Primeiro ele passou um tempo conversando diretamente com clientes e usuários para aprender bem sobre eles. Ao longo do caminho, ele validou que havia realmente clientes que tinham o problema e que eles estavam mesmo interessados em comprar uma solução. Eric conversou com pessoas que provavelmente usariam o produto. Elas não tinham o produto hoje e apenas soluções ruins para lidar com os problemas que a nova ideia do produto resolveria.

> *Valide se os problemas que você está resolvendo realmente existem.*

Enquanto Eric conversa com clientes e usuários, ele desenvolve um grupo de pessoas que pensa ser bons candidatos para experimentar o novo software. Algumas empresas se referem a essas pessoas como *parceiros de desenvolvimento do cliente*. Registre esse detalhe, pois ele aparecerá mais adiante na história.

Na verdade, durante esse estágio, Eric não estava sozinho. Ele trabalhou com uma pequena equipe que passou muito tempo conversando com seus clientes e, ao fazer isso, descobriu que resolver o problema não era tão fácil — e que havia outros problemas que precisavam ser resolvidos primeiro. O importante a observar é que quanto mais eles aprendiam, mais mudava a oportunidade original — no final, mudou muito. É uma sorte eles não terem criado o que lhes foi pedido. Isso não serviria para os clientes nem para a organização.

No momento, Eric e sua equipe, após conversarem com os clientes, tinham ideias específicas para o tipo de solução que eles poderiam criar e que os usuários poderiam usar, e fazendo isso, teriam o benefício que os funcionários queriam. Agora, é onde Eric e sua equipe "iriam com tudo" — onde poderiam ter ido com tudo. Eles poderiam ter criado um backlog de histórias que descreviam sua solução, colocado uma equipe para desenvolvê-la. Como são inteligentes, usariam um mapa da história para sair da grande ideia e ir para as partes específicas a criar. Mas como eles são *realmente* inteligentes, a última coisa que farão nesse ponto é criar o software.

Crie um Protótipo para Aprender

É aqui que Eric começou a agir como proprietário do produto. Ele passou a imaginar sua solução primeiro como muitas histórias narrativas simples — os *cenários do usuário*. Então passou a imaginar a ideia como um modelo de arame simples. Depois criou um protótipo com mais fidelidade. Não era um software funcional. Era um protótipo eletrônico simples, criado com uma ferramenta simples como o Axure ou, talvez, até em PowerPoint.

Tudo são etapas de aprendizagem para Eric. Elas o ajudam a imaginar a solução. No final, ele quer colocar sua solução na frente dos usuários para ver o que eles pensam. Mas sabe que primeiro precisa estar confiante de que ela resolve os problemas antes de apresentá-lo.

Crie um esboço e um protótipo para poder visualizar sua solução.

Agora, ocultei um detalhe importante. Na verdade, Eric era designer de interação. É um tipo de designer que costumava passar muito tempo com clientes e usuários, e costumava desenvolver esses protótipos simples. Mas para esse novo produto, ele também é proprietário — a pessoa responsável pelo sucesso do produto. Existem outros proprietários do produto na empresa de Eric que não têm suas habilidades de design e, com sensatez, eles se juntam aos designers para ajudar a entrevistar os usuários e imaginar as soluções.

Eric finalmente retornou os protótipos para os usuários. Eu não estava lá, portanto não sei o que realmente aconteceu. Mas já estive nessas situações muitas vezes e sempre fico surpreso com o que aprendo com as pessoas que realmente usarão minha solução. Tudo que posso dizer é para você estar preparado para surpresas e más notícias. Na verdade, comemore as más notícias, pois você poderia tê-las recebido meses mais tarde, depois de ter criado o software. É quando realmente é chato. No momento, é barato fazer mudanças e você deve fazê-las. E Eric fez.

Faça um protótipo e teste com os usuários para aprender se sua solução tem valor e é utilizável.

Após iterar sua solução muitas vezes e mostrá-la aos clientes, Eric estava confiante de que tinha uma ideia de solução muito boa. Certamente agora ele poderia pegar o backlog criado e fazer a equipe de desenvolvedores trabalhar para tornar a solução de protótipo um software funcional e real. Mas Eric não fará isso. Bem, não exatamente isso. É uma aposta maior que ele deseja fazer.

Cuidado com o que as Pessoas Dizem que Querem

Eric criou o protótipo que ele acredita ser uma solução viável. Mas não tem muita certeza se é o mínimo — pois mostrou às pessoas muitas ideias legais. E se você mostra a elas todas as ideias legais, claro que amarão. Mas Eric sabe que seu trabalho é minimizar a quantidade criada e ainda deixar as pessoas felizes. Quanto ele poderia remover e ainda ter uma solução viável?

Eric também sabe de outra coisa que é um pouco preocupante. As pessoas que disseram que gostariam e usariam estão apenas fazendo suposições também.

Pense em quando você comprou algo para si. Talvez tenha visto o produto, observou o vendedor demonstrar os recursos legais, experimentou os recursos legais sozinho e se imaginou realmente usando e amando o produto. Mas quando o comprou e realmente começou a usar, descobriu que os recursos legais não tinham tanta importância. O que realmente importava eram os recursos que você não havia considerado. E pior, talvez realmente não precise tanto assim do produto. Certo, talvez tenha acontecido só comigo. Mas tenho muitas coisas na garagem que gostaria de nunca ter comprado.

De volta a Eric. Ele sabe que seus clientes e usuários conseguem imaginar que o produto seria ótimo de usar e saber isso lhe dá a convicção de aumentar sua aposta. Mas a prova real é quando as pessoas realmente *escolhem* usá-lo todo dia. Esse é o resultado real que ele busca, e o único que dará à empresa o benefício que ela realmente quer. E será preciso mais do que um protótipo para descobrir.

Crie para Aprender

Agora veja onde Eric mostra o quão inteligente ele realmente é.

Eric e sua equipe realmente começam a trabalhar na criação do software. Mas seu primeiro objetivo não é criar um produto mínimo viável. Na verdade, é criar algo menos do que mínimo — apenas o suficiente para que os usuários em potencial possam fazer algo útil com ele. É um produto que não impressionaria muito as pessoas e elas poderiam até odiá-lo. Definitivamente não é um produto que você gostaria que o pessoal de marketing e vendas apresentasse por aí. As únicas pessoas que você gostaria que vissem esse produto são aquelas que talvez um dia o utilizem e honestamente se importam em encontrar um produto que resolva seu problema.

Acontece que Eric tem um grupo pequeno de pessoas assim. São os clientes e os usuários com quem ele trabalhou antes quando aprendeu e validou o problema. São seus parceiros de desenvolvimento. São as pessoas que deram feedback nos protótipos iniciais. E existe um subconjunto deles que Eric acredita que pode ajudá-lo a aprender mais. São pessoas a quem ele apresentará o primeiro produto menos que o mínimo — e definitivamente não viável. Ele espera que elas sejam os primeiros a adotar.

E foi o que ele fez.

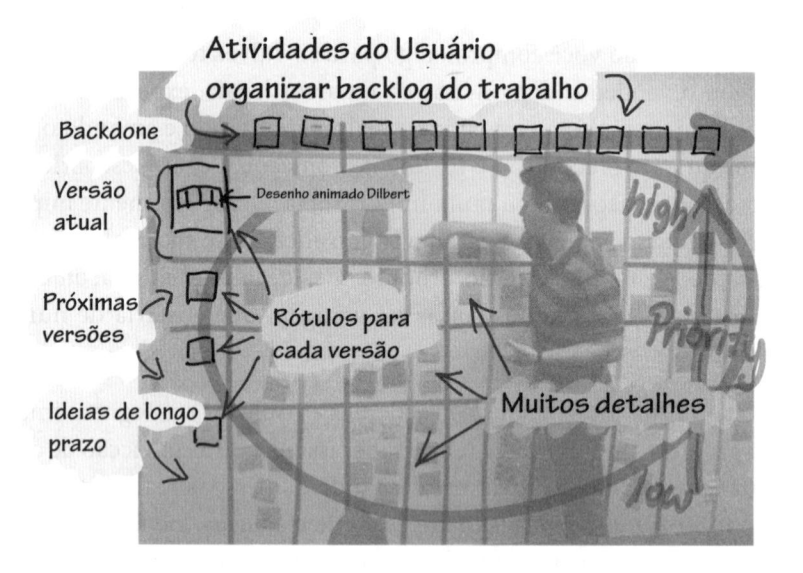

Este é Eric indicando uma faixa de seu backlog atual. Quando essa imagem foi feita, ele já tinha lançado o software para seus parceiros de desenvolvimento. Depois, fez questão de falar com as pessoas para receber seu feedback. Sua equipe também se baseou em algumas métricas simples para que pudessem medir se as pessoas realmente usavam o software e o que faziam especificamente nele.

Eric sabe que as pessoas são educadas. Talvez digam que gostam de um produto, mas nunca o usem. "Usar" é o resultado real que ele deseja, e a educação não ajuda em nada. Eric também sabe que algumas pessoas são exigentes. Elas podem listar todos os problemas que o produto tem ou reclamar sobre erros, mas as métricas podem nos dizer que elas o utilizam todo dia, mesmo assim. E isso é bom, apesar de toda a reclamação. A reclamação é boa também, pois dá ideias a Eric sobre onde devem estar as próximas melhorias.

O backlog de Eric é organizado como um mapa da história com a estrutura de notas adesivas amarelas no topo. Essas notas têm frases verbais curtas contando a grande história do que seus usuários farão no produto, mas em um alto nível. Abaixo vêm todos os detalhes, as coisas específicas que elas farão e precisarão para realmente usar o produto. Embora os detalhes em que ele e sua equipe trabalham mudem entre as versões, a estrutura fica bem consistente.

A faixa superior, acima da linha da fita, é aquela na qual Eric e sua equipe trabalham no momento. Eric precisará de dois sprints para essa versão. Ele usa um processo de desenvolvimento Scrum no qual os sprints têm durações de duas semanas. Portanto, dois sprints são basicamente iguais a um mês. Abaixo estão as faixas que descem no quadro. A próxima faixa tem o que eles acreditam ser a próxima versão, e assim por diante. À esquerda de cada faixa, como na equipe Globo.com, fica uma nota adesiva com o nome da versão e algumas palavras sobre o que eles desejam aprender com ela. Exceto pela versão superior, que tem o desenho animado *Dilbert* acima. É uma piada interna na equipe que não vou contar.

As histórias de maior prioridade... vão para o sprint atual

Backlog Mapeado por História   Painel de Tarefas de Desenvolvimento

Se você olhar com atenção, o topo da faixa atual está limpo. Desenhei algumas notas adesivas onde elas costumavam estar. Mas não estão mais lá porque as coisas que estavam no topo são as primeiras que a equipe criará. Conforme os membros da equipe trabalham juntos para planejar o trabalho, eles removem as notas adesivas e as colocam em um painel de tarefas à direita do backlog mapeado por história. Esse quadro mostra as histórias nas quais trabalhamos agora no sprint, junto à tarefa de entrega — as coisas específicas que desenvolvedores e provadores precisarão fazer para transformar as ideias na história em um software funcional.

Um ponto mais detalhado do backlog mapeado por história de Eric, e um que mostra sua inteligência, é a espessura da faixa mais superior. Ela tem duas vezes a espessura das faixas abaixo. Quando Eric e sua equipe terminam uma faixa e a entregam aos parceiros de desenvolvimento, o que chamam de *clientes beta*, eles sobem as notas adesivas da faixa abaixo. Quando fazem isso, terão uma discussão muito mais detalhada sobre a próxima versão dividida. Eles usam o jogo "E se" para encontrar problemas e preencher os detalhes. Eles conversam sobre algumas ideias na próxima versão e esse debate pode resultar na divisão da grande ideia em duas ou três menores. Então, precisam da altura vertical dessa faixa para priorizar — para escolher sobre o que criar primeiro.

Viu como são inteligentes?

Itere até Ser Viável

Talvez Eric tenha iniciado o processo inteiro com uma ideia sobre o produto mínimo viável, mas ele propositadamente construiu algo menos do que mínimo para começar. Então adiciona um pouco mais a cada mês. Ele recebe feedback dos parceiros de desenvolvimento — coisas subjetivas que vêm das conversas com eles e coisas mais objetivas que ele consegue ao ver os dados.

Ele manterá essa estratégia, desenvolvendo e melhorando lentamente o produto, até que os parceiros de desenvolvimento realmente comecem a usar o produto na rotina. De fato, o que Eric espera é que se tornem pessoas que recomendariam o produto a outras pessoas — clientes de referência reais. Quando fazem isso, é quando ele sabe que encontrou o mínimo *e* o viável. E é quando o produto está seguro para entrar no mercado e vender adoidadamente. Se Eric e sua equipe tentassem vendê-lo antes, acabariam com muitos clientes desapontados — pessoas bem menos amistosas do que aquelas com quem ele desenvolveu relações pessoais durante o processo.

Como Fazer do Modo Errado

O que Eric poderia ter feito é pegar o último protótipo melhor, dividi-lo em suas partes constituintes e começar a criá-lo parte por parte. Muitos meses depois, ele teria algo para lançar. E teria descoberto se sua grande suposição estava certa. Você precisará confiar em mim, mas não estava certo — porque raramente está.

Assim não...

1 2 3 4

Essa é uma visualização simples criada por meu amigo Henrik Kniberg. Ela mostra muito bem uma estratégia de versão dividida na qual em toda versão obtive algo que não pude usar, até a última versão quando consegui algo.

Henrik sugere esta estratégia alternativa:

Assim!

1 2 3 4 5

Se planejo minhas versões assim, em cada versão entrego algo que as pessoas podem realmente usar. Agora, nesse exemplo de transporte bobo, se meu objetivo é percorrer uma longa distância e levar coisas comigo, e você me deu um skate, talvez eu me sinta um pouco frustrado. Direi a você como foi difícil percorrer longas distâncias com essa coisa — embora tenha sido divertido brincar com ela na garagem. Se seu objetivo era me encantar, talvez se sinta mal em relação a isso. Mas seu objetivo real era aprender, o que aconteceu. Isso é bom. Você aprendeu que eu queria ir mais longe e, se percebeu, também aprendeu que eu valorizo a diversão.

No progresso de Henrik, as coisas começam a melhorar na versão da bicicleta porque eu posso usá-la como um transporte adequado. E no nível da moto, posso *realmente* ver que funciona para mim — e me divirto também. Isso poderia ser o mínimo e o viável no meu caso. Se eu realmente amo motos, talvez o próximo passo melhor seja uma Harley-Davidson maior e mais rápida, não um carro esportivo. No momento estou chegando na crise da meia-idade e a Harley parece muito boa. Mas só depois de experimentar a moto e nós dois descobrirmos algo com isso é que podemos tomar uma decisão melhor.

> *Trate toda versão como um experimento e fique atento ao que deseja aprender.*

Mas e as outras pessoas que precisam viajar distâncias maiores e têm filhos? Para *esse* público-alvo, nenhuma opção seria boa.

Sempre tenha em mente o alvo dos clientes, dos usuários e dos resultados que espera ter. É realmente difícil obter o mesmo resultado ótimo com todos os usuários. Portanto, foque.

Aprendizagem Validada

O que meu amigo Eric fez foi aplicar uma *estratégia de aprendizagem validada* — um dos conceitos mais importantes no pensamento da Startup Enxuta. Eric sabia que os problemas que ele resolvia, os clientes e os usuários para quem ele os resolvia e as soluções que tinha em mente eram suposições. Muitas eram suposições boas. Mas eram suposições apenas. Eric tentou entender as suposições, então validá-las, passando dos problemas que os clientes e os usuários tinham para as soluções que ele tinha. Em cada etapa ele fez ou desenvolveu algo com o claro objetivo de aprender mais.

Ciclo da Aprendizagem Validada

Criar
- Ideias melhores
- Produto Mínimo Viável / Experimentar

Medir com clientes e usuários

Aprender
- Dados subjetivos e objetivos

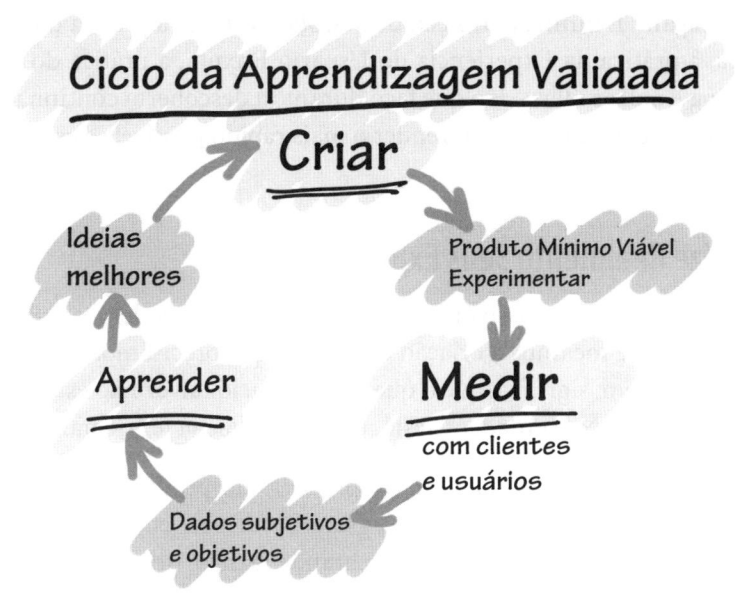

O que Eric fez está no centro do ciclo de criar-medir-aprender descrito por Eric Ries. E segundo a definição de Ries, cada versão que Eric enviou era um produto mínimo viável. Mas você pode ver que não era viável aos olhos de seus clientes e usuários de destino — pelo menos não ainda. Por esse motivo, gosto de me referir ao MVP de Ries como *experimento do produto mínimo viável* — ou MVPe para abreviar. É a menor coisa que eu poderia desenvolver para aprender algo. E o que eu aprendo me leva a entender o que é realmente viável aos olhos dos mesmos clientes e usuários-alvo.

Eric usou muitas ferramentas e técnicas ao longo do caminho. Mas contar histórias usando palavras e imagens sempre fez parte do modo como ele trabalha. Usar um mapa para organizar suas histórias o ajudou a manter clientes, usuários e a jornada em mente conforme ele melhorava de modo iterativo seu produto para ser viável.

Gosto de usar o termo *descoberta do produto* para descrever o que realmente fazemos nesse estágio. Nosso objetivo não é criar algo; pelo contrário, é aprender se estamos criando a coisa certa. Acontece que criar algo para colocar na frente dos clientes é um dos melhores modos de aprender se estamos desenvolvendo a coisa certa. Pego minha definição de *descoberta* de

Marty Cagan.[1] E minha definição de *descoberta* inclui a prática da Startup Enxuta, a prática da Experiência do Usuário Enxuta, a prática do Design Thinking e outras ideias. E o que faço durante a descoberta continua a evoluir. Mas a meta é a mesma: aprender o mais rápido possível se estou criando a coisa certa.

Minimize Realmente Seus Experimentos

Se reconhecemos que nosso objetivo é aprender, então podemos minimizar o que criamos e focamos a criação apenas do que precisamos aprender. Se você faz isso bem, significa que o que cria no início talvez não esteja pronto para a produção. Na verdade, se está, é provável que já fez demais.

Veja um exemplo: quando eu era proprietário do produto para uma empresa que criava softwares para uma grande rede varejista, sabia que meus produtos precisavam rodar em um grande banco de dados Oracle de back-end. Mas, às vezes, era um problema trabalhar com os caras do banco de dados. Eles queriam examinar cada mudança que eu fazia. Por vezes, mudanças simples levavam uma semana ou mais. Isso tornava minha equipe muito lenta, e eu também. As preocupações desses caras faziam sentido, pois todos os outros aplicativos dependiam do banco de dados. Desmembrá-lo era realmente arriscado para todos. Mas eles tinham um processo bem alinhado para avaliar e fazer mudanças no banco de dados — só levava muito tempo.

A parte mais arriscada para mim era garantir que meu produto estivesse certo. Assim, desenvolvemos versões iniciais do software usando bancos de dados simples na memória. Claro, eles não escalariam e era possível que nunca lançássemos nossas versões iniciais para o grande público em geral. Mas nossos experimentos iniciais do produto mínimo viável (como chamávamos na época) nos permitiram testar as ideias com um pequeno subconjunto de clientes e ainda usar dados reais. Após várias iterações com clientes e depois de encontrarmos uma solução que acreditávamos funcionar, fizemos mudanças no banco de dados e desativamos nosso aplicativo no banco de dados na memória. Os caras do banco de dados também

---

[1] Marty descreveu pela primeira vez o que ele quer dizer com *descoberta do produto* em seu artigo de 2007. Mais tarde ele descreve com mais detalhes em seu livro *Inspirado: Como Criar Produtos de Tecnologia que os Clientes Amam*.

gostavam de nós, pois sabiam que, quando fazíamos mudanças, estávamos confiantes de que eram as corretas.

Recapitulando

Gary usou um mapa para sair da armadilha do backlog enxuto e ter a visão geral de seu produto, então realmente começou a focar para quem era e o que deveria ser.

As equipes na Globo.com usaram um mapa para coordenar um grande plano com várias equipes e dividir um subconjunto de trabalho que elas acreditavam ser uma solução viável.

Eric usou um mapa para dividir as versões menos viáveis em experimentos do produto mínimo viável, permitindo encontrar de modo iterativo o que seria viável.

Existe apenas um último desafio que parece atormentar o desenvolvimento de software, que é terminar dentro do prazo. Suponha que você esteja certo de que tem algo que deve ser criado. E suponha que outras pessoas dependam desse algo funcionando em uma data específica. Há um segredo para terminar no prazo que é conhecido por artistas há séculos. No próximo capítulo aprenderemos como aplicá-lo ao software.

CAPÍTULO 4
Planeje Terminar no Prazo

Estes são Aaron e Mike. Eles trabalham para uma empresa chamada Workiva. A Workiva cria um conjunto de produtos em uma plataforma chamada Wdesk, que resolve grandes problemas para grandes empresas e é uma das maiores empresas de software como serviço que provavelmente você nunca ouviu falar.

Aaron e Mike parecem felizes, não é? Mas isso é normal para pessoas que trabalham juntas para resolver problemas complicados. Ou seria porque o cara da direita tem uma cerveja na mão? Não, claro que não. É o sentimento de ter resolvido um problema difícil que os deixa felizes. A cerveja é apenas uma recompensa pela solução do problema. Se *você* não pega uma cerveja, ou uma recompensa equivalente, depois de resolver problemas difíceis onde trabalha, deve falar com alguém sobre isso.

Aaron e Mike acabaram de concluir várias rodadas de descoberta do produto e estão confiantes de que têm algo que deva ser criado e entrar em produção.

Para eles, a descoberta começou estruturando a ideia do recurso com o qual eles trabalharam para entender bem para quem ele era e por que iriam criá-lo. Então, falaram diretamente com os clientes para validar suas suposições sobre como eles trabalhavam hoje e quais eram os problemas reais. Depois disso, criaram protótipos simples. Para Aaron e Mike, eles conseguiram criar protótipos eletrônicos simples no Axure e testaram com os clientes remotamente — primeiro para ver se eles apreciavam a solução, então para terem confiança de que era útil. Para o recurso no qual trabalharam, eles não sentiram que precisavam criar um protótipo de um software funcional para saber o que era preciso.

Após várias iterações com protótipos simples, finalmente sentiram confiança de que tinham algo de valor construído. Pode parecer muito trabalhoso, mas eles fizeram tudo isso em cerca de três dias. A última etapa foi criar um backlog e um plano para entregar o recurso. Veja o plano deles na imagem. É bom e por isso que estão felizes.

É importante notar que o mapa não é sobre um produto completo, é apenas um recurso que eles adicionam a um produto existente. Por isso é menor que o de Gary no Capítulo 1, ou menor que o das equipes Globo.com. Estou dizendo isso porque algumas pessoas acreditam erroneamente que precisam mapear o produto inteiro para fazer uma pequena mudança e usam isso como um motivo para não mapear.

Mapeie apenas o que você precisa para fundamentar sua conversa.

Conte para a Equipe

Para criar o novo recurso, esses dois caras precisarão desenvolver uma compreensão compartilhada com a equipe. A equipe precisa ser capaz de identificar os problemas e as possibilidades de melhoria, estimando o tempo que levará. Para isso eles criaram o mapa final. Eles o utilizaram para contar a história do recurso — passo a passo, da perspectiva do usuário. Notou as telas impressas inseridas no mapa? Eles apontavam para as telas e os detalhes destacados enquanto circulavam pelo mapa para que os ouvintes imaginassem melhor a solução. As pessoas na Disney que percorrem os filmes usando esboços sequenciais não têm nenhuma relação com esses caras.

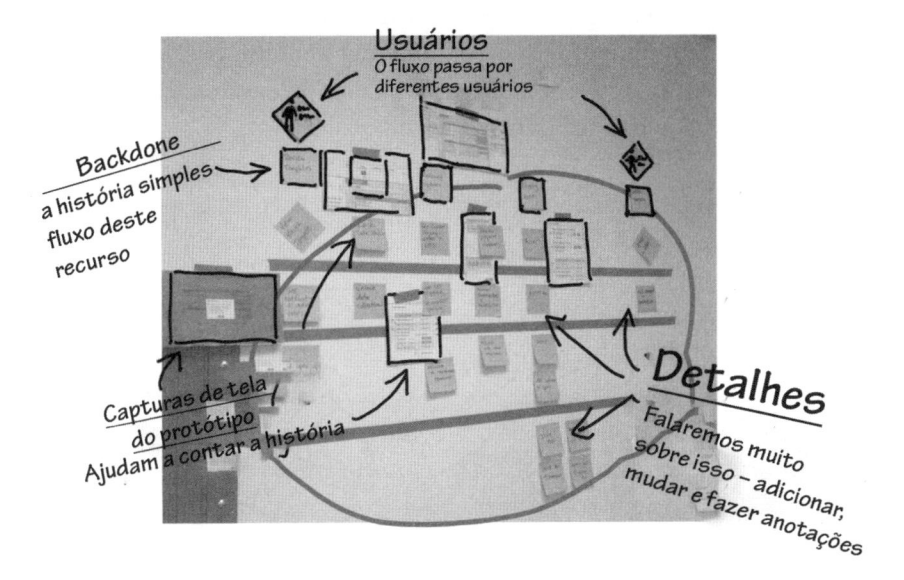

Usuários
O fluxo passa por diferentes usuários

Backdone
a história simples
fluxo deste recurso

Capturas de tela do protótipo
Ajudam a contar a história

Detalhes
Falaremos muito sobre isso – adicionar, mudar e fazer anotações

Quando os membros da equipe perguntavam por que a tela se comportava de tal modo, eles tinham histórias para contar sobre as variações experimentadas e como os usuários se comportavam. Quando a equipe fazia perguntas detalhadas sobre exatamente o que acontece quando os dados são inseridos ou as informações enviadas, os caras tinham pensado nisso e conseguiam responder. Ou quando não sabiam, discutiam ideias com a equipe e faziam anotações nos protótipos ou nas notas adesivas no modelo. Eles até adicionavam algumas notas adesivas para obter os detalhes que não tinham considerado, mas a equipe, sim. Aaron me disse que a equipe identificou várias dependências técnicas que ele e Mike nunca teriam visto.

O Segredo para a Boa Estimativa

Qualquer pessoa que atua no desenvolvimento de software por um tempo sabe que um dos maiores desafios é estimar quanto tempo o desenvolvimento realmente levará. Vou contar um dos maiores segredos da boa estimativa:

> *As melhores estimativas vêm dos desenvolvedores que realmente entendem o que estão estimando.*

Existem muitos métodos que prometem fornecer estimativas mais precisas. Não falarei de nenhum aqui. Mas *contarei* que nenhum funcionará se as pessoas que criam o software não têm uma compreensão compartilhada entre si e com as pessoas que o imaginaram.

Desenvolver uma compreensão compartilhada não deve ser um segredo guardado a sete chaves sobre a estimativa. Portanto você deve contar a todos agora mesmo.

Planeje Criar Peça por Peça

A equipe na Workiva realmente não vai longe criando menos nesse ponto. Ela não consegue fazer o que a Globo.com fez no Capítulo 2 e remover as coisas, pois ela já validou que precisa de tudo. Quando a equipe criou o protótipo, conseguiu cortar muita coisa e validar que sua solução ainda tinha valor para os clientes. Mas, ao ver o mapa, ele tem três faixas.

"Por que eles se importariam com isso?", você pode perguntar. Um terço do que os clientes querem é como entregar um terço de um carro esportivo. Ninguém consegue dirigi-lo. Mas Mike é o proprietário do produto. Ele não se afasta depois de identificar uma boa solução. Sua função muda agora, e ele se parece mais com um diretor de filmes. Ele precisa estar presente conforme cada cena é filmada. Precisa decidir quais cenas devem ser feitas primeiro e por último. Ele sabe que, no final, o filme inteiro precisa ser juntado e parecer um todo coerente.

Assim, Mike trabalhou com sua equipe para criar um plano de desenvolvimento. Veja o que eles fizeram: eles dividiram o mapa em três partes transversais.

A primeira parte cruza toda a funcionalidade. Uma vez que eles tenham criado essas partes, conseguem ver a funcionalidade trabalhando de ponta a ponta. Não funcionaria em todas as situações necessárias e se eles enviassem para os usuários como está, os usuários gritariam. Mas Mike e sua equipe serão capazes de ver o software rodando de ponta a ponta. Eles conseguirão colocar dados reais e ver como funciona, poderão aplicar algumas ferramentas de teste automáticas para ver como ele escala. Eles podem aprender muito sobre os riscos técnicos que poderiam causar problemas mais adiante. Podem sentir mais confiança seguindo em frente, sabendo que conseguirão lançar no prazo. Ou, pelo menos, identificarão os desafios não previstos que os retardariam. Chamo essa primeira faixa de *esqueleto ambulante funcional* (em inglês, *functional walking skeleton*) — um termo que peguei emprestado de Alistair Cockburn. Ouvi também chamarem de "steel thread" ou "tracer bullet".

Eles colocarão uma camada na segunda faixa para desenvolver a funcionalidade — para se aproximar do lançamento. Ao longo do caminho, é provável que aprendam algumas coisas que não puderam prever. Eles podem ter negligenciado algumas características que o recurso deveria ter, como pormenores que não foram explorados no protótipo. Eles podem ter descoberto que o sistema não funciona como esperavam e um trabalho extra precisará ser feito para ter a velocidade que eles desejam. Estes são os "imprevistos previsíveis" um conceito intimamente relacionado às "incógnitas desconhecidas" de Donald Rumsfeld. Não finja que não existem. Você sabe que existem.

Por fim, colocarão uma camada na terceira faixa para aprimorar o recurso, tornando-o o mais acabado possível. Eles também adicionarão algumas das coisas imprevisíveis.

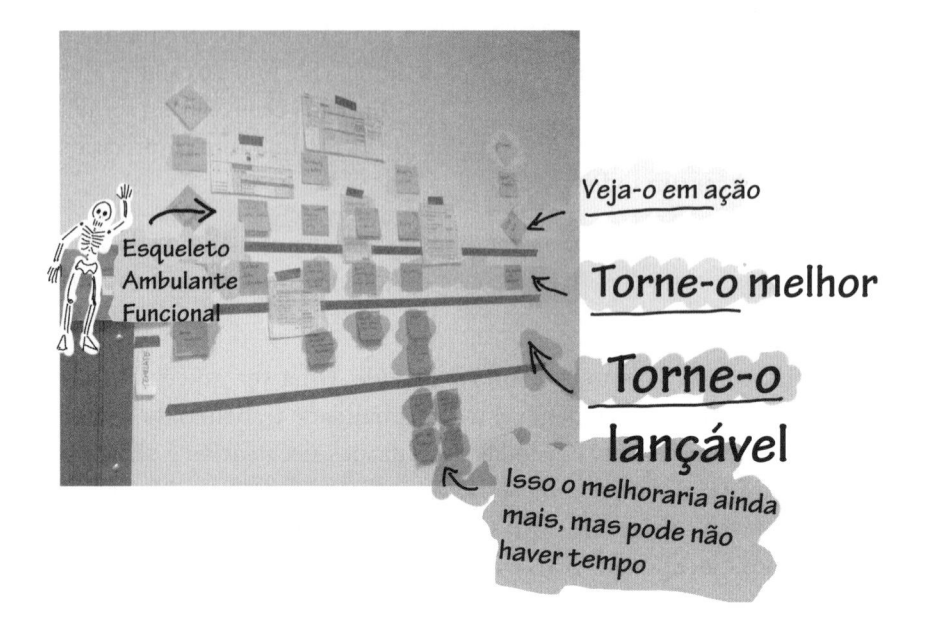

[figura: quadro com post-its organizados em faixas, anotações: "Veja-o em ação", "Torne-o melhor", "Torne-o lançável", "Esqueleto Ambulante Funcional", "Isso o melhoraria ainda mais, mas pode não haver tempo"]

Não Lance Cada Faixa

Cada faixa não é um lançamento para os clientes e os usuários: é um marco que os membros da equipe usarão para parar e fazer um balanço de onde eles estão. Da perspectiva do usuário e do cliente, está incompleto, portanto evite o constrangimento.

A equipe de Mike e Aaron estimou o recurso como tendo dois meses de trabalho. Como Eric, eles usaram sprints de duas semanas, portanto seriam necessários quatro sprints. Imagino que eles criaram quatro faixas, uma para cada sprint, mas eles não pensaram assim. E você também não deveria. Pense nessas faixas como três partes diferentes com metas de aprendizagem diferentes para cada uma. Decida quais sprints ou iterações farão quando chegar o momento.

Outro Segredo da Boa Estimativa

Uma coisa que parece ser segredo, mas realmente não deveria ser, é que as estimativas são… estimadas. Acesse a web e descubra uma lista de paradoxos. Estou certo de que você encontrará este termo lá: *estimativa precisa*. Se soubermos exatamente quanto tempo levariam as coisas, então não chamaríamos de *estimativa*, certo?

Mas se você cria pequenas partes do software, uma coisa bem certa é o tempo que levaria para criar. Isso se chama *medida*, e é bem mais precisa.

Muito bem, veja outro segredo: quanto mais frequentemente você medir, melhor será sua previsão. Se você se desloca para o trabalho todo dia, acho que é muito bom ao prever quanto tempo levará. Se eu perguntasse quanto tempo levaria para chegar a um endereço diferente mais ou menos na mesma hora, aposto que você poderia prever o tempo que levaria para se deslocar dentro de mais ou menos 10 minutos. É assim que funciona a estimativa.

Ao dividir coisas grandes em coisas pequenas, temos mais oportunidades de medir. Claro, há uma certa sutileza nisso, mas um princípio geral é que você fará previsões melhores se tiver mais exemplos de quanto tempo levaria para coisas parecidas serem criadas.

Como proprietário do produto, em última análise, Mike está em apuros para o recurso ser lançado no prazo. Ele é um bom proprietário do produto, portanto ajuda a todos em sua pequena equipe a assumirem alguma propriedade nessa meta também. Ele trata essas estimativas iniciais como seu orçamento da entrega.

Gerencie Seu Orçamento

Mike e Aaron trabalharam em conjunto com desenvolvedores em quem confiavam desde o início para terem uma estimativa de tempo inicial. Eles a tratam como um *orçamento*. E gerenciam isso ativamente.

Em cada pequena parte que a equipe desenvolve, eles podem medir quanto tempo a parte levou para criar. Eles tratam o que criaram como um gasto no orçamento. Talvez eles achem que estão na metade do tempo orçado, mas apenas em um terço do caminho de desenvolver o recurso. É certo que eles não esperavam isso, mas agora sabem e podem fazer algo a respeito. Eles poderiam pegar emprestado algum orçamento de outros recursos nos quais trabalham. Ou pode haver pequenas mudanças que poderiam fazer no recurso que não mudarão muito o benefício que os usuários terão. Ou poderiam simplesmente encarar os fatos e ver o que podem fazer para mudar as expectativas com as pessoas a quem prometeram entregar.

Dependendo do quão grave, todos podem precisar de mais cerveja.

Ao dividir uma estratégia de desenvolvimento, eles enfrentarão as coisas que podem estourar o orçamento o mais cedo possível. São as coisas arriscadas. E são as conversas com toda a equipe que ajudarão a identificá-las.

Expondo o Risco no Mapa da História

Chris Shinkle, SEP

Uma grande seguradora decidiu criar um sistema de controle de acesso com preço médio e sem fio para prédios de médio porte (por exemplo, escolas, consultórios, lojas de varejo etc.). A empresa contratou a SEP para desenvolver o firmware nos armários e o gateway ZibBee sem fio com o qual se comunicam.

O projeto era incrível tecnicamente, mas tinha todos os ingredientes para fracassar, inclusive um orçamento insuficiente, um prazo apertado, mudanças na liderança no meio do processo, tecnologia não testada e um escopo inchado.

Claro que as coisas rapidamente saíram dos trilhos. A equipe de projeto não cumpriu vários marcos. O cliente estava descontente e a moral da equipe lá embaixo. Em uma retrospectiva, a equipe descobriu que a maior motivação para perder as datas foi o trabalho não planejado, em grande parte devido às incertezas e aos riscos percebidos. Algo precisava mudar.

Como qualquer grupo de engenheiros inteligentes, a equipe encarou o problema. A solução? Modificar o mapa da história.

Adicionando histórias de risco para tornar visível o risco

- História do risco
- Atividade
- Tarefa do usuário
- História do software incorporado (software embarcado)
- História da camada de comunicação
- História da interface do usuário na web

Desenvolvedores com grande compreensão do produto mapeiam sua estratégia de desenvolvimento

Em um nível alto, eles aumentaram a frequência e a fidelidade do mapa da história. Ao aumentar a frequência em cada lançamento intermediário, eles achavam que aumentariam a probabilidade de identificar mais riscos. Ao aumentar a fidelidade do mapa para incluir as "Histórias do Risco" (além das Atividades, das Tarefas e dos Detalhes normais), eles achavam que conseguiriam visualizar, discutir e melhor gerenciar os riscos.

Os resultados foram impressionantes.

A equipe sabia que a amplitude e a profundidade de um mapa da história típico davam uma ideia do tamanho do projeto. Também sabiam que o número de caminhos no mapa era um bom indicador da complexidade. Mas como a incerteza e o risco não foram refletidos anteriormente no mapa da história, o mapa não representava a quantidade real de trabalho (inclusive de aprendizagem) a ser feito.

O novo mapa, com as Histórias do Risco, dava uma melhor ideia do tamanho e da complexidade da estrada à frente. O tamanho do projeto e a complexidade foram mais bem representados, porque eram compostos de histórias conhecidas originais e pelas novas "histórias desconhecidas" — os riscos ou o conhecimento que a equipe precisava ter para avançar com confiança nas histórias conhecidas.

Como era de se esperar, o mapa da história se tornou muito mais útil para o planejamento. Agora ele destacava os riscos e as incertezas que precisariam do tempo da equipe. A capacidade de incorporar esse tempo no planejamento tornou a equipe muito mais previsível e confiável.

Os benefícios secundários incluíram um modo concreto de medir e atualizar os interessados sobre a aprendizagem. Junto ao gráfico de burndown tradicional do recurso, a equipe incluiu um gráfico de burndown do risco. Ele foi particularmente útil para o cliente ver os dados de burndown do risco quando o burndown do recurso não parecida bom.

No final do dia, a equipe aprendeu que aumentar a frequência da criação do mapa da história e adicionar novas Histórias do Risco são modos poderosos de fazer os mapas melhor refletirem a realidade.

O que da Vinci Faria?

Muitas vezes eu me pergunto isso. Tudo bem, não tantas vezes assim. Mas talvez devesse.

O que Mike e Aaron fizeram foi seguir uma estratégia usada por artistas para terminar no prazo. É uma que usei por anos com o software. E quando encontrei pela primeira vez meus amigos na Globo.com, descobri que é uma que eles usam, porque, como já mencionei, se eles atrasassem a coisa interativa nova e legal para as Olimpíadas, o comitê olímpico não remarcaria as Olimpíadas. Imaginei que essa estratégia seria uma que você usaria rotineiramente, sem pensar.

Deixe-me explicar o que da Vinci *não* faz. Mas, infelizmente, é muito frequente que as pessoas que desenvolvem software tentam fazer.

Suponha que você fosse da Vinci e quisesse criar uma pintura, trabalhando do modo como uma equipe de software ingênua faz.[1] Você poderia começar com o que acredita ser uma clara visão da pintura em sua mente. Então divide a pintura em partes. Digamos que você tenha cinco dias para fazer a pintura. Todo dia você pintaria mais partes. No final do quinto dia, viva! — você terminou! O que seria mais simples?

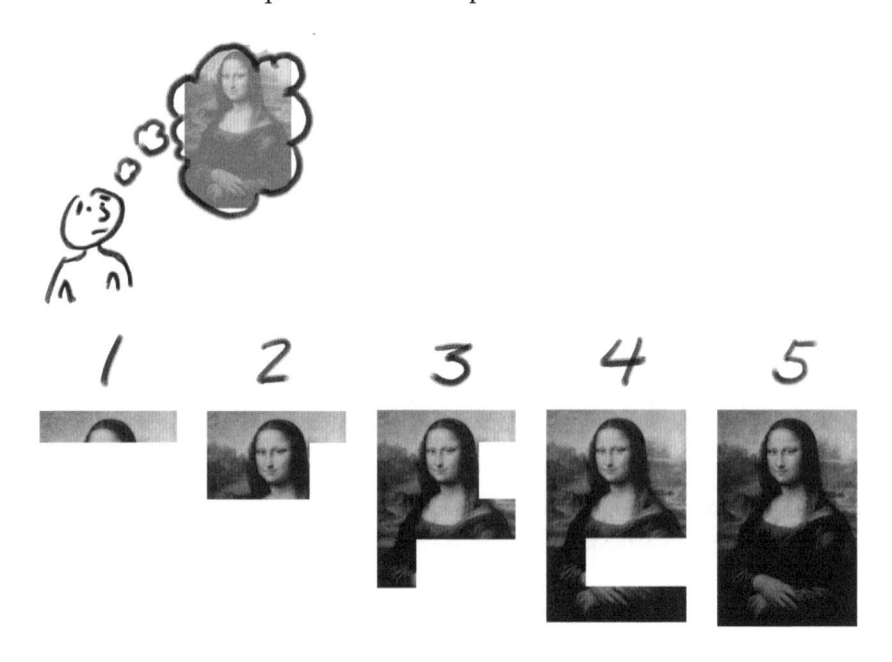

Só que simplesmente não funciona dessa maneira — pelo menos não para os artistas. Esse modo de criar coisas pressupõe que nossa visão é correta e precisa. Também pressupõe algo sobre a habilidade do criador e sua capacidade de definir precisamente as partes sem vê-las no contexto. Se você faz assim no desenvolvimento de software, isso se chama *estratégia incremental*. É como um pedreiro constrói um muro. E funciona se cada parte for de um tamanho regular e seja bem definida como um tijolo.

---

[1] Tive a ideia dessa visualização simples com o documento "Are Agile Methods Good for Design?", de John Armitage em 2004. John descreve como abordar o design da experiência do usuário dessa maneira. Sugiro levar a metáfora para o modo como desenvolvemos também.

Quando eu costumava desenhar quando criança, caí nessa armadilha. Muitas vezes desenhava algum animal e começava com a cabeça. Trabalhava nela até estar perfeita, então continuava desenhando o resto do corpo: — pernas, cauda, e assim por diante. Quando estava perto de terminar, podia ver que as proporções do meu animal estavam um pouco ruins. A cabeça era grande demais ou pequena demais para o resto do corpo. As pernas pareciam tortas de um modo estranho. E a posição da criatura parecia um pouco esquisita. Pelo menos, essa era minha perspectiva como um artista talentoso de seis anos — e todos os artistas de seis anos o são.

Só mais tarde aprendi que seria bom ter primeiro um esboço de toda a composição. Desse ponto, eu podia ter as proporções certas e fazer alterações na posição da criatura. Talvez até reconsiderasse o que iria desenhar.

Eu não estava lá com da Vinci, mas espero que ele tenha feito algo parecido.

É possível que até da Vinci reconhecesse que sua visão não era perfeita e que aprenderia algo conforme criava a pintura. No primeiro dia, imagino que primeiro ele fazia esboço da composição ou, talvez, uma leve camada de pintura. Posso imaginá-lo nesse ponto fazendo alterações na composição. "Ei, acho que o sorriso será uma parte importante. Afastarei a mão da boca. E as montanhas no fundo... demais."

Na metade da semana, da Vinci adiciona muitas cores e formas à pintura, mas ainda faz alterações conforme avança. No final da semana, ele sabe que está ficando sem tempo, portanto todo o esforço vai para aprimorar a pintura. É possível se perguntar se a *Mona Lisa* sem sobrancelha foi uma escolha deliberada ou se da Vinci simplesmente ficou sem tempo de adicionar um recurso totalmente refinado.

> *A arte nunca está terminada, apenas abandonada.*
> *— Leonardo da Vinci*

Essa citação é atribuída a da Vinci e expressa a noção de que poderíamos continuar a adicionar e aprimorar para sempre, mas que, em algum momento, precisamos entregar o produto. E se o trabalho de Leonardo da Vinci e de muitos outros artistas são bons exemplos, nós — as pessoas que apreciam o trabalho — não temos ideia de que foi abandonado. Para nós, parece acabado.

Iterativo e Incremental

Um artista ou um autor trabalha assim. Na verdade, as pessoas que montam a edição da manhã ou o jornal da noite trabalham assim. As pessoas que atuam ao vivo trabalham assim. Qualquer pessoa que precisa entregar dentro do prazo, e aprende durante o percurso, reconhece essa estratégia.

> *Use o raciocínio iterativo para avaliar e fazer mudanças no que você já criou.*

No desenvolvimento de software, *iterar* tem dois significados. Da perspectiva de um processo, significa repetir o mesmo processo várias vezes. Por isso o timebox de desenvolvimento usado na metodologia Ágil muitas vezes se chama *iteração*. Mas quando você usa esse termo para descrever o que está fazendo com o software criado, significa avaliá-lo e mudá-lo. E mudar o software após ele ser criado muitas vezes é visto como uma falha. É onde termos como requisitos ruins ou aumento do escopo são usados para repreender as pessoas que tomaram decisões sobre o que criar. Mas todos nós sabemos que a mudança é um resultado necessário da aprendizagem.

Use o raciocínio incremental para fazer acréscimos.

Infelizmente, é fácil cair na armadilha do redemoinho de iterações. Assim, temos que ficar de olho no calendário e continuar adicionando mais de modo incremental. O artista adiciona mais não apenas acrescentando coisas novas a uma pintura, mas também construindo em cima das coisas já adicionadas.

Você pode fazer as mesmas coisas no software primeiro criando uma versão simples da funcionalidade sem nenhum recurso extra. Talvez considere isso como seu esboço. Após usar a versão simples, você desenvolveria adicionando mais funcionalidade. Com o tempo, chega ao ponto de ser a versão final que você e os outros podem ter idealizado originalmente. Se as coisas deram muito certo, o desenvolvimento se torna algo diferente do que foi previsto originalmente, mas melhor porque se beneficia do que vocês aprenderam.

Estratégia de Abertura, Meio Jogo e Final

Isso pode dar um nó na sua cabeça, mas vou misturar algumas metáforas aqui. Pessoalmente, uso uma estratégia baseada em uma metáfora do xadrez ao criar o software. Sou um jogador de xadrez muito ruim, que mal sabe como jogar, portanto se uso mal a metáfora, você não tem permissão para me escrever nem me corrigir. Não importa o tamanho da versão do produto ou do recurso, prefiro dividir meu backlog da versão em três grupos:

Abertura
> Foque os recursos essenciais ou as etapas do usuário que perpassam o produto inteiro. Foque as coisas que são desafiadoras ou arriscadas tecnicamente. Pule as coisas opcionais que os usuários podem fazer. Pule as regras comerciais sofisticadas que você sabe que precisará antes de poder lançar o produto. Crie *apenas* o suficiente para ver o produto funcionando de ponta a ponta.

Meio Jogo
> Preencha e deixe os recursos completos. Adicione as coisas que dão suporte aos passos opcionais que os usuários podem dar. Implemente as regras comerciais difíceis. Se você terminou o jogo de abertura com a coisa certa,

conseguirá iniciar o teste do produto de ponta a ponta para coisas como desempenho, escalabilidade e utilização. São todas questões de qualidade difíceis de preparar. Precisamos estar cientes delas, testando-as constantemente.

Final

Aprimore sua versão. Deixe-a mais atraente e eficiente de usar. Como você pode vê-la agora com dados reais e em escala, é onde encontrará oportunidades de melhoria que eram difíceis de ver em um protótipo. É aqui que você terá o feedback dos usuários que conseguirá aplicar.

Divida Sua Estratégia de Desenvolvimento em um Mapa

Se você descobriu o que acredita ser uma primeira versão viável para clientes e usuários, trabalhe como uma equipe para dividir essa primeira versão pública novamente nas histórias dos jogos de abertura, intermediário e final. A equipe que cria o produto é melhor ao identificar onde estão os riscos e as oportunidades para aprender. Ela sentirá ter um maior domínio sobre o plano criado em conjunto.

É o que Aaron e Mike fizeram com a ajuda da equipe de desenvolvimento inteira. Veja de novo como estão contentes.

Tudo É um Risco

No Capítulo 3, Eric teve que lidar com o risco de identificar o produto errado. Ele usou uma estratégia de dividir as versões, que o permitiu colocar produtos inteiros diante dos clientes.

Neste capítulo, Aaron e Mike focaram o risco técnico, as coisas que podem acabar com o cronograma da entrega ou fazer o recurso custar muito mais do que o esperado. Eles não mostrarão com o que terminaram no final de cada ciclo para clientes e usuários porque já sabem que não é suficiente. Mas darão uma boa olhada em si mesmos e na equipe, usando o que aprenderam para orientar com segurança o desenvolvimento do recurso.

É sutil, mas você entendeu no Capítulo 2 que Eric fazia dois sprints de duas semanas para criar seu próximo experimento do produto mínimo viável. Ele teve que decidir quais coisas criar no primeiro sprint e quais criar no segundo. Ele usou esse raciocínio para tomar as decisões. Ele e sua equipe colocaram as partes arriscadas em primeiro lugar — ou seja, as partes que Eric e a equipe queriam ver funcionando logo para que pudessem corrigir o curso antes de colocar o produto diante dos clientes.

E Agora?

Você viu quatro exemplos muito bons de criação e uso dos mapas para diferentes finalidades. Existem muitos modos de usar mapas que exploraremos nos capítulos posteriores. Mas antes de avançar, quero mostrar meu truque favorito para ensinar outras pessoas a mapearem. Prometo que, se você o experimentar, mapeará como um especialista deste momento em diante.

Vejamos no Capítulo 5.

CAPÍTULO 5

Você Já Sabe Como

Se você pensa que criar um mapa da história é complicado, um mistério ou algo difícil de fazer, asseguro agora que não é. Na verdade, você já entendeu todos os conceitos básicos usados para criar um mapa. Vamos trabalhar com um exemplo agora, tirado da vida real. E para simplificar, usaremos *sua* vida. Ao longo do caminho, darei nomes aos importantes conceitos que você já entende.

Pegue um bloco de notas adesivas e caneta, e me siga. Não se preocupe — será no seu ritmo. Esperarei por você.

Pronto?

1. Escreva Sua História Um Passo de Cada Vez

Feche os olhos e lembre quando acordou de manhã. Você *acordou* esta manhã, certo? Qual é a primeira coisa que lembra de fazer? Agora abra os olhos e escreva na nota adesiva. Escreverei junto com você. Minha primeira nota mostra "Pressionar a função soneca". Infelizmente, ela sempre soa. Nas manhãs ruins, às vezes tenho que pressionar duas ou três vezes.

Agora retire a nota adesiva e coloque-a na mesa à sua frente. Então pense na próxima coisa que fez. Pensou? Escreva na próxima nota, retire e coloque ao lado da primeira. Continue assim. Minhas próximas notas adesivas mostram "Desligar o alarme" e "Cambalear até o banheiro".

Continue escrevendo notas até estar pronto para o trabalho ou qualquer coisa que esteja fazendo hoje. Em geral termino com "Entrar no carro" para dirigir até o trabalho. Espero que leve de três a quatro minutos para escrever todas as notas.

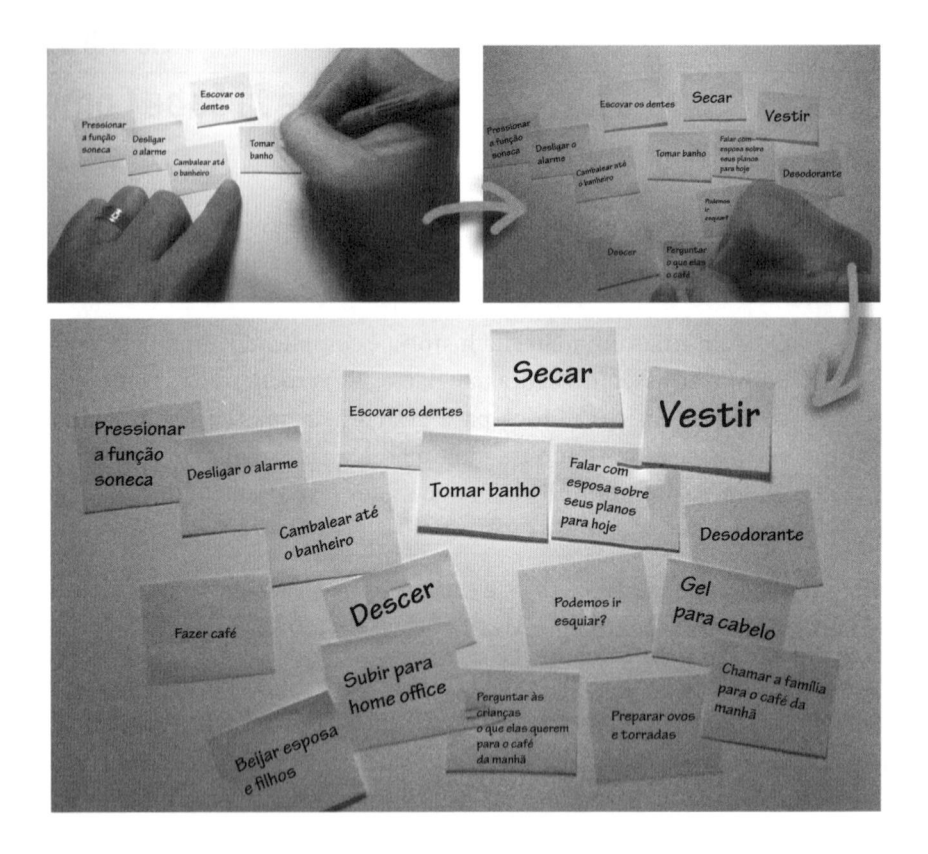

Tarefas São o que Fazemos

Dê uma olhada nas notas adesivas que você escreveu. Notou que elas iniciam com um verbo? Bem, quase todas. As pequenas frases verbais como "Tomar banho" e "Escovar os dentes" são *tarefas*, significando apenas algo que fazemos para atingir uma meta. Quando descrevemos as tarefas que pessoas que usam nosso software fazem para atingir suas metas, chamamos isso de *tarefas do usuário*. É o conceito mais importante ao criar bons mapas da história — sem mencionar escrever e contar boas histórias. Você verá que quase todas as notas adesivas nos mapas da história sobre o que as pessoas fazem usando seu software utilizam pequenas frases verbais.

Agora pare um pouco e pense sobre como foi fácil. Pedi para você escrever o que fez e saíram naturalmente do seu cérebro as tarefas. Acho muito legal que o conceito mais importante seja o mais natural.

Não fique preso à palavra *tarefa*. Se você é gerente de projeto, notou que os planos do projeto estão repletos de tarefas. Se já usa histórias no desenvolvimento Ágil, sabe que o trabalho de planejamento envolve escrever muitas tarefas de desenvolvimento e teste. Se não é gerente de projeto nem desenvolvedor de software, fique atento a quando usa a palavra *tarefa* porque outras pessoas podem achar que você quer dizer o tipo de tarefa que *elas* normalmente consideram, e dirão que você está usando-a de modo errado.

As tarefas do usuário são os blocos de construção básicos de um mapa da história.

Agora, conte quantas tarefas escreveu.

A maioria das pessoas escreve de 15 a 25. Se escreveu mais, fabuloso. Se escreveu menos, cara, sua vida é simples. Gostaria de me aprontar pela manhã com tamanha rapidez. Mas você pode querer rever sua lista e verificar se não pulou nenhuma anotação.

Minhas Tarefas São Diferentes das Suas

Tenho certeza de que isso não é nenhuma surpresa para você, mas as pessoas são diferentes. Você verá essas diferenças expressas no modo como elas escolhem fazer as coisas.

Por exemplo, algumas pessoas têm motivação e autodisciplina para se exercitar quase toda manhã. Se você escreveu algumas tarefas relacionadas ao exercício, arrasou! Ainda trabalho nesse ponto em mim.

Algumas pessoas simplesmente têm mais responsabilidades por causa de sua vida familiar. Se você tem filhos, garanto que escreveu várias tarefas que as pessoas sem filhos não têm. Se tem cachorro, talvez tenha uma tarefa ou duas dedicadas a cuidar dele.

Lembre-se disso ao pensar nas pessoas usando seu software. Talvez elas tenham objetivos diferentes ao usá-lo. Elas podem usá-lo em contextos diferentes que as forçam a levar em conta outras pessoas ou coisas.

Meta: Passar mais tempo com a família

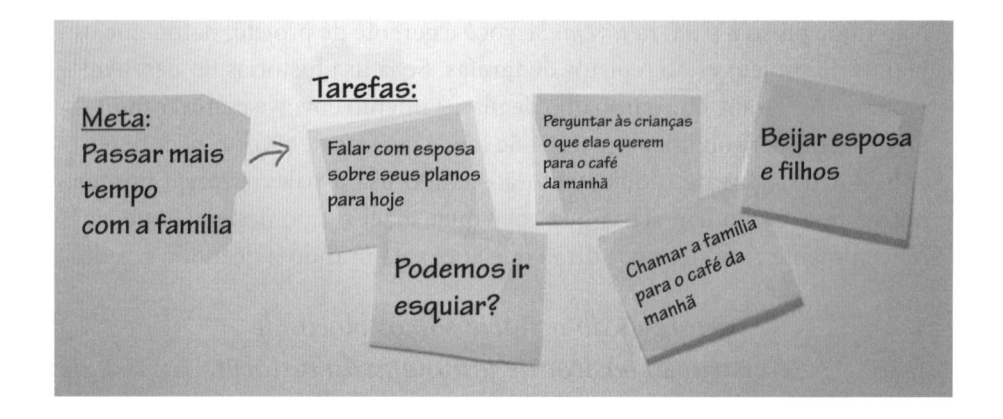

Tarefas:
- Falar com esposa sobre seus planos para hoje
- Perguntar às crianças o que elas querem para o café da manhã
- Beijar esposa e filhos
- Podemos ir esquiar?
- Chamar a família para o café da manhã

Sou Apenas Mais Orientado aos Detalhes

Nesse exercício, algumas pessoas escrevem muito mais detalhes que outras. Elas podem escrever algo como "Fazer o café da manhã", em vez de "Colocar pão na torradeira", "Tomar um copo de suco" ou, se você for como minha esposa, "Adicionar couve à vitamina", que é uma das tarefas que realmente odeio quando ela faz.

As tarefas são como pedras. Se você pega uma grande e bate com um martelo, ela quebra em pedaços menores. Esses pedaços menores ainda são pedras. É o mesmo com as tarefas. Agora, não sei quando uma pedra é grande o bastante para ser chamada de pedregulho ou pequena o bastante para se chamar seixo, mas há um jeito legal de contar uma grande tarefa a partir de uma pequena.

Meu amigo Alistair Cockburn descreveu o conceito *nível da meta* em seu livro *Writing Effective Use Cases* (sem publicação no Brasil). Não se preocupe, não começaremos a escrever casos de uso. É só que o conceito é realmente útil quando falamos sobre o comportamento humano.

Alistair usa uma metáfora de altitude em que o nível do mar está no meio, e tudo mais está acima ou abaixo dele. Uma tarefa no nível do mar é uma que esperaríamos concluir antes de parar intencionalmente para fazer outra coisa. Escreveu "Tomar banho" em sua lista de tarefas? É uma tarefa no nível do mar porque você não parou no meio do banho e pensou *Cara, esse banho está se arrastando. Pegarei uma xícara de café e terminarei mais tarde.* Alistair chama isso de *tarefas no nível funcional* e as anota com uma pequena onda. Mas as chamarei de tarefas.

Nível da Meta!

Resumo → Fazer a higiene

Outras tarefas no "nível do mar" que fazem parte de "fazer a higiene": Escovar os dentes, Desodorante, Gel para cabelo

Funcional → Tomar banho

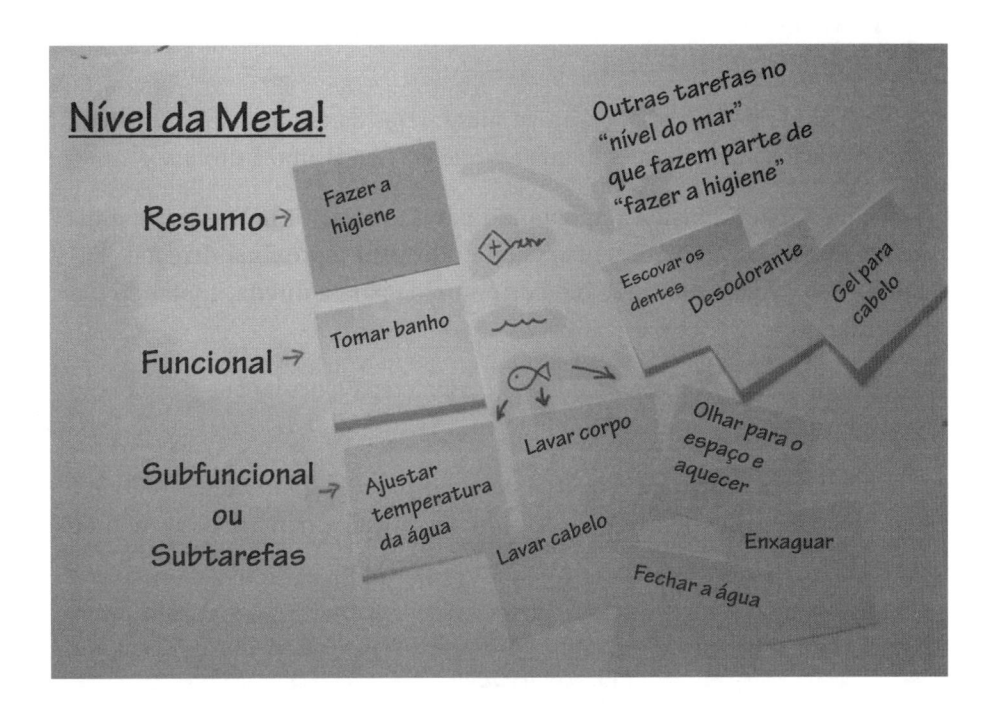

Subfuncional ou Subtarefas → Ajustar temperatura da água, Lavar corpo, Lavar cabelo, Olhar para o espaço e aquecer, Enxaguar, Fechar a água

Tarefas como "Tomar banho" se dividem em muitas *subtarefas* menores, como "Ajustar temperatura da água" e "Lavar cabelo", e se você é como minha esposa, algo envolvendo uma espoja esfoliante. Lembre-se, as pessoas são diferentes e você verá diferenças de comportamento no modo como elas realizam as tarefas. Alistair registra isso com um peixinho porque eles ficam abaixo, no oceano.

Por fim, podemos desenrolar muitas tarefas em uma *tarefa no nível do resumo*. Tomar banho, barbear-se, escovar os dentes e todas as outras coisas que você faz de manhã depois que sai da cama poderiam entrar em uma tarefa do resumo. Não tenho certeza sobre como chamar isso. "Fazer a higiene?" "Purificação matinal?" *Purificação* é uma palavra boba. Não a use.

> *Use o conceito de nível da meta para ajudar a agregar as pequenas tarefas ou decompor as grandes.*

2. Organize Sua História

Se você ainda não fez isso, organize suas tarefas da esquerda para a direita com o que fez primeiro à esquerda e o que fez por último à direita.

Tente contar uma história apontando para a primeira nota adesiva e dizendo "Primeiro fiz isso", então apontando para a próxima dizendo "então fiz isso". Agora continue indo da esquerda para a direita, contando sua história.

Você pode ver que cada nota adesiva é uma etapa e oculta entre cada nota está a bela frase conjuntiva "... então eu...".

Chamarei essa ordem da esquerda para a direita de *fluxo narrativo*, que é um modo elegante de dizer "ordem da narrativa". Chamarei isso tudo de *mapa* e o fluxo narrativo é seu eixo da esquerda para a direita.

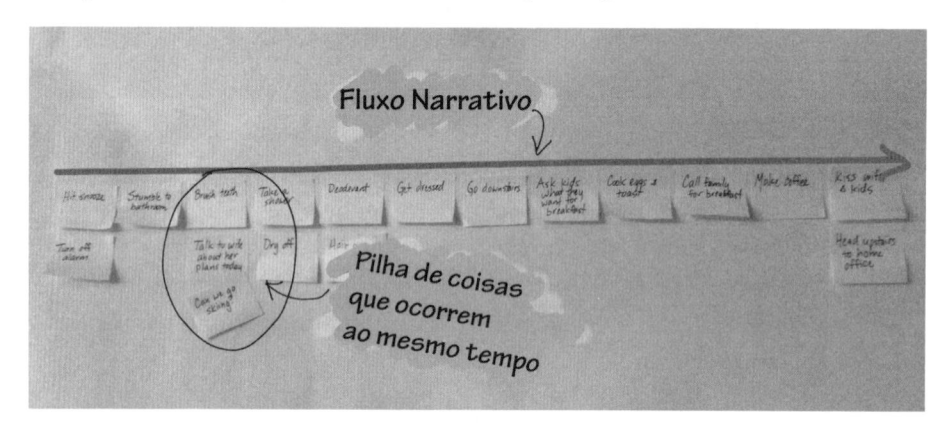

Uau, meu fluxo ficou bem grande. Comecei empilhando coisas que acontecem ao mesmo tempo ou quase. Conforme tracei o fluxo, vi que faltavam detalhes e tento decidir se eles têm importância ou não.

Os mapas são organizados da esquerda para a direita usando um fluxo narrativo: a ordem na qual você contaria a história.

Preencha os Detalhes que Faltam

O legal da organização das notas adesivas é que ela permite ver a grande história por inteiro. Ver a história organizada em um fluxo narrativo permite ver com mais facilidade as partes que faltam.

Reveja seu mapa em expansão e procure as etapas que pode ter esquecido.

Adicionei mais algumas. Há muitos detalhes que ficam abaixo do nível do mar que decidi não anotar. Se tivesse anotado, haveria centenas de notas adesivas.

3. Explore Histórias Alternativas

Até agora tudo muito óbvio, certo? Aprender isso dificilmente vale o papel gasto. Mas espere, ficará interessante.

Pare um pouco e pense sobre o que você fez *ontem* de manhã. Se existem coisas diferentes que fez ontem e não esta manhã, anote e adicione ao mapa.

Pense nas manhãs quando as coisas deram errado. E se não havia água quente? O que você fez? E se ficasse sem leite, cereal ou qualquer coisa que normalmente você come no café da manhã? E se sua filha entrasse em pânico porque esqueceu de fazer o dever de casa que era para hoje, algo que acontece na minha casa às vezes. E agora? Escreva as tarefas para o que você faria e adicione ao mapa.

Agora pense na manhã ideal. Como seria sua manhã perfeita? Para mim, seria me exercitar e desfrutar de um longo café da manhã enquanto leio. Mas eu teria que me levantar muito mais cedo e parar de pressionar a função soneca.

Observe também que você desejará colocar algumas tarefas em uma coluna, para economizar espaço e porque parecem semelhantes a outras tarefas que você normalmente faz. Por exemplo, pode achar que tem tarefas para preparar um café da manhã muito bom que pode colocar em uma coluna junto com tarefas para fazer o café da manhã rápido que normalmente prepara.

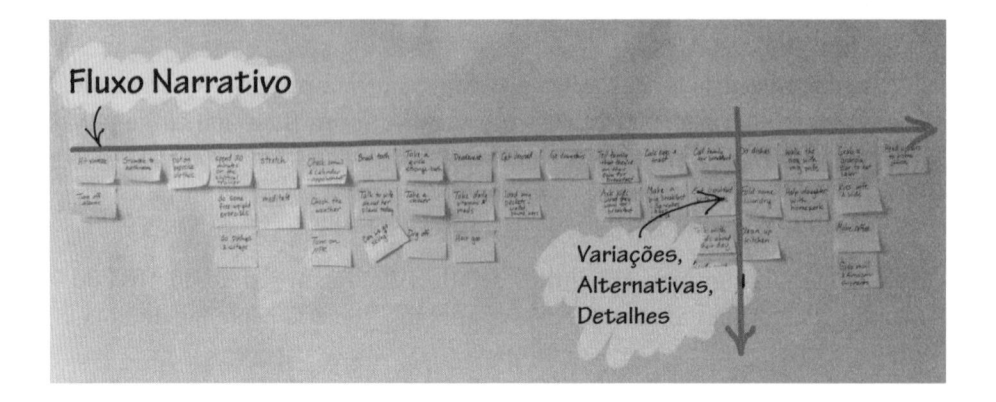

Meu amigo David Hussman chama isso de "brincar de E Se", uma frase que você pode lembrar dos Capítulos 2 e 3. Infelizmente, podemos brincar de "E Se" por muito tempo e deixar o mapa enorme. Adicionei mais algumas coisas ao meu mapa especificamente para o que eu gostaria de fazer, como me exercitar ou relaxar lendo durante o café da manhã. Também adicionei algumas alternativas comuns que costumam acontecer de manhã.

> *Detalhes, alternativas, variações e exceções preenchem o corpo do mapa.*

Mantenha o Fluxo

Observe que quando você começa a adicionar essas novas tarefas, provavelmente precisa reorganizar o fluxo narrativo. Sei que *eu* precisei. Seria necessário passar o exercício físico para ficar entre levantar e tomar banho. E teria que adicionar "Vestir roupa de ginástica", que não é igual à etapa "Vestir" depois de tomar banho.

Se você relaxar e colocar as coisas onde parecem naturais, encontrará um fluxo narrativo que parece correto. Quando contar a história agora, descobrirá que pode contar de muitos modos diferentes. Pode contar a história de um dia *típico*, do dia *fabuloso* e do dia com uma ou duas *emergências* — tudo apontando para diferentes notas adesivas conforme caminha da esquerda para a direita. Tente usar outras conjunções para ligar suas tarefas. Talvez diga "Em geral faço isto, mas outras vezes faço isto" ou "Faço isto ou isto, então isto". (Espero que preencha a palavra *isto* com o que realmente faz, pois não consigo ver daqui o que você está apontando.)

Quando eu era criança, havia uma série popular de livros infantis chamada *Choose Your Own Adventure* (sem publicação no Brasil). Talvez você os conheça. A ideia era ler o final de uma seção e ter algumas opções sobre o que o herói da história faria em seguida. Após cada opção havia um número da página. Assim que você fazia a escolha, ia para a página e continuava lendo a história a partir desse ponto. Na verdade, nunca fui fã desses livros. Sempre parecia acabar no mesmo lugar, não importando a escolha feita; nunca parecia ter opções suficientes para criar uma grande aventura. O mapa funciona um pouco assim, mas melhor. Os caminhos em um mapa são quase ilimitados — se você pensa em como pessoas reais podem usar um produto de software para atender seus objetivos, é realmente muito preciso.

Se deseja tornar as coisas *realmente* desafiadoras, faça esse exercício com algumas pessoas com quem trabalha. Você aprenderá mais do que esperava sobre elas e terá muita diversão ao descobrir um fluxo narrativo com o qual todos concordam. Com "diversão" quero dizer "discussão". Sempre há pessoas que tomam o café da manhã antes do banho e algumas que tomam depois. Há um ótimo debate sobre escovar os dentes: você escova antes ou depois do café da manhã? Ou antes e depois?

Relaxe.

Se vocês estão discutindo, provavelmente significa que não importa. Por exemplo, colocar o café da manhã antes ou depois de tomar banho é uma questão de preferência. Siga com o que é mais comum no grupo com o qual trabalha. Você encontrará pessoas que não questionarão coisas que *realmente* importam. Por exemplo, "Vestir-se" antes de "Tomar banho" não é apenas uma questão de preferência. Fazer isso de outro modo resulta em aparecer no trabalho usando roupas molhadas.

4. Separe o Mapa para Criar um Backdone

Agora, seu mapa deve estar bem grande e se vocês exploraram muitas opções, talvez esteja um pouco profundo. É possível que tenha trinta ou mais tarefas. Deve parecer com a coluna e as costelas de um animal estranho.

Se der um passo para trás e olhar o mapa da esquerda para a direita, encontrará muitas histórias que parecem combinar — por exemplo, todas as coisas que você faz no banheiro para se aprontar, todas as coisas na cozinha para fazer o café da manhã ou o que você faz para verificar o tempo, pegar o casaco e colocar na bolsa seu notebook ou outras coisas necessárias antes de sair de casa. Consegue ver esses grupos de tarefas que parecem se combinar para ajudá-lo a atingir uma meta maior?

Acima de cada grupo de notas adesivas parecidas, coloque uma nota com cor diferente. Escreva uma frase verbal curta que separe todas as tarefas abaixo.

Se você não tem uma nota adesiva com cor diferente, deixe-me contar um segredo. Todo pacote de notas adesivas vem com dois formatos! Gire uma nota adesiva em 45º e, puf, você já tem uma forma de losango legal. Use isso se quiser fazer uma nota adesiva diferente.

Essas notas com uma tarefa de nível mais alto são chamadas *atividades*. As atividades organizam um grupo de tarefas feitas por pessoas parecidas em momentos semelhantes para atingir uma meta em particular. Ao ler as atividades no topo do mapa, elas estão em um fluxo narrativo também. A linha de notas adesivas é o backdone do mapa. Se você ficou com um mapa com muitas notas e quer compartilhá-lo, um bom modo de começar é contando uma história de alto nível. Basta ler o backdone do mapa, com a expressão "… e então…" entre cada atividade.

As atividades agregam as tarefas direcionadas a um objetivo comum.

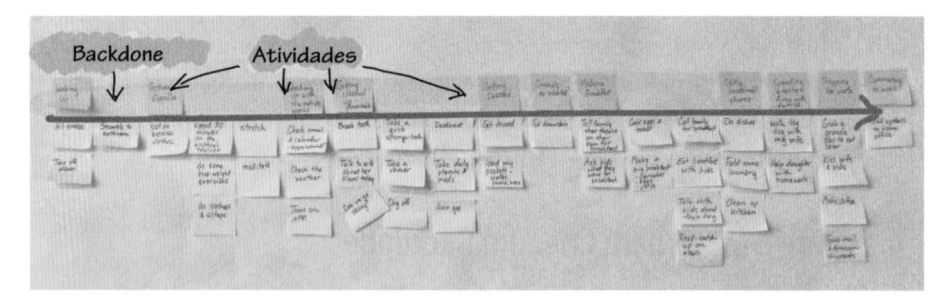

Esse é meu mapa em expansão com atividades adicionadas para dar a ele um backdone. É mais fácil de ler e encontrar as coisas, pelo menos para mim. E facilita muito ter a visão do todo daquilo que acontece nas minhas manhãs.

*Atividades e tarefas de alto nível formam o
backdone de um mapa da história.*

As atividades não parecem ter uma linguagem comum como as tarefas. Por exemplo, como você chama a coisa que faz antes de sair de casa? A coisa para arrumar sua bolsa, encontrar uma lista de compras, verificar o tempo e pegar um guarda-chuva se necessário? Eu chamaria de "arrumando minhas coisas". Você pode ter um nome diferente.

Ao criar isso para seus produtos e clientes, você desejará chamar como *eles* o chamam.

5. Divida as Tarefas que Ajudam a Chegar a um Resultado Específico

Agora, aqui está a parte realmente legal — a parte em que você usa o mapa para ajudar a imaginar algo que não aconteceu.

Se você olhar o mapa que criou, provavelmente verá "Pressionar a função soneca" ou "Desligar o alarme" perto da borda esquerda. Imagine que nessa manhã você pode pular isso. Pode pular porque noite passada esqueceu de ativar o alarme. Seus olhos abrem, você olha o relógio e viu que precisava estar em algum lugar em poucos minutos. Está muito atrasado! Nada de pânico — estamos apenas imaginando.

Escreva "Sair pela porta em poucos minutos" em uma nota adesiva e coloque à esquerda do mapa, perto do topo. Agora imagine uma linha dividindo o meio do mapa da esquerda para a direita — como um cinto. Agora, mova todas as tarefas para baixo dessa linha se não as faria para atingir a meta de sair em poucos minutos. Não mova as atividades para baixo, mesmo que não haja tarefas sob elas. Ter uma atividade sem tarefas permite mostrar que você não atingirá esse objetivo esta manhã.

É possível que você fique com poucas tarefas na faixa superior. Agora volte no fluxo e preencha as tarefas que faltam e que você faria se estivesse atrasado. Por exemplo, normalmente pode tomar banho, mas quando está atrasado, adiciona tarefas como "Jogar água no rosto" ou "Usar toalhinha para limpar as partes muito fedidas do meu corpo". Ao fazer essa atividade com um grupo de desenvolvedores, normalmente vejo a tarefa "Aplicar mais desodorante". Não estou julgando, apenas dizendo.

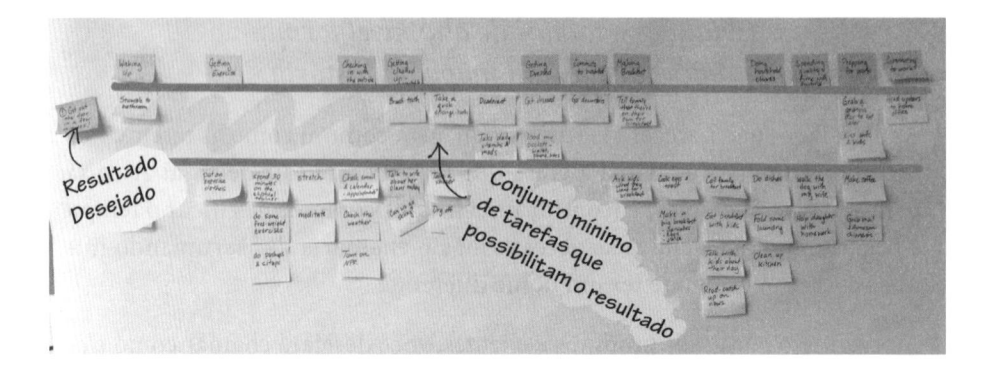

Veja meu mapa dividido para descobrir as tarefas necessárias para sair pela porta em poucos minutos.

Você pode experimentar esse truque pensando em metas diferentes para colocar no lado esquerdo. Como "Ter a manhã mais luxuosa de todas" ou "Sair de férias por duas semanas". Você achará o fluxo narrativo bem duradouro, mas precisará adicionar ou remover tarefas para ajudá-lo a atingir esse objetivo diferente.

> *Use faixas para identificar todas as tarefas e detalhes relevantes para um resultado específico.*

É Isso! Você Aprendeu Todos os Conceitos Importantes

Foi muito fácil, não foi? À medida que criou esse mapa, você aprendeu que:

- *Tarefas* são frases verbais curtas que descrevem o que as pessoas fazem.
- As tarefas têm *níveis de meta* diferentes.
- As tarefas em um mapa são organizadas em um *fluxo narrativo* da esquerda para a direita.
- A *profundidade* de um mapa contém variações e tarefas alternativas.
- As tarefas são organizadas por *atividades* no topo do mapa.
- As atividades formam a *backdone* do mapa.
- Você pode *dividir o mapa* para identificar as tarefas necessárias para atingir um *resultado* específico.

Experimente Isso em Casa ou no Trabalho

Agora, tenho certeza de que vários de vocês estão apenas lendo, sem realmente mapear à medida que lê. Não pense que não percebi. Mas se você for um dos preguiçosos que não mapeou sua manhã, me prometa que tentará. É a minha maneira favorita de ensinar os conceitos básicos do mapeamento. Se você está experimentando o mapeamento pela primeira vez em sua organização, reúna um pequeno grupo e faça o exercício. Todos aprenderão o básico. E você estará no caminho certo para conseguir mapear *qualquer coisa*.

Você Precisa Tomar Banho Antes de Trabalhar?

Rick Cusick, Reading Plus, Winooski, Vermont

Fizemos o exercício do mapa da manhã com quatro desenvolvedores, o proprietário do produto, um verificador, um responsável por UX e dois de nossos treinadores de produto. Divididos em duas equipes, capturamos rapidamente a manhã de cada pessoa, então classificamos e reclassificamos nossas respectivas manhãs em uma representação do que seria "uma manhã média". As pessoas gostaram do trabalho de criar o mapa, mesmo que nunca tivessem feito antes ou o considerassem em termos de criar a experiência do nosso próprio produto.

Meus objetivos ao fazer o exercício eram promover a eficiência da visualização do nosso trabalho, demonstrar que montar o mapa juntos criava uma compreensão compartilhada e potencializar o valor de ver a experiência em um formato acessível. Os benefícios inesperados eram os efeitos de uma colaboração estreita — trabalhando como uma equipe em um projeto, cujo objetivo foi revelado durante o trabalho em si — e os momentos de empatia. "Não sabia que você deixava as crianças na escola todo dia." "Você faz ioga de manhã antes de trabalhar?" "Não consigo ficar sem café da manhã, me sinto imprestável."

Houve certa confusão em torno dos eventos que aconteciam simultaneamente ou com causalidade. "Se leio o jornal enquanto bebo café, é uma nota adesiva ou duas?" "Às sextas-feiras, minha esposa pega as crianças na escola, então como represento isso?" Outro desafio foi uma preocupação com a natureza linear do tempo no mapa da história da esquerda para a direita não conseguir capturar todas as possibilidades. Como facilitador, achei gratificante ver esse pensamento em andamento durante o exercício, mesmo não tendo todas as respostas certas naquele momento.

Conforme priorizamos as atividades, foram feitas escolhas difíceis com um efeito cômico. "*Precisamos* tomar banho antes de trabalhar?" é uma piada de odor engraçada que saiu. "Não importa se cortamos outras coisas, precisamos acordar, nos vestir e ir para o trabalho", observou um participante, com outro rápido aumento de voz, "A menos que você trabalhe em casa!"

Logo após o exercício, os mapas da história se tornaram nosso modo preferido de comunicar uma experiência, priorizar as histórias do usuário e agendar iterações e lançamentos. Tinha entrado no vernáculo da empresa e na cultura do desenvolvimento, e continua até hoje.

Uma lição que aprendi, tendo feito o mesmo exercício agora com várias equipes em nossa organização, é usar um quebra-gelo para iniciar a mentalidade dos participantes. Comece a sessão fazendo cada pessoa escrever apenas uma coisa que ela fez entre acordar e ir trabalhar. Então, peça que cada uma responda à pergunta: "Por que você tomou essa ação?" Descobri que isso inicia como um fio condutor em segundo plano que aparece nas sessões de planejamento posteriores: "Qual é o valor desta história do usuário? Por que nossos usuários fariam isso?"

É um Mapa do Agora, Não um Mapa do Futuro

Suspeito que alguns de vocês entenderam isso, mas o mapa que você acabou de criar tem uma diferença fundamental dos mapas criados nos quatro primeiros capítulos. Os mapas criados por Gary, Globo.com, Eric, Mike e Aaron imaginam como os usuários usarão seus produtos no futuro — *mais tarde*, após o produto ser entregue. Eles escreveram tarefas e atividades que imaginaram as pessoas fazendo no produto. Mas o mapa que você criou é sobre como faz as coisas *agora* — esta manhã. Porém acaba que os conceitos são os mesmos em ambos. Portanto fique aliviado por não ter perdido seu tempo comigo.

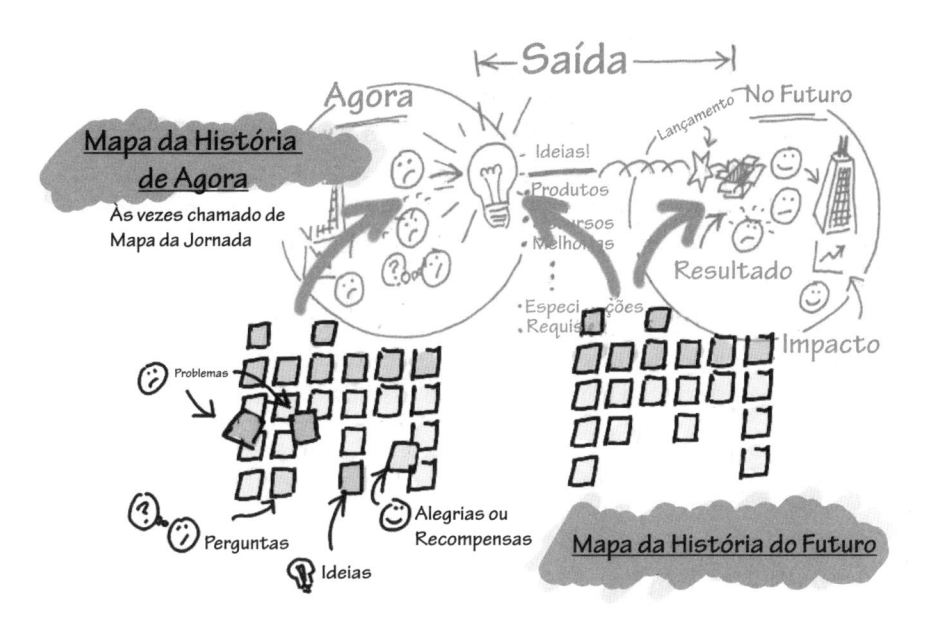

Uma das coisas legais sobre os "mapas da história de agora" é que você pode criá-los para entender melhor como as pessoas trabalham hoje. Você fez isso para aprender como se aprontar esta manhã. Pode aprender ainda mais se voltar e adicionar outras coisas ao mapa. Coisas fáceis a adicionar são:

Problemas
    Coisas que não funcionam, partes que as pessoas odeiam

Alegrias ou recompensas
    As coisas divertidas, coisas que valem a pena fazer

Perguntas
    Por que as pessoas fazem isto? O que acontece quando elas fazem?

Ideias
    Coisas que as pessoas poderiam fazer ou poderiam criar que acabariam com
    o problema ou tornariam as alegrias ainda melhores

Muitas pessoas na comunidade UX têm adicionado coisas assim por anos para entenderem melhor seus usuários. Por vezes se chamam *mapas da jornada*, mas são a mesma ideia básica.

Experimente de Verdade

No início dos anos 2000, liderei uma equipe em uma pequena empresa de produtos chamada Tomax. Criamos um software para revendedores físicos — aqueles locais de compra que costumávamos ir antes de passar todo nosso tempo online. Pegamos um novo cliente que tinha uma grande cadeia de lojas de tinta e decoração de interiores. No momento, sabíamos um pouco sobre o varejo — e sobre os usuários que vendiam coisas no ponto de venda e o inventário gerenciado —, mas havia coisas que não sabíamos que eram específicas das lojas de tinta e decoração. Por exemplo, não sabíamos como vender tinta customizada ou cortinas sob medida. E tivemos que aprender rapidamente.

Para nos ajudar, pedimos a ajuda dessas três senhoras. Elas não eram pessoas ligadas ao software. São decoradoras de interiores que trabalham para a empresa que queria nosso software. Com elas, aprendemos os prós e os contras de vender cortinas sob medida. Para que pudéssemos aprender rapidamente, pedimos que elas lembrassem da última vez em que venderam cortinas sob medida. Pedimos para escreverem tudo que fizeram — desde o momento em que o cliente entrou em contato, até quando as cortinas foram instaladas e o cliente ficou contente. Agora isso deve parecer familiar, pois pedimos a elas para fazerem a mesma coisa que você acabou de fazer para mapear sua manhã, e se desenvolveu de modo muito parecido. *Elas* conseguiram nomear o que fizeram para vender as cortinas sob medida tão facilmente quanto *você* conseguiu nomear o que fez para se aprontar de manhã. E quando organizamos suas tarefas, todos nós aprendemos que não havia um único modo de fazer as coisas, que cada uma fazia de modo diferente ou uma ordem variada. Você verá o mesmo se tentar mapear a atividade de levantar-se de manhã com um pequeno grupo de pessoas diferentes.

Com essa narrativa simples e atividade de mapeamento, todos criamos uma *compreensão compartilhada* de como elas trabalhavam *no momento*. E foi a partir desse ponto que conseguimos traduzir o mapa nas coisas que elas precisariam fazer no software que criaríamos *no futuro*.

Com o Software É Mais Difícil

Não vou mentir. Se você é um profissional do software, talvez leve um tempo para parar de falar sobre recursos e telas, e começar a escrever frases verbais curtas que mostrem o que as pessoas realmente tentam fazer. Continue praticando. Você conseguirá.

Será muito difícil se não souber exatamente quem é seu usuário, o que ele está tentando realizar ou como faz tal coisa. Infelizmente, tentar criar um mapa nessa situação apenas indicará o que você não sabe. Se é onde você está, então precisará aprender mais sobre as pessoas e o que elas fazem. Melhor ainda, trabalhe com elas diretamente para criar um mapa.

Seis Passos Simples para o Mapeamento da História

Posso resumir os últimos quatro capítulos em apenas seis passos. Você pode estar pensando *Por que ele não fez isso de início?* Mas eu teria pulado a parte de contar histórias a você e dado os requisitos. E simplesmente não funciona.

Embora eu saiba que há muitos jeitos certos de montar e usar um mapa da história, achei que o seguinte processo de seis etapas funciona bem para mim:

1. *Estruture o problema.* Para quem é e por que estamos criando?
2. *Mapeie a visão do todo.* Foque a amplitude, não a profundidade. Tenha uma milha de largura e uma polegada de profundidade (ou um quilômetro de largura e um centímetro de profundidade, para meus amigos no resto do mundo). Se você não tem uma solução clara em mente ou mesmo se acha que tem, tente mapear o mundo como ele é hoje, inclusive os problemas e as alegrias de seus usuários.
3. *Explore.* Aprofunde-se e converse sobre outros tipos de usuários e pessoas, outros modos como eles podem fazer as coisas e os tipos de coisas que podem dar errado (e provavelmente darão). Para ter um crédito extra, desenhe, faça um protótipo, teste e aprimore as ideias da solução — mudando e refinando o mapa conforme avança.
4. *Divida uma estratégia de lançamento.* Lembre-se: sempre há muito mais para criar. Foque o que você tenta conseguir para seu negócio e as pessoas que seu produto atenderá. Retire o que não é necessário para revelar soluções mínimas que encantem as pessoas e ajudem sua organização a alcançar suas metas.
5. *Divida a estratégia de aprendizagem.* Você pode ter identificado o que considera ser uma solução mínima viável, mas lembre-se de que é uma hipótese até provar o contrário. Use o mapa e a discussão para ajudá-lo a encontrar seus maiores riscos. Divida o mapa em experimentos ainda menores do produto mínimo viável que você pode colocar diante de um subconjunto de usuários para aprender o que realmente é valioso para eles.
6. *Divida a estratégia de desenvolvimento.* Se você retirou tudo que *não* precisa entregar, ficará com o que *realmente* precisa. Agora divida sua solução mínima viável nas partes que gostaria de criar antes e depois. Tenha foco em criar coisas no começo que o ajudarão a aprender a identificar os problemas técnicos e os riscos no desenvolvimento mais cedo.

O Mapa É Apenas o Começo

Criar um mapa ajuda a ver a imagem do todo, ver a floresta inteira. Esse é um dos grandes benefícios do mapeamento da história. Mas se você é responsável por criar a floresta, precisará fazer isso uma árvore por vez. Você já aprendeu as duas coisas mais importantes para as histórias funcionarem:

- Use uma narrativa com palavras e imagens para criar uma compreensão compartilhada.
- Não fale apenas sobre o que criar: fale sobre quem usará e por que para que possa minimizar a saída e maximizar o resultado.

Lembre-se disso, e tudo ficará no lugar conforme você avançar.

É hora de falarmos sobre algumas táticas para usar as histórias "árvore por árvore", porque muita coisa pode dar errado e há algumas outras que você precisa saber para usar bem as histórias.

Mapeamento da História do Usuário na SAP — Depende da Escala

Andrea Schmieden

Quando Jeff apresentou pela primeira vez o conceito de mapeamento da história do usuário, imediatamente fez sentido para nós na SAP. Parecia ser um método simples, mas poderoso, para transformar a visão do produto em um backlog e entender o que iríamos desenvolver, para quem e por quê. Então decidimos experimentar.

Contudo, logo descobrimos que o que poderia ser algo simples para um empreendedor solitário ou uma equipe Scrum individual é um monstro totalmente diferente para as equipes de desenvolvimento do produto que consistem em *várias* equipes Scrum. Na SAP, com sua grande organização de desenvolvimento com cerca de 20 mil desenvolvedores, as grandes equipes de desenvolvimento do produto com dependências em outras equipes costumam ser a regra, não a exceção. Precisávamos de um modo confiável de escalar o mapeamento da história do usuário para uma grande organização.

O Desafio

O desafio para nós era dobrado:

- Como podemos mapear produtos complexos sem nos perdermos em notas adesivas?

- Como podemos popularizar o método na organização do desenvolvimento e permitir que as pessoas o utilizem?

1. **Mapeamento da História do Usuário para Grandes Produtos**

Para encontrar respostas para a primeira pergunta, decidimos que era melhor fazer alguns workshops-piloto com projetos reais. Começamos com uma pequena equipe de coaches entusiasmados e aproximadamente 10 projetos-piloto, o maior deles consistindo em 14(!) equipes Scrum. Nessa fase-piloto, variamos o método em diversos aspectos, como formatos do workshop, conteúdo, fases do projeto, formatos do mapa e outros. Após várias rodadas e interações de feedback, chegamos a um conjunto de práticas recomendadas que agora parece funcionar muito bem em nosso contexto de desenvolvimento em grande escala.

Principais Boas Práticas

Quando uma equipe usa pela primeira vez o mapeamento da história, recomendamos o envolvimento de um coach experiente. Ele prepara uma reunião com o solicitante e discute sobre as metas do workshop, quem convidar, agenda, informações relevantes, e assim por diante. Em geral, fazemos um workshop facilitado de um dia com a equipe inteira e sessões menores de acompanhamento, quando necessário.

No dia do workshop, costumamos iniciar com um exercício de visão do produto, como o conhecido Discurso do Elevador ou o formato Matéria de Capa,[1] em que a equipe descreve o que gostaria de ler sobre seu produto em um artigo em revista especializada daqui a um ano. Isso mostra se ela tem uma compreensão comum sobre a direção-geral ou se precisa investir em mais pesquisa (por exemplo, mais entrevistas, teste de protótipo etc.).

O próximo passo é ver os usuários típicos do produto. Se o objetivo do workshop é especificar um backlog detalhado, os papéis do usuário ou as personas devem resultar da fase de pesquisa do usuário. Se o projeto está em fase inicial, a equipe escreve as suposições. Isso pode ser testado nas fases de pesquisa do usuário. Ficou comprovado que é um bom modo de preparar a pesquisa do usuário. Também é um aspecto no qual as práticas de design thinking e mapeamento da história do usuário funcionam bem juntos.

Depois usamos uma abordagem de três camadas para definir as histórias do usuário: (1) começando com as etapas de uso de alto nível, elas são divididas em (2) atividades menores por papel do usuário, que por sua vez são divididas nas (3) histórias concretas do usuário no formato "*como <papel>, quero <funcionalidade>, para que <valor>*". Essas histórias do usuário se somam ao primeiro backlog do produto. Essa abordagem é muito útil para projetos maiores. Em cada camada, a equipe pode decidir onde faz sentido extrair os detalhes

---

[1] Matéria de Capa é uma das muitas boas práticas encontradas no livro *Gamestorming*, de Dave Gray *et al.*

e onde as dependências de outras equipes precisam ser consideradas. A abordagem ajuda a focar as principais tarefas de desenvolvimento em mãos, tendo em mente a imagem geral. Para tornar o mapa mais fácil de entender, usamos notas adesivas coloridas para as atividades e as histórias do usuário relacionadas a uma persona ou um papel individual, como visto no próximo gráfico.

Muitas vezes, enquanto a equipe cria o mapa, aspectos extras aparecem, como "pontos em branco", onde a equipe precisa fazer mais pesquisa, perguntas abertas, dependências ou lacunas. Para destacar os problemas, usamos notas adesivas com cores e tamanhos diferentes. No início, pode parecer estranho colocar todas essas questões abertas no mapa. Mas por experiência, é um dos aspectos mais úteis do processo de mapeamento: você tem uma impressão honesta e concreta das coisas que precisam de mais esclarecimento. Após os problemas estarem na mesa, fica muito mais fácil lidar com eles.

Quando a equipe atingiu um nível razoável de detalhe, priorizamos as histórias do usuário no backlog. Dependendo do tamanho do projeto e da fase, por vezes isso é feito até no nível das atividades, não no nível das histórias do usuário. Em geral usamos técnicas de votação simples, como votação por pontos. Outras, usamos um modelo Kano simplificado, ou seja, as equipes marcam as histórias do usuário como "Obrigatórias", "Encantadoras" ou "Satisfatórias". Os resultados da votação simples são de novo uma boa base para mais alinhamento e validação com as partes interessadas, usuários finais e clientes.

Como um dos proprietários do produto disse: "Como proprietário, costumamos ter o desafio de ajustar muitos requisitos em um prazo bem apertado. Convidamos nossos clientes para um workshop de mapeamento da história do usuário com duração de um dia e comprovamos ser um modo muito eficiente de se chegar a uma compreensão em comum de suas prioridades."

Mais detalhes, estimativas detalhadas do esforço etc. normalmente não fazem parte do workshop, mas são debatidos em grupos menores depois.

2. Escalando o Mapeamento da História do Usuário

Para escalar e implementar essa abordagem, a equipe inicial de coaches forneceu materiais como modelo de mapas em Excel, modelos para personas, agenda de workshop padrão, artigos wiki e "folhas de cola" da descrição do método. Além disso, foi desenvolvida uma ferramenta interna para o mapeamento da história do usuário.

Porém os materiais são uma coisa e fazer um workshop é outra. De novo, recomendamos envolver um coach experiente no processo. Para conseguir fornecer coaches suficientes, a equipe de coaching inicial treinou mais coaches. Esses "coaches juniores" participaram de um workshop com um coach sênior, facilitaram sessões individuais, e então fizeram workshops sozinhos. Também tivemos workshops e sessões para "treinar o treinador" nos principais locais de desenvolvimento da SAP no mundo inteiro. Para aprender com o outro e com várias experiências, implementamos uma chamada de rede global na qual os coaches podem compartilhar perguntas e práticas recomendadas em backup nas páginas wiki e comunidades da prática. E por último, mas não menos importante, aprendemos muito com inúmeras ótimas conversas com Jeff.

Nossos esforços em escalar o mapeamento da história do usuário tiveram sucesso. Fizemos mais de 200 workshops facilitados em várias unidades e locais, e agora a maioria das equipes consegue usar o mapeamento com sucesso sozinhas.

CAPÍTULO 6
A História Real sobre Histórias

O mapeamento da história é uma ideia muitíssimo simples. Usando um mapa simples, você consegue trabalhar com outras pessoas para contar a história de um produto e ver a imagem do todo se formar conforme faz isso. Então, você divide essa visão do todo para tomar boas decisões de planejamento. Abaixo de tudo isso está o conceito simples de histórias Ágeis.

A Ideia Simples e Disruptiva de Kent

A ideia das histórias teve origem com um cara muito inteligente chamado Kent Beck. Kent trabalhava com outras pessoas no desenvolvimento de software no final dos anos 1990 e notou que um dos maiores problemas no desenvolvimento vinha da abordagem tradicional do processo de usar documentos para descrever com precisão o que queremos — ou seja, os requisitos. Agora você sabe o problema dessa abordagem. Pessoas diferentes podem ler o mesmo documento e imaginar coisas diferentes. Elas podem até "aprovar" o documento acreditando que estão de acordo.

Estou feliz por todos concordarem.

Só mais tarde, quando estamos no meio do desenvolvimento de software — ou mesmo depois, após a entrega — que percebemos que não consideramos algumas coisas. Muitas pessoas chamam essa falta de compreensão compartilhada de "requisitos ruins".

Permita-me desabafar por um minuto aqui. Tenho prazer em trabalhar com muitas equipes. E muitas vezes começamos a trabalhar juntos falando sobre os maiores desafios. E sem dúvidas um que mais ouço é "requisitos ruins". Então todos apontam para o documento. O criador do documento se sente mal — como se tivesse que ter escrito mais, ou menos, ou usado alguma técnica de requisitos legal. Aqueles que aprovaram se sentem mal no início, e então ficam indignados: "Com certeza você não esperava que eu lesse cada detalhe! Afinal, falamos sobre isso por dias. Eu esperava que você tivesse entendido o que eu disse. Não consigo entender seu tolo documento de requisitos." E as pessoas que criam o software ficam às cegas. Elas se atrapalharam com aqueles documentos enigmáticos e o que criaram ainda estava errado. Todos odeiam o documento no final. Embora ainda tentemos escrever um melhor.

> *Podemos ler o mesmo documento, mas ter uma compreensão diferente dele.*

Mas entender mal o documento é apenas parte do problema. Gastamos muito tempo e dinheiro criando o que o documento descreve, só para descobrir mais tarde que o que realmente resolve o problema pretendido é algo muito diferente. Você ouviu certo. Muitas vezes os documentos descrevem com precisão a coisa errada. Em geral eles descrevem *o que* precisamos, mas não *por que* precisamos. Se a pessoa que cria o software pudesse simplesmente falar com alguém que entende os usuários que utilizarão o software e por que o utilizarão, muitas vezes haveria uma maneira mais eficiente de encantar esses usuários. Sem conversar, nunca saberemos.

> *As melhores soluções vêm da colaboração entre pessoas com problemas para resolver e pessoas que podem resolvê-los.*

A ideia simples de Kent foi *parar* — parar de trabalhar tanto em escrever o documento perfeito e se reunir para *contar histórias*. As histórias possuem esse nome não de como devem ser escritas, mas como devem ser usadas. Vou repetir isso com mais emoção. Nesse exato momento você deve parar de fazer o que está fazendo e dizer em voz alta:

> *As histórias possuem esse nome do modo como devem ser usadas, não do modo como você tenta escrever.*

A ideia de Kent era simples. Se nos reunimos e falamos sobre o problema que resolveremos com o software, quem o usará e por que, então juntos podemos chegar a uma solução e ter uma compreensão compartilhada ao longo do caminho.

Simples Não Significa Ser Fácil

Um tempo atrás comecei a notar que a história inteira tinha saído um pouco dos trilhos, isto é, muitas pessoas escrevendo livros, ensinando e usando-as com foco na atividade de escrever histórias. Se eu recebesse um centavo sempre que me perguntavam como escrever boas histórias, teria mais dinheiro do que juntei alguns capítulos atrás.

Com todo o foco em escrever histórias, procurei Kent para garantir que não estava deixando de ver algo aqui. Em uma conversa por e-mail, Kent explicou de onde veio a ideia:

> O que eu pensava era um modo de os usuários às vezes contarem histórias sobre coisas legais e novas que o software usado por eles faz. [Por exemplo], se eu digito o CEP e ele preenche automaticamente a cidade e o estado sem eu tocar em nenhum botão.
>
> Acho que esse foi o exemplo que iniciou a ideia. Se você consegue contar histórias sobre o que o software faz e gerar interesse e visão na mente do ouvinte, então por que não contar histórias antes de o software fazer isso?
>
> — Kent Beck em um e-mail pessoal, agosto de 2010.

Então a ideia é *contar* e você sabe que está fazendo certo se gera energia, interesse e visão na mente do ouvinte. É algo grandioso. E parece muito mais divertido do que ler um documento de requisitos típico.[1]

Mas as pessoas que começam a usar histórias para o desenvolvimento de software — e que ainda têm um modelo de processo tradicional na cabeça — tendem a focar a parte da escrita. Vi equipes substituírem seu processo de requisitos tradicional pela escrita de histórias e ficarem frustradas tentando escrever as histórias para comunicar com precisão o que deveria ser criado. Se você está fazendo isso agora, pare.

> *Se vocês não se reúnem para ter discussões detalhadas sobre suas histórias, então não estão usando de fato as histórias.*

---

1 Há evidências de que um fato integrado em uma história é muito mais memorável do que o fato apresentado sozinho — 22 vezes mais marcante, segundo o psicólogo Jerome Bruner.

Ron Jeffries e os Três C's[2]

No livro *Extreme Programming Installed* (sem publicação no Brasil), Ron Jeffries *et al.* descrevem melhor o processo da história:

Ficha
    Escreva o que você gostaria de ver no software em um monte de fichas.

Conversa
    Reúnam-se e tenham uma conversa detalhada sobre qual software criar.

Confirmação
    Juntos, concordem sobre como vocês confirmarão que o software está concluído.

Se parece simples, é porque é simples. Apenas lembre-se, simples não significa ser fácil.

FICHA ➡ **CONVERSA** ➡ **CONFIRMAÇÃO**

Você pode escrever muitas fichas ou criar um mapa da história...

Fundamente a conversa com palavras e imagens

Quando chegar a hora de criar, use critérios de aceitação para registrar os acordos

1. Ficha

Imagine que você seja responsável por trabalhar com uma equipe para criar um software. Imagine o software o melhor que puder. Então, para cada

---

2 N. da T.: Do inglês, *Card, Conversation* e *Confirmation*.

coisa que os usuários querem fazer com o produto, escreva uma ficha. Você acabará com muitas. A ideia original de Kent era escrevê-las em fichas porque é fácil organizar muitas delas em uma mesa. É mais fácil priorizá-las ou organizá-las em uma estrutura que ajude a ver a imagem do todo — uma estrutura como um mapa da história, claro.

O monte de fichas que descrevem o produto inteiro, ou todas as alterações que você gostaria de fazer em um produto que temos, se chama *backlog do produto*. Esse termo veio do Scrum no processo Ágil. Alguém que conheço disse: "Odeio o termo *backlog*. Nem começamos a criar o software e já parece que estamos ficando para trás!" Não tenho certeza se tenho um nome melhor para as muitas histórias, mas se você puder pensar em um bom, use-o e me conte qual é.

2. Conversa

A conversa pode começar com você descrevendo o que está pensando, e a pessoa que está ouvindo pode formar uma ideia em sua cabeça com base no que ouviu. Como é difícil explicar as coisas com perfeição e como é fácil imaginar coisas diferentes segundo nossa experiência anterior, é possível que o ouvinte tenha imaginado algo diferente de você. Mas aí é onde começa a mágica.

Como é uma conversa, o ouvinte pode fazer perguntas e é essa ida e vinda que corrigirá a compreensão e ajudará que todos cheguem a alguma compreensão compartilhada.

Em um processo de software tradicional, o objetivo da pessoa que tinha os requisitos é anotá-los corretamente e para a pessoa que criará o software é entender corretamente. Como é um processo orientado a histórias, cada pessoa tem um objetivo compartilhado diferente. Seu objetivo é trabalhar junto para entender o problema sendo resolvido criando um software, e resolvê-lo da melhor forma possível. Por fim, vocês precisarão concordar com o que devem criar para que ambos acreditem que ajudarão os usuários do produto.

Repetirei mais uma vez, porque é importante:

> *As conversas da história são para trabalhar juntos e chegar a uma solução melhor para um problema que nós dois entendemos.*

3. Confirmação

Toda essa conversa é legal, mas temos que criar um software, certo? Então, quando sentimos que encontramos uma boa solução, precisamos começar a focar a resposta para estas perguntas:

Se criarmos aquilo que foi acordado, o que teremos que verificar para saber que terminamos?

> A resposta para essa pergunta costuma ser uma lista curta de coisas a verificar. Essa lista normalmente se chama *critérios de aceitação* ou *testes da história*.

Quando chegar o momento de demonstrar mais tarde em uma análise do produto, como faremos isso?

> A resposta para essa pergunta muitas vezes revela algumas lacunas. Por exemplo, você poderia fazer o software funcionar, mas para demonstrar precisará ter em mãos alguns dados reais. Discutir sobre demonstração pode adicionar mais alguns pontos à sua lista de critérios de aceitação.

Palavras e Imagens

O caminho para chegar a esse acordo não é apenas uma ficha e muitas mãos acenando. A conversa fica melhor se inclui muitas coisas, como personas simples, diagramas do fluxo de trabalho, esboços de IU (Interface do Usuário) e qualquer outro modelo de software tradicional que ajudará a explicar as coisas. Assim, você não precisa apenas acenar com as mãos — pode apontar muito também. Qualquer coisa levada para a conversa marcaremos, anotaremos, corrigiremos e mudaremos. Até criarmos muitas coisas no local durante a conversa. Use um quadro branco ou quadro de folhas. E não se esqueça de tirar algumas "fotos das férias" antes de sair. As fotos do que vocês criaram ajudarão a lembrar todos os detalhes da conversa que seriam difíceis de anotar.

Use palavras e imagens

faça um esboço, conte histórias, anote fatos e decisões

As boas conversas têm muitas palavras e imagens.

Registre seus acordos como critérios de aceitação

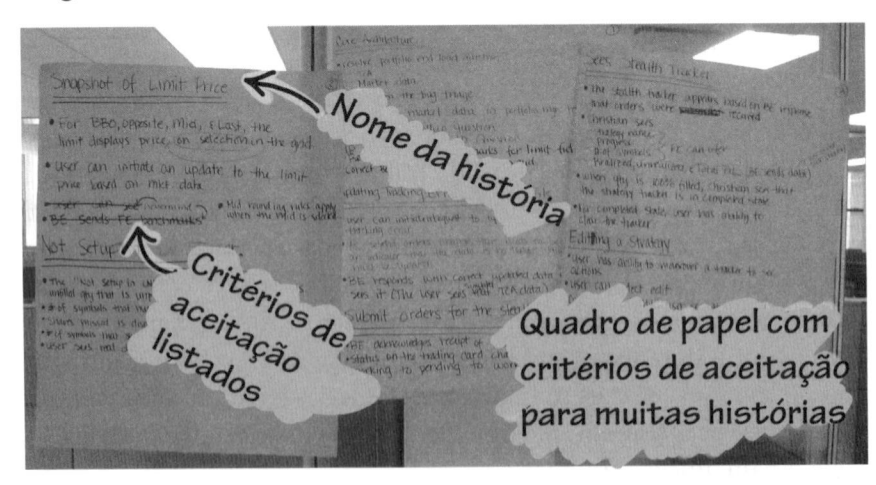

- Nome da história
- Critérios de aceitação listados
- Quadro de papel com critérios de aceitação para muitas histórias

Mantenha os critérios de aceitação decididos com letras grandes e visíveis durante a conversa. Essa equipe usa um quadro de papel para registrar conforme avança.

É Isso

Isso é tudo, pessoal. Essa é a ideia simples e disruptiva de Kent. E se você a fizer, garanto que ela mudará tudo.

A menos que não faça.

Para as pessoas acostumadas a trabalhar à moda antiga, a conversa pode ser bem ruim. Elas ficarão com seus antigos padrões da pessoa introduzindo coisas, tentando se esforçar para comunicar exatamente o que deseja para a outra pessoa, e a outra pessoa se esforçando muito para tentar entender e tapar os buracos no que o outro diz. Se durar muito tempo, muitas vezes elas sentem que estão tapando os buracos uma das outras, o que não é favorável para concluir as coisas.

Há algumas coisas para se ter em mente e ajudar que essas conversas fluam melhor. Felizmente, o próximo capítulo é sobre isso.

CAPÍTULO 7
Contando Histórias Melhores

A ideia das histórias é simples. Talvez seja simples demais. Para muitas pessoas no desenvolvimento de software, conversas como essa parecem muito estranhas... e um pouco desconfortáveis. E muitas vezes as pessoas voltam a falar sobre requisitos como sempre fizeram.

Quando Kent Beck descreveu originalmente a ideia das histórias, ele não as chamou de *histórias do usuário*, mas apenas de *histórias* — pois é o que ele esperava que você contaria. Mas logo depois que foram publicados os primeiros livros sobre Programação Extrema, as *histórias* receberam uma palavra mais descritiva, *usuário*, para que lembrássemos de ter conversas da perspectiva das pessoas fora do software. Mas mudar o nome não foi suficiente.

Modelo Legal da Connextra

Esta é minha amiga Rachel Davies. Ela está segurando uma ficha da história.

No final dos anos 1990, ela trabalhava para uma empresa chamada Connextra, que era uma das primeiras adeptas da Programação Extrema, o processo Ágil de onde vieram as histórias. Quando as pessoas na Connextra começaram a usar as histórias, acabaram se deparando com alguns problemas comuns. A maioria que escrevia as histórias na Connextra era o pessoal de vendas e marketing. A tendência dessas pessoas era anotar o recurso que elas precisavam. Mas quando chegava o momento de os desenvolvedores conversarem, eles precisavam descobrir a parte interessada original e iniciar uma boa conversa — uma que incluísse quem e por quê. Só ter o nome do recurso não ajudava a equipe a encontrar as pessoas certas com quem falar ou iniciar as discussões certas. E na época, não havia muita orientação sobre o que poderia ou deveria estar em uma ficha. O modelo evoluiu com o tempo na Connextra. Não foi especificamente uma invenção de Rachel. Pelo contrário, foi o desejo da organização inteira ao criar coisas que importavam.

Após usar o modelo por um tempo, as pessoas na Connextra quiseram demonstrar um novo truque. Elas imprimiram muitas fichas de exemplo para mostrar na XPDay 2001, uma pequena conferência em Londres. É isso que

Rachel está segurando. É a sua última ficha, que pode muito bem ser a última que existiu, portanto é um artefato histórico.

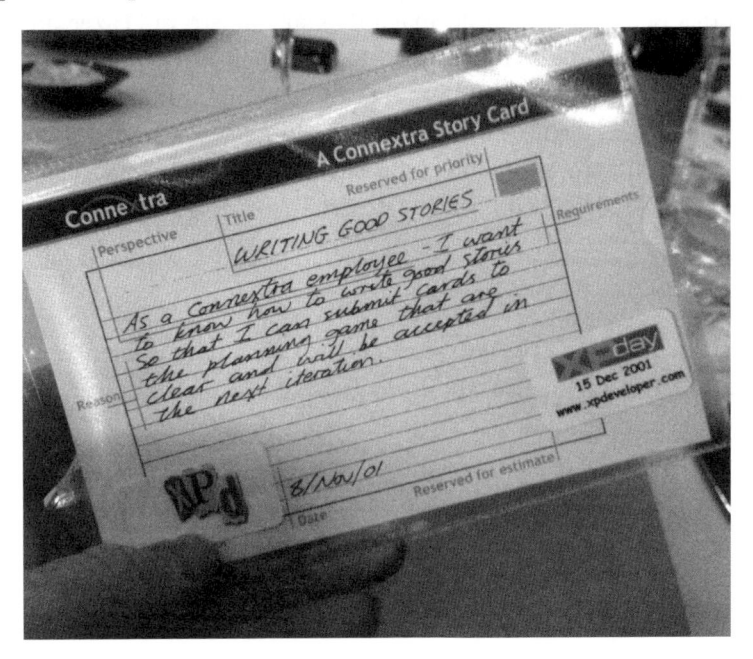

O modelo é assim:

> Como um [tipo de usuário]
>
> Quero [fazer algo]
>
> Para que possa [ter algum benefício]

As pessoas na Connextra usaram esse modelo simples para escrever *descrições* de suas histórias. Observe que essas histórias ainda têm títulos úteis e curtos. Elas descobriram que escrever essa pequena parte extra para começar a contar a história as forçava a parar e pensar: quem, o que e por quê. E se elas não soubessem, podiam questionar se, afinal, deveriam escrever a história.

Quando se sentavam para conversar sobre a história, pegavam a ficha e liam a descrição. A descrição iniciava a conversa.

Use o modelo de história simples para iniciar as conversas.

Se você pegar uma ficha individual fora de um mapa da história, o modelo será um bom modo de iniciar a conversa. Lembre-se de que no Capítulo 1 uma das fichas no corpo do mapa de Gary mostrava "Fazer upload de uma imagem". E essa ficha era um dos detalhes abaixo da ficha "Personalizar o folheto promocional". O que eu escrevo nas fichas em um mapa são frases verbais curtas — as tarefas que os usuários realizam com meu software. Mas quando escolho uma isolada, preciso pegar a história no meio da grande jornada do usuário descrita no mapa. Posso dizer:

> "Como *gerente da banda*, quero *fazer o upload de uma imagem* para que possa *personalizar o folheto promocional*."

É um truque muito legal. Posso encontrar fichas para diferentes usuários colocadas acima no mapa e o objetivo maior dos usuários costuma estar na ficha acima daquela que você exibe em determinado momento.

Mas lembre-se, é só um início de conversa. De fato, a conversa pode continuar assim:

> "Por que o gerente da banda gostaria de personalizar o folheto?"
>
> "Bem, porque não terá a foto de sua banda automaticamente nele, e gostaria que estivesse ali. Ele acha importante ser original — ele não gostaria que fosse igual ao dos outros."
>
> "Isso faz sentido. Onde as pessoas, como gerentes de banda, mantêm essas fotos?"
>
> "Bem, todas ficam em um lugar. Elas podem estar nos HDs locais deles, nas contas Flickr ou em outros locais na Web."
>
> "Hum… isso é diferente do que eu pensei originalmente. Achei que estaria nos HDs deles."
>
> "Não, muitas pessoas com quem conversamos colocam esse material em vários lugares. É um problema."

Na verdade, muitas conversas que tive com Gary foram assim. Conforme falávamos, escrevíamos algo em um quadro branco ou na própria ficha. Em pouco tempo estávamos esboçando as ideias.

É possível ver que o modelo muito pequeno não é suficiente para ser a especificação. Mas quando começamos a conversa usando esse modelo, acabamos com um bate-papo muito mais rico do que se tivéssemos apenas falado sobre um upload de arquivos.

Redescobrindo o Bate-papo

Mat Cropper, ThoughtWorks

Eu trabalhava como analista de negócios em um projeto ThoughtWorks para um órgão do governo no Reino Unido. Éramos responsáveis pela entrega, mas também por dar à equipe do cliente alguma experiência prática em torno das metodologias Ágeis. Sendo assim, éramos uma equipe bem grande com cerca de 25 ou mais técnicos e empresários. Uma sala e 25 preferências diferentes de temperatura do ar-condicionado — você imagina o cenário!

Para começar, o proprietário do produto e eu escrevemos histórias, então, no início de cada iteração quinzenal, a equipe inteira se reunia para planejar. Era uma reunião grande e necessária, e era um desastre. "Por que estamos fazendo assim?" "Essas histórias são grandes/pequenas demais." "Não faz sentido." "Prefiro muito uma determinada implementação técnica." Essas eram discussões comuns (e frustrantes). Para ser honesto, eu saía dessas reuniões prostrado. Sentia como se fosse um fracasso pessoal.

Algo precisava ser feito para corrigir isso, então decidimos que em vez de ter uma reunião com todos para discutir sobre tudo, teríamos conversas com um foco maior. Por exemplo, a preparação do backlog ocorreria na semana um da iteração com um pequeno grupo (proprietário do projeto, gerente de projeto, analista comercial, arquiteto técnico) que dava início a várias histórias para que quando fizéssemos uma sessão de preparação como uma equipe completa mais tarde, haveria muito menos distrações. A conversa era sobre ajustar e melhorar as histórias, e ignorávamos coisas como prioridade, pontos da história e outras coisas. Deu certo.

Também asseguramos que criaríamos histórias muito mais construtivas. Teríamos uma ideia das histórias nas quais trabalhávamos naquela semana e elas ficariam na parede de fichas na coluna "Em Análise". Todo dia na reunião de pé da nossa equipe, eu falava no que estava trabalhando em certa história e podia usar o tempo de dois desenvolvedores para montá-la. Sentávamo-nos, discutíamos nosso objetivo, em geral tocando nos aspectos técnicos, então colocávamos no papel. Ignoramos o Trello, que estávamos usando para nossa parede de fichas digital na época e focamos as conversas presenciais, às vezes de pé em um quadro branco. Trabalhar como um grupo, atentos ao detalhe, é bem recompensador e, como levava apenas cerca de 20 minutos a cada vez, não era uma grande sobrecarga. As pessoas estavam realmente felizes por se unirem e contribuírem.

Uma consequência feliz foi que nossas sessões grandes de preparação do backlog eram moleza e também descobrimos que os tamanhos da história ficavam cada vez mais uniformes. O planejamento da iteração se tornou menos doloroso como resultado disso. A qualidade das conversas que levavam à documentação de uma história melhorou, assim como o trabalho que estávamos produzindo.

Modelos Zumbis e o SnowPlow

O termo *modelos zumbis* veio do livro *Adrenaline Junkies and Template Zombies: Understanding Patterns of Project Behavior* (sem publicação no Brasil) de Tom DeMarco *et al*. O nome diz tudo, mas darei a definição dos autores (em tradução livre):

> **Modelo Zumbi:**
>
> A equipe de projeto permite que seu trabalho seja orientado por modelos em vez do processo mental necessário para entregar produtos.

Por mais simples que seja esse modelo, as pessoas abusam um pouco. Vejo que elas realmente tentam forçar ideias nos modelos quando não há espaço para elas. Histórias sobre serviços de back-end ou problemas de segurança podem ser um desafio. Vejo gente escrevendo e pensando sobre coisas de suas próprias perspectivas, não do ponto de vista das pessoas que se beneficiarão: "Como proprietário do produto, quero criar um upload de arquivos para que os requisitos do cliente sejam atendidos." Coisas horrorosas assim.

Pior ainda, o modelo se tornou tão onipresente e banal que há pessoas que acreditam que não é uma história se não for escrito dessa forma. Muitas pessoas pararam até de usar títulos nas histórias e escrevem apenas uma longa frase em cada ficha. Imagine tentar ler uma lista de histórias escritas assim. Imagine tentar contar uma história a alguém usando um mapa da história em que cada nota adesiva é escrita assim. É difícil para o cérebro.

Tudo isso me deixa triste. O valor real das histórias não é o que está escrito na ficha. Ele vem do que aprendemos quando contamos a história.

Não é preciso estar escrito em um modelo para ser considerado uma história.

A pessoa nessa imagem está aprendendo a esquiar.[1] Se você já aprendeu a esquiar e alguém prestativo está lhe ensinando, você fará o que essa pessoa estiver fazendo. Isso se chama snowplow (limpa-neve). É quando você junta as pontas dos esquis e se apoia nas bordas internas deles. É o modo mais fácil de controlar a velocidade e ficar de pé quando tem duas pranchas escorregadias presas aos seus pés. É como eu recomendaria aprender a es-

---

1 Esta foto foi tirada por Ruth Hartnup, encontra-se no Flickr sob a licença Creative Commons Attribution License.

quiar. Mas não é a melhor maneira — é uma maneira de melhor *aprendizagem*. Não existe nenhum evento de snowplow nas Olimpíadas. Você não impressionará ninguém nas encostas com sua postura snowplow legal. Não precisa se envergonhar. Se as pessoas o virem esquiando assim, elas saberão que você está aprendendo.

Para mim, o modelo da história funciona um pouco como aprender o snowplow. Use-o para escrever as descrições das suas primeiras histórias. Diga em voz alta para começar a conversar sobre as histórias. Mas não se preocupe demais se você acha que nem sempre dá certo. Como a técnica de snowplow dos esquiadores, não é a melhor escolha para um terreno difícil.

Meu modelo favorito: se estou escrevendo histórias em notas adesivas ou fichas, e elas não entram em um mapa da história maior, primeiro coloco um título simples e curto nelas, depois escrevo embaixo:

> Quem:
>
> O quê:
>
> Por quê:

E deixo algumas linhas entre cada um, porque desejo nomear especificamente todos diferentes "quem", falar um pouco sobre "o quê" e fazer anotações sobre os diferentes motivos com "por quê". Quero ter espaço na ficha para adicionar informações extras para quando começar a falar sobre as histórias. Na verdade, fico um pouco irritado quando as pessoas escrevem o título no meio da ficha, porque não deixam espaço para eu fazer anotações quando começamos a falar. Mas sou assim exigente.

Uma Checklist sobre o que Realmente Falamos

- [ ] *Fale realmente sobre quem*

    Não fale apenas sobre "o usuário". Seja específico. Fale sobre qual usuário você deseja. Para Gary, ele poderia falar sobre o gerente da banda ou o fã da música.

    Fale sobre os diferentes tipos de usuário. Para muitas partes do software, sobretudo o software do consumidor, há muitos tipos variados usando a mesma funcionalidade. Fale sobre a funcionalidade das perspectivas dos diferentes usuários.

Fale sobre os clientes. Para produtos do consumidor, o cliente (ou o selecionador) pode ser a mesma pessoa que o usuário. Mas para produtos corporativos, precisaremos falar sobre pessoas que tomam as decisões de compra, sua organização como um todo e como se beneficiam.

Fale sobre as outras partes interessadas. Fale sobre as pessoas que patrocinam a compra do software. Sobre os outros que podem colaborar com os usuários.

Raramente há apenas um usuário importante.

☐ *Fale realmente sobre o quê*

Gosto que minhas histórias comecem com as tarefas do usuário — as coisas que as pessoas querem fazer com meu software. Mas e os serviços como o caminho pela IU que autoriza seu cartão de crédito para uma compra ou autentica você em um site de seguros? Seus usuários não fazem uma escolha deliberada para o cartão de crédito ser aprovado: [autorizado] ou ter as credenciais verificadas. Tudo bem falar sobre os serviços e os diferentes sistemas que os chamam. Tudo bem falar sobre os componentes específicos da IU e como a tela se comporta. Só não perca a visão de quem se importa e por quê.

☐ *Fale realmente sobre por quê*

Fale sobre por que o usuário específico importa. E se aprofunde nos "motivos", porque muitas vezes há poucos e eles ficam em camadas. Você pode continuar "colocando notas adesivas com por quê" por muito tempo para realmente entender os motivos.

Fale sobre por que outros usuários são importantes. Fale sobre por que a empresa do usuário importa. Por que os acionistas da empresa importam. Há muitas coisas ótimas ocultas dentro do por quê.

☐ *Fale sobre o que acontece fora do software*

Fale sobre onde as pessoas que usam seu produto estão quando o utilizam. Fale sobre quando elas usariam o produto e com que frequência. Fale sobre quem mais existe quando elas usam. Todas essas coisas dão pistas sobre como seria uma boa solução.

☐ *Fale sobre o que deu errado*

O que acontece quando as coisas dão errado? Quando o sistema cai? De que outra forma os usuários poderiam fazer isso? Como as necessidades deles são atendidas hoje?

☐ *Fale sobre questões e suposições*

Se você fala sobre essas coisas, provavelmente se deparou com algo que não sabe. Identifique as questões e discuta a importância de respondê-las antes de criar o software. Decida sobre quem fará a coleta de dados para as questões serem respondidas e traga-as de volta para sua próxima conversa. Você verá que são necessárias muitas conversas para refletir sobre algumas histórias.

Reserve um tempo para questionar suas suposições. Você realmente entende seus usuários? É realmente isso que eles querem? Eles realmente têm esses problemas? Eles realmente usarão esta solução?

Questione suas suposições técnicas. Com quais sistemas subjacentes contamos? Eles realmente funcionam como imaginamos? Há riscos técnicos que precisamos considerar?

Todas essas questões e suposições podem requerer um trabalho deliberado para resolver ou aprender. Faça um plano só para isso.

☐ *Fale sobre as soluções melhores*

A vitória realmente grande acontece quando as pessoas em uma conversa da história descartam algumas suposições originais sobre como deveria ser a solução, voltam para o problema que tentam resolver e, juntas, chegam a uma solução mais eficiente e econômica para se criar.

A SOLUÇÃO QUE VOCÊ IMAGINA É CARA DEMAIS?

RECUE E VEJA OS PROBLEMAS COM OS QUAIS A SOLUÇÃO LIDA...

Agora

Isto não...

E isto?

JUNTOS, CONSIDERE MUITAS SOLUÇÕES ALTERNATIVAS QUE SÃO MAIS VIÁVEIS!

☐ *Fale sobre como*

Ao participar de uma conversa da história, muitas vezes ouço alguém ansioso dizer: "Devemos falar sobre o quê, não sobre como!" Com isso, as pessoas acham que devemos falar sobre o que os usuários precisam fazer, não como o código deve ser escrito. Eu sinto a mesma ansiedade quando falamos sobre "o quê" sem falar sobre "por quê". Mas a verdade é que estamos tentando otimizar todos os três em uma conversa da história. O que dá errado é quando uma parte pressupõe que certa solução ou modo implementado é um "requisito". Sem falar explicitamente sobre como (e se você é desenvolvedor, sei que está pensando nisso), é difícil pensar no custo da solução. Se uma solução é cara demais, então não pode ser uma boa opção.

Tenha respeito pela expertise dos outros na conversa. Não diga a um técnico altamente treinado como fazer seu trabalho. Não diga a alguém muito familiarizado com os usuários e seu trabalho que ele não entende. Faça perguntas e tente realmente aprender com os outros.

☐ *Fale sobre quanto tempo leva*

Por fim, precisamos tomar algumas decisões para seguir ou não com a criação de algo. É difícil tomar uma decisão de compra sem uma etiqueta de preço.

Para o software, geralmente significa quanto tempo levará para escrever o código. Nas conversas iniciais, isso pode ser expresso como "realmente muito tempo" ou "alguns dias". Melhor ainda é comparar com algo já criado — "quase igual ao recurso para comentário que criamos mês passado". À medida que nos aproximamos da construção de algo e temos mais conversas e tomamos mais decisões, seremos capazes de ser um pouco mais precisos. Mas sempre sabemos que estamos falando sobre estimativas aqui, não sobre comprometimentos.

Crie Fotos das Férias

Como há muitas conversas e você não quer esquecer delas, registre coisas específicas que o ajudem a lembrar das decisões tomadas ou das perguntas e suposições que precisarão examinar. Não se esqueça de externalizar seu pensamento para que os outros na discussão vejam o que é registrado.

Se você anota, pode pegar e consultar mais tarde. Se é colocado na parede, pode apontar. E se vocês falam juntos como uma equipe, verá que não terá que repetir tudo com muita frequência, pois as pessoas lembrarão, sobretudo se você ancorou as conversas com desenhos e documentos simples... como fotos das férias.

Isto será uma "foto das férias"

Este pequeno grupo está discutindo a história. Conforme falam, visualizam suas ideias e fazem anotações sobre o que decidiram.

Minha abordagem favorita é fazer exatamente como eles. Registro no quadro de papel ou em um quadro branco conforme falamos. Gosto de anotar quem estava na conversa diretamente no quadro, então fotografo o quadro quando termino. Compartilho a foto usando a wiki ou outra ferramenta. Sei que posso extrair detalhes ou escrevê-los de modo mais formal quando precisar mais tarde. Se não consigo lembrar exatamente do que foi dito, uma das pessoas na conversa lembra. É bom ter anotado os nomes delas.

É Muita Coisa para Se Preocupar

É assustador pensar em quanta coisa há para falar nas histórias. Nesse ponto, talvez você queira voltar aos velhos tempos quando tudo que precisava fazer era se preocupar em entender os "requisitos". Voltar para quando não era seu trabalho resolver problemas. Quando você só precisava criar o que era pedido e era problema de outra pessoa assegurar que era a coisa certa a criar. Mas acredito que você, e a maioria das pessoas por aí, realmente gosta de resolver problemas. Portanto, esta é a sua chance.

Pode ter ocorrido a você que, com todas essas coisas sobre as quais falamos, haverá muita informação para acompanhar. E tudo isso não caberá em uma nota adesiva ou ficha. Você está certo. Não caberá. Falaremos em seguida sobre o que realmente entra ou não nessa ficha.

CAPÍTULO 8
Nem Tudo Está na Ficha

Sim, a grande ideia era que os títulos curtos da história nas fichas nos ajudassem a planejar e facilitar muitas conversas entre as pessoas que poderiam criar o software e as pessoas que entendiam os problemas que precisavam ser resolvidos com ele. Mas infelizmente são necessárias mais algumas pessoas para colocar um software terminado no mercado.

Em uma equipe típica, você encontrará gerentes de projeto, gerentes de produto, analistas de negócio, verificadores, designers UX, escritores técnicos e algumas outras funções que provavelmente estou esquecendo. Todos veem as mesmas fichas, mas as conversas serão diferentes porque eles têm preocupações diferentes para cuidar.

Pessoas Diferentes, Conversas Diferentes

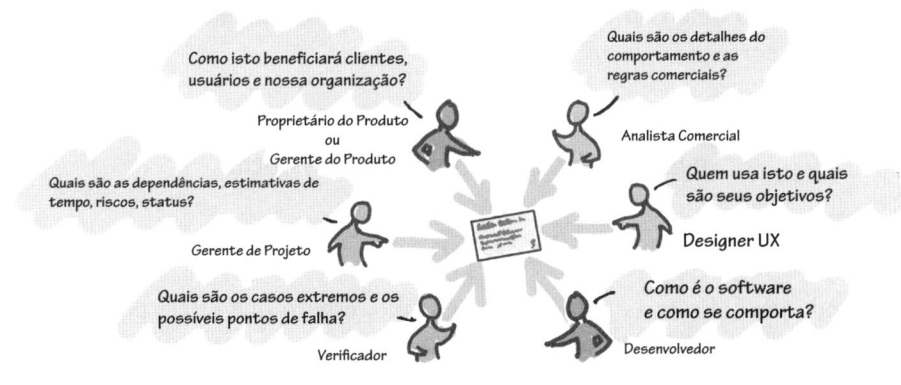

Como isto beneficiará clientes, usuários e nossa organização?
Proprietário do Produto ou Gerente do Produto

Quais são os detalhes do comportamento e as regras comerciais?
Analista Comercial

Quais são as dependências, estimativas de tempo, riscos, status?
Gerente de Projeto

Quem usa isto e quais são seus objetivos?
Designer UX

Quais são os casos extremos e os possíveis pontos de falha?
Verificador

Como é o software e como se comporta?
Desenvolvedor

Se sou um gerente ou um proprietário do produto, e sou responsável por seu sucesso, então preciso saber um pouco mais sobre meu público-alvo. Preciso ter alguma hipótese sobre quantas pessoas comprarão ou usarão esse produto, ou como ele afetará o lucro da minha empresa. Precisarei falar sobre essas coisas.

Se sou analista comercial, talvez precise me aprofundar em muitos detalhes, portanto preciso entender o que acontece na IU e as regras comerciais no sistema por trás da IU.

Se sou um verificador, preciso pensar sobre onde o software possivelmente falhará. Preciso ter algumas conversas para me ajudar a montar um bom plano de teste.

Se sou um designer IU, não quero ser informado sobre a aparência da IU, assim como um desenvolvedor não deseja ser informado sobre como o código deve ser escrito. Quero saber quem usará, por que e o que a pessoa faz, para que possa então projetar uma UI útil e aproveitável.

Por fim, se sou o gerente do projeto responsável por coordenar esse grupo de pessoas, terei que prestar atenção quando todos estiverem falando para tomar decisões sobre todos esses detalhes. Precisarei prestar atenção nas dependências, nos cronogramas e no status de desenvolvimento quando ele iniciar.

São muitas conversas. E algumas delas devem acontecer antes que outras. E muitas acontecem mais de uma vez. Portanto, para ter precisão, provavelmente teremos que adicionar uma dúzia C's aos três outros C's. Mas por sorte, se você realmente conversar e desenvolver uma compreensão compartilhada ao longo do caminho, evitará muitos desentendimentos e correções de curso.

Há muitos tipos diferentes de conversas com pessoas diferentes para cada história.

Precisaremos de uma Ficha Maior

Quando você disser as palavras nesse título, espero que esteja pensando no antigo filme *Tubarão* quando, após ver um tubarão enorme de perto e pessoalmente pela primeira vez, o chefe de polícia Brody diz para Quint:

— Precisaremos de um barco maior.

Veja que a ideia original também era eu pegar uma ficha e escrever o título na frente, então enquanto conversamos, eu poderia virar a ficha e escrever os detalhes de todas as coisas acordadas que surgiram. Eu poderia esboçar a IU e escrever muitas outras informações na ficha. Em alguns projetos, realmente pode funcionar assim. É legal quando funciona, e normalmente é um efeito colateral das pequenas equipes trabalhando junto com muito conhecimento tácito. São as equipes que não precisam escrever muito para lembrar.

Mas não acho que Kent nem as pessoas que aperfeiçoaram o conceito de histórias realmente pensavam que todas as conversas entre as diferentes pessoas poderiam caber em apenas uma ficha e, de fato, em geral elas não cabem.

A metáfora que funciona para mim é uma ficha em um catálogo de fichas da biblioteca; para as pessoas velhas o bastante para lembrar quando as bibliotecas realmente *tinham* catálogos de fichas. As histórias escritas nas fichas funcionam um pouco assim.

Este é um catálogo de fichas **Nele estão fichas como esta aqui...** **Mas a informação real está em um livro.**

Se pegar uma ficha em um catálogo de fichas, ela terá informações suficientes para eu identificar o livro. Provavelmente tem título, nome do autor, descrição, número de páginas do livro, categoria do livro — como "não ficção" — e código (lembra do sistema decimal do Sr. Dewey?) para um local onde posso realmente encontrar uma cópia do livro na biblioteca. A ficha é apenas um token que é fácil de encontrar e organizar. Ninguém confunde as fichas com um livro. O catálogo de fichas é útil porque ocupa muito menos espaço do que milhares de livros. E posso organizar as fichas de diferentes modos — por exemplo, por autor ou assunto.

Suas histórias funcionarão da mesma maneira, ou seja, você pode escrevê-las em fichas, mantê-las em uma lista na planilha, inseri-las em sua ferramenta de controle favorita ou na ferramenta que sua empresa usa — você sabe, aquelas que todos reclamam. Em uma biblioteca, você sabe que há um livro em algum lugar e, se identificar a ficha certa arquivada no catálogo, será fácil encontrar. Do mesmo modo, com uma história você sabe que há uma quantidade crescente de informação em algum lugar. Ela aumenta e evolui a cada conversa. E por sorte, seja como for que sua empresa escolha controlar essas informações, será fácil encontrá-las também.

Se você quer muito seguir com a velha escola, mantenha os detalhes dessas discussões colados em grandes folhas de papel na parede para conseguir continuar falando sobre elas sempre que quiser. Mas lembre-se: você desejará retirá-las quando tiver terminado o trabalho ou ficará sem espaço na parede. E desejará fotografar e manter as fotos em algum lugar para a posteridade.

Como os Criadores da Ferramenta Têm Boas Discussões da História

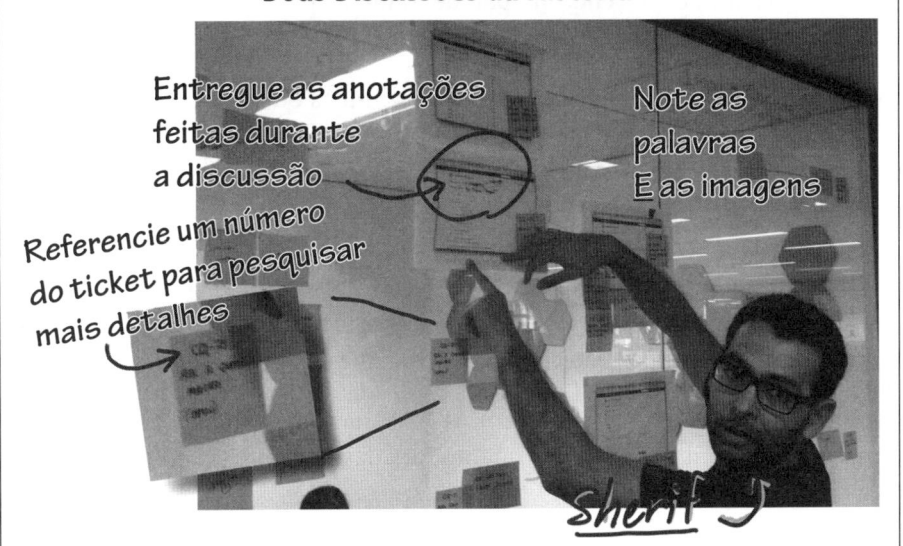

Entregue as anotações feitas durante a discussão

Note as palavras E as imagens

Referencie um número do ticket para pesquisar mais detalhes

Esse é meu amigo Sherif, que é gerente de produto em uma empresa chamada Atlassian. A Atlassian produz o Confluence, uma wiki popular usada em várias organizações para controlar o conhecimento que as organizações acumulam, entre outras coisas. Também produz o JIRA, uma das ferramentas mais populares para gerenciar o trabalho no desenvolvimento Ágil. Você pode achar que uma empresa que foca a criação das ferramentas usadas para manter e compartilhar informações eletronicamente usaria suas próprias ferramentas, "tomando do seu próprio veneno", por assim dizer — e pode ter certeza de que a Atlassian usa. Mas ela também entende como ter boas conversas diretas e pessoais.

Quando caminho pelo escritório da Atlassian em Sydney, vejo paredes cobertas de notas adesivas, desenhos em quadros brancos e estruturas de tela. Vendo de perto, você notará números de ticket de referência nas notas adesivas nas ferramentas que a equipe usa. Eles se movimentam com agilidade entre as ferramentas e o espaço físico. Quando Sherif me mostrou que eles mantêm no Confluence, fiquei surpreso com a combinação de fotos, vídeos curtos e deliberações.

Irradiadores e Caixas Térmicas

Em seu livro *Agile Software Development: The Cooperative Game* (sem publicação no Brasil), Alistair Cockburn criou o termo *irradiador de informações* para descrever como as informações grandes e visíveis na parede irradiam coisas úteis no ambiente. As pessoas que estão passando as veem e interagem com elas. Quando as informações são vivas e úteis, muitas conversas acabam acontecendo na parede, onde as pessoas podem apontar e adicionar outras, aumentando o volume.

Quando entro em ambientes com paredes limpas ou mesmo cobertas com uma arte agradável — ou pior, com cartazes motivacionais —, isso me deixa triste. Há tanta colaboração que poderia acontecer diariamente com aquelas paredes úteis. Se o que está na parede é um irradiador de informações, alguns se referem às ferramentas que as pessoas usam como *caixas térmicas de informações* — pois é onde a informação é preservada —, e possivelmente é coberta por uma fina camada de gelo, como aquela que fica no fundo do congelador (sempre fico chocado com o que encontro lá).

Isso foi muito marcante para mim na Atlassian. Eles mantinham a informação viva e útil, tanto dentro quanto fora das ferramentas utilizadas.

O que Realmente Fica em uma Ficha da História?

Imagine uma ficha do catálogo da biblioteca. Essa ficha tem informações úteis para ajudá-lo a organizar e confirmar que você está falando sobre o livro certo. Uma boa ficha da história é um pouco assim.

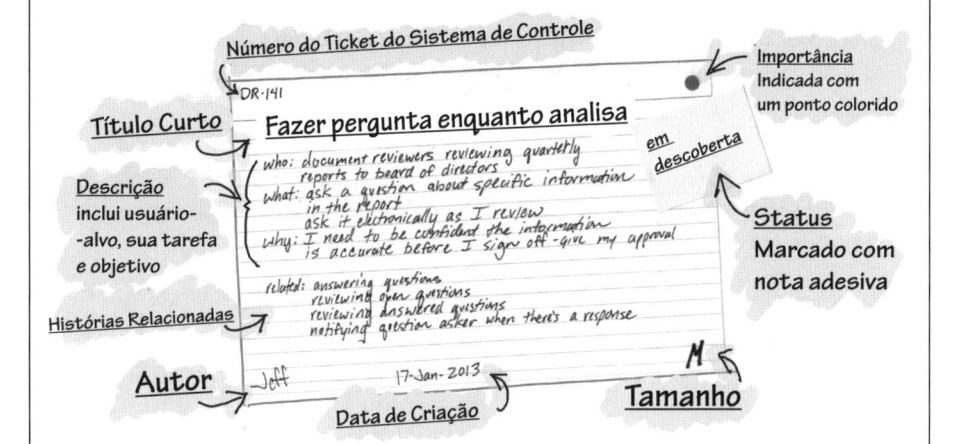

Número do Ticket do Sistema de Controle: DR-141

Título Curto: Fazer pergunta enquanto analisa

Descrição inclui usuário-alvo, sua tarefa e objetivo:
- who: document reviewers reviewing quarterly reports to board of directors
- what: ask a question about specific information in the report; ask it electronically as I review
- why: I need to be confident the information is accurate before I sign off — give my approval

Histórias Relacionadas:
- related: answering questions
- reviewing open questions
- reviewing answered questions
- notifying question asker when there's a response

Importância Indicada com um ponto colorido

em descoberta

Status Marcado com nota adesiva

Autor: Jeff

Data de Criação: 17-Jan-2013

Tamanho: M

Coisas comuns que você esperaria encontrar em uma ficha:

Título curto

> Um que seja fácil de inserir na conversa quando você fala sobre ela. Um bom título é a parte mais valiosa da sua história. Não tenha medo de rescrevê-lo se ele confunde as pessoas.

Descrição

> Uma frase ou duas que descrevem o que estamos imaginando. É uma boa ideia descrever quem, o que e por que — quem usa ou precisa, o que a pessoa fará com a coisa e qual benefício espera obter com ela.

À medida que você começar a discutir sobre as histórias, adicionará informações que resumem algumas discussões. Isso incluirá coisas como:

Número da história

> Quando tiver um monte delas ou colocá-las em um sistema de controle, isso ajudará a encontrá-las — como o Sistema Decimal de Dewey em uma biblioteca. Mas o que quer que você faça, *não* comece a referenciar suas histórias pelo número. Se fizer isso, será um sinal claro de que você não escolheu um título muito bom. Até os bibliotecários não referenciam os livros por seus números do Sistema Decimal de Dewey.

Estimativa, tamanho ou orçamento

Quando começar a discutir sobre a história, você desejará ter uma previsão sobre quanto tempo pode levar para criar o software. Há muitos termos para isso, como *estimativa, tamanho* ou *orçamento*. Use o termo utilizado por sua empresa.

Valor

Você pode ter discussões demoradas sobre o valor relativo de uma coisa sobre outra. Alguns podem usar uma escala numérica. Outros podem marcar as fichas com *alto, médio* ou *baixo*.

Métrica

Se você se importa com os resultados, identifique as métricas específicas que controlará após o software ser lançando para determinar se ele teve sucesso.

Dependências

Outras histórias das quais a história pode depender ou acompanhar.

Status

É planejado para um lançamento em particular? Está iniciado? Em progresso? Terminado?

Datas

Como a ficha de um livro tem a data em que ele foi publicado, você pode manter a data em que a história foi adicionada, iniciada e terminada.

Você pode escrever outras notas que gostaria de ter na ficha. Ou virar a ficha e escrever notas ou critérios de aceitação em tópicos.

A única coisa necessária em sua ficha é um bom título. Todas as outras informações podem ser úteis, mas você e sua equipe precisam decidir quais gostariam de usar.

Cabe pouca coisa na ficha, e é bom. Lembre-se, é apenas uma indicação que você usará para planejar. Você poderia usar fichas ou notas adesivas também. Ter fichas físicas permite usar palavras úteis, como *isto* e *aquilo*, nas conversas conforme aponta para as fichas na parede ou na mesa. Não é possível fazer isso com um documento grande. Com fichas, você pode mudá-las na mesa, classificá-las por importância, colá-las na parede, segurá-las enquanto conversa para passar sua mensagem com ênfase. Se você faz isso com um documento grande, pode machucar as pessoas — talvez até você mesmo. E claro, você desejará organizar as muitas fichas nos mapas da história para contar histórias ainda maiores.

Esta Ferramenta Não Serve para Isto

Um lenhador encontra um homem na floresta. O homem se esforça muito para cortar uma árvore com um martelo. O lenhador para e diz:

> — Ei, você está usando a ferramenta errada! Experimente isto...

E passa o serrote para ele. O homem agradece e o lenhador continua seu caminho, feliz por saber que ajudou. Então o homem começa a bater na árvore com o serrote do mesmo modo como fazia com o martelo.

Essa piada me lembra que podemos usar a *ferramenta errada* para o trabalho e também podemos *usar errado* a ferramenta.

Quando falo para as pessoas que empresas como a Atlassian usam ferramentas, em geral elas ficam surpresas. Muitas vezes a surpresa é porque elas tentam usar as ferramentas como um substituto para os quadros brancos e as notas adesivas. E como era de se esperar, elas lutam com isso. Talvez seja porque estão usando a ferramenta errada para o trabalho errado ou usando errado a ferramenta certa. Para descobrir o que pode está dando errado, é melhor ver primeiro o trabalho, não a ferramenta.

Criando uma Compreensão Compartilhada

Quando trabalhamos juntos para contar histórias e tomamos decisões sobre as soluções a criar, nosso primeiro objetivo é criar uma compreensão compartilhada. É onde externalizar e organizar seus pensamentos é essencial. E nada melhor que o trabalho direto e pessoal na frente de um quadro branco, armado com notas adesivas. Mas se você tem que fazer essa tarefa com outras pessoas trabalhando remotamente, fica difícil. Ferramentas de videoconferência que permitem ver o rosto do outro não ajudam muito, pois não é o rosto das pessoas que você precisa ver — são as ideias que serão colocadas na parede ou na mesa.

> *Use uma câmera de documento ou uma webcam durante uma videoconferência para que as pessoas distantes vejam o que está sendo criado na parede.*

Trabalhei com equipes que têm câmeras de vídeo nas duas extremidades de uma videoconferência e a chamada foca os modelos em expansão na parede, não nos rostos dos membros da equipe.

Se você usa uma ferramenta para visualizar, o ideal é que as pessoas nos dois lados da conversa possam adicionar e mover as coisas, como fariam se trabalhassem juntas em um quadro branco. Esta é a tela de uma ferramenta chamada Cardboard.

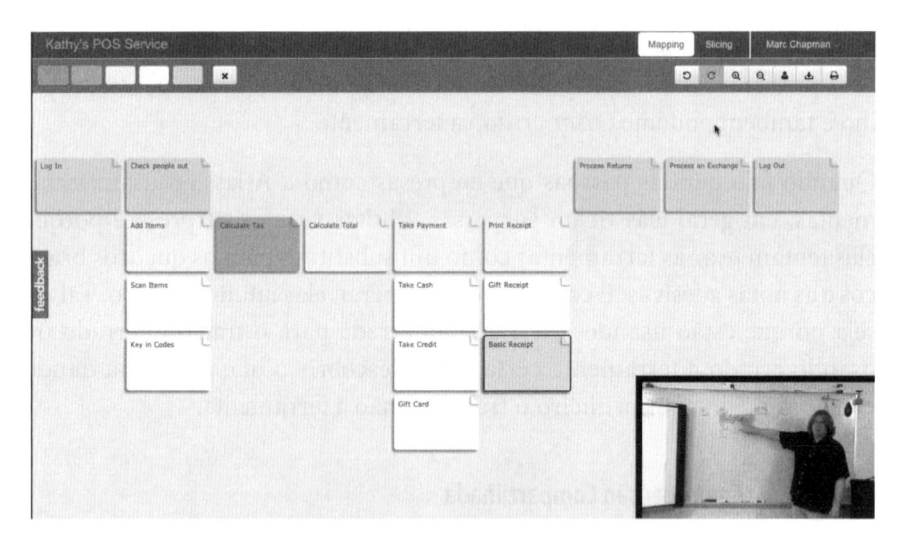

A pessoa usando o Cardboard cria um mapa ao mesmo tempo que David Hussman, um dos criadores do Cardboard, mapeia na parede. Os outros que compartilham o mesmo mapa de outros locais veem ele ser montado em tempo real. As pessoas podem adicionar, remover e mudar as fichas, e todos podem ver o que o outro está fazendo. Você pode realmente "se afastar" e ver a parede inteira por completo, o que é útil porque as telas de computador são apenas um portal minúsculo do que você conseguiria ver se estivesse trabalhando em uma parede.

Ao colaborar remotamente, use ferramentas que permitam a todos ver, adicionar e organizar o modelo simultaneamente.

Felizmente, estou vendo muito mais ferramentas entrarem no mercado que entendem e dão suporte ao trabalho em conjunto para criar uma compreensão compartilhada. Isso é bom.

Lembrando

Quando trabalhamos muito juntos para estarmos em sincronia, devemos manter cópias dos modelos ou dos exemplos criados para usar como fotos das férias — nos ajudar a lembrar todos os detalhes discutidos. Ferramentas como a Confluence da Atlassian têm uma wiki rica para armazenar não apenas palavras, mas imagens e vídeo. Tirar e manter fotos e vídeos depois de trabalhar juntos é um dos modos mais rápidos de documentar.

Fotografe os resultados da colaboração em baixa resolução para lembrar

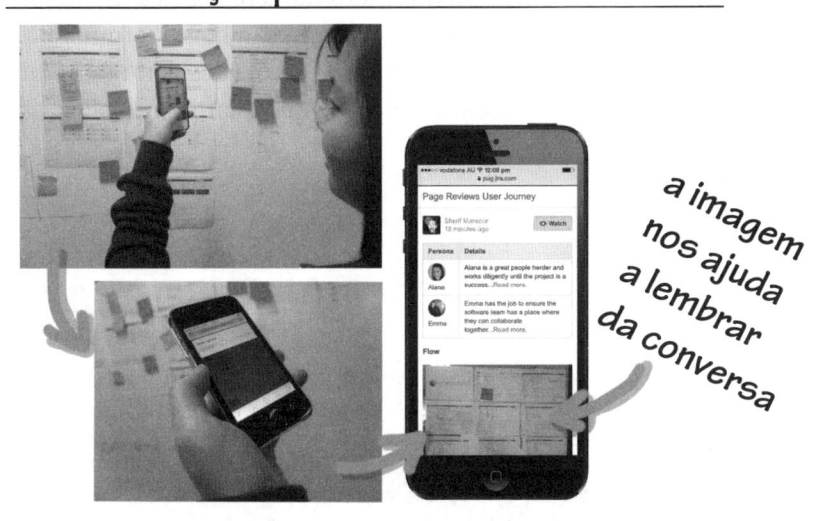

a imagem nos ajuda a lembrar da conversa

As pessoas na Atlassian fazem exatamente isso. Elas tiraram uma foto depois de trabalharem na parede e fizeram o upload dela para a wiki para guardar em segurança.

> *Use ferramentas para postar imagens, vídeos e texto, e ajudar a manter e lembrar das conversas.*

Pessoalmente gosto de usar uma baixa resolução e manter as informações na parede, mas se fico preocupado com o faxineiro as retirando à noite, fotografo e guardo só por segurança. Se compartilho informações com pessoas que não podem estar na sala, mesmo virtualmente, faço um vídeo curto percorrendo o modelo na parede e posto onde outras pessoas possam vê-lo.

Monitorando

Uma das coisas em que as ferramentas são excelentes é pegar todo o trabalho que planejamos fazer e nos permitir controlar seu progresso. As ferramentas são ótimas para manter o controle dos números que são chatos para nós — coisas como quando exatamente iniciamos, quando terminamos e quanto tempo resta para fazer. As melhores ferramentas gerarão insights úteis conforme monitoramos rotineiramente o que estamos fazendo.

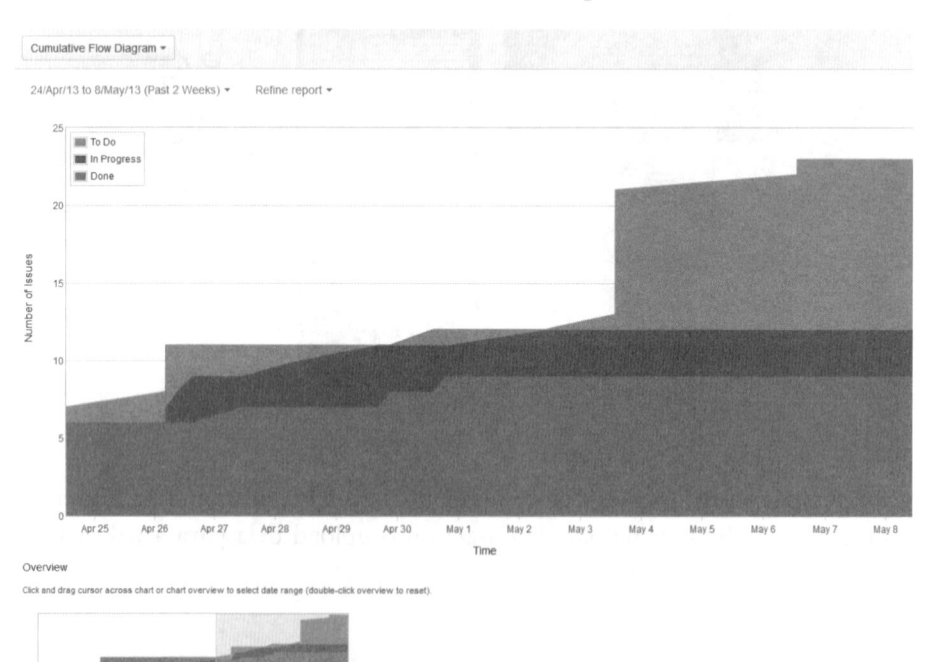

Este é um diagrama de fluxo cumulativo gerado pelo produto JIRA da Atlassian. É um gráfico que mostra o trabalho feito e seu estado ao longo do tempo. E é um gráfico que eu odiaria produzir à mão.

Para equipes individuais no mesmo local e pequenos projetos, a parede será ótima. Mas se você tem equipes maiores trabalhando em diferentes locais físicos e projetos de longa duração, use uma ferramenta para controlar todos os detalhes.

Use ferramentas para sequenciar, monitorar e analisar o progresso.

O segredo é usar a ferramenta certa para o trabalho certo. Não tente usar uma ferramenta de controle realmente ótima para criar uma compreensão compartilhada. E não tente fazer uma análise complexa no quadro branco.

O ideal na metodologia Ágil é manter as coisas simples e rápidas, trabalhar em fichas e quadros brancos o máximo possível. E asseguro que se você seguir sendo pequeno e rápido, evitando ferramentas desnecessárias, será mais feliz. Mas lembre-se: essas ferramentas são apenas um meio para um fim. Em seguida, precisaremos falar sobre o que acontece depois da ficha.

CAPÍTULO 9
A Ficha É Apenas o Começo

Os três *C's* são apenas o começo.

Eu sei que mencionei antes que não me sinto obrigado a citar o Manifesto Ágil, mas farei isso de qualquer modo — bem, pelo menos em parte. Uma das declarações de valor no manifesto coloca que "Software funcional acima da documentação completa". Eu poderia reformular isso como "software funcional acima da conversa completa" e o significado seria o mesmo. Todas as conversas — e a documentação que nos ajuda a lembrar delas — são apenas um meio para um fim. No final, precisaremos criar algo.

Se terminamos o ciclo, o modelo fica assim:

FICHA

CONVERSA

CONFIRMAÇÃO

CONSEQUÊNCIAS
Avalie o que você criou primeiro como equipe, então com as partes interessadas, e nos testes com clientes e usuários

CONSTRUÇÃO
As equipes criam notas de referência do software e imagens a partir de conversas para ajudar a lembrar dos detalhes

Existem algumas pegadinhas que sempre entram aqui depois de termos uma compreensão compartilhada e acordo sobre o que criaremos. Fique de olho nelas.

Construa com uma Imagem Clara em Mente

Depois das conversas e de anotar os detalhes que nos ajudarão a lembrar das conversas, e ao escrever a confirmação — ou seja, nosso acordo sobre as coisas que verificaremos para confirmar que terminamos —, finalmente estamos prontos para fazer algo:

- Os desenvolvedores de software podem começar a criar o software.

- Os verificadores podem criar planos de teste e testar.
- Os designers da IU podem criar um design detalhado e ativos digitais, caso ainda não tenham feito isso como parte de chegar a uma compreensão compartilhada.
- Os escritores técnicos podem escrever ou atualizar os arquivos de ajuda ou outros documentos.

O mais importante aqui é que todas essas pessoas tenham *a mesma imagem em mente: a imagem criada durante a conversa.*

Farei uma pausa aqui para impressionar.

Agora, direi a próxima parte lentamente para que você leia devagar.

> *Passar todos os detalhes sobre a história para outra pessoa criar não funciona. Não faça isso.*

Se você e um grupo de pessoas trabalharam juntos para entender o que deve ser criado e se vocês documentaram todas as coisas importantes que alguém precisa saber para criar, talvez fique tentado a passar isso para outra pessoa. Afinal, quando vê a informação, ela é cristalina para você. Mas não se engane. Ela é clara para você porque seu cérebro realmente inteligente a está completando com todos os detalhes que não estão escritos. Seu cérebro é tão bom nisso que é difícil para você detectar o que poderia faltar. Lembre-se, esses detalhes são *suas* fotos das férias, não de *outra pessoa*.

Crie uma Tradição Oral de Contar Histórias

Compartilhar histórias é bem simples. Alguém que entende a história, e a informação coletada que ajuda a contar a história, precisa apenas de pouco tempo para recontá-la para a próxima pessoa que precisa aprender. Agora, isso deve ser muito mais rápido do que as conversas iniciais em que vocês trabalharam juntos para tomar decisões difíceis, pois esperamos que você não precise refazê-las. Use o que está escrito para ajudar a contar a história. Fale e aponte para as imagens. Deixe o ouvinte fazer perguntas e mudanças nas imagens que o ajudem a lembrar. Ajude-o a tornar as informações associadas à história em suas próprias fotos das férias.

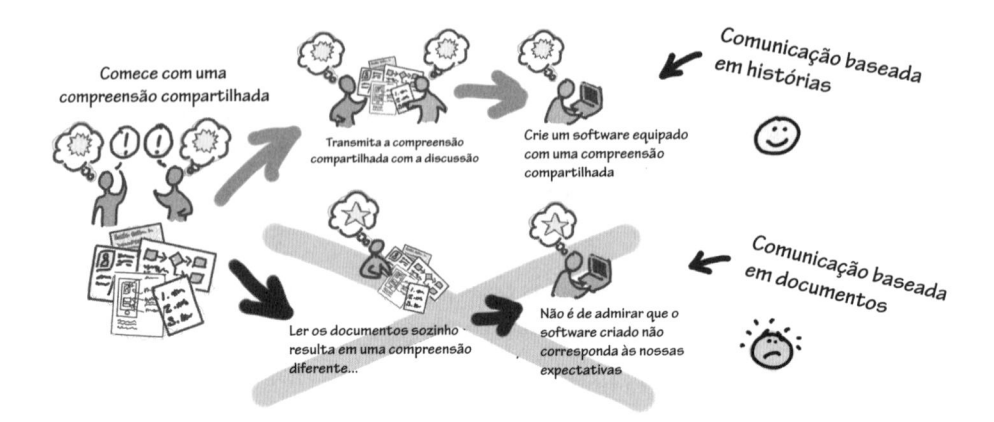

[Figura: Fluxo mostrando "Comece com uma compreensão compartilhada" → "Transmita a compreensão compartilhada com a discussão" → "Crie um software equipado com uma compreensão compartilhada" (Comunicação baseada em histórias). Caminho alternativo riscado: "Ler os documentos sozinho - resulta em uma compreensão diferente..." → "Não é de admirar que o software criado não corresponda às nossas expectativas" (Comunicação baseada em documentos).]

Existe um antipadrão terrível que sempre vejo aqui. Algumas pessoas acham que, como qualquer um na equipe pode pegar a história e trabalhar nela, todos devem estar envolvidos em cada conversa. Talvez você trabalhe em uma empresa assim. Você saberá porque ouvirá muitas pessoas reclamando que há reuniões demais. A propósito, "reunião" muitas vezes é o eufemismo que usamos para colaboração improdutiva.

Uma discussão eficiente e tomada de decisão ocorre melhor com pequenos grupos de duas a cinco pessoas. É do tamanho de uma conversa no jantar. Você sabe que se tem um grupo de amigos compartilhando uma refeição, é fácil manter uma conversa quando são poucos. Mas quando há mais de cinco pessoas começa a se tornar um verdadeiro esforço.

Deixe que pequenos grupos trabalhem juntos para tomar decisões, então use conversas continuadas para compartilhar os resultados com os outros.

Examine os Resultados do Seu Trabalho

Se vocês estão em equipe, trabalharão juntos com uma compreensão compartilhada sobre o que estão criando e por quê. Conforme trabalham juntos, continuarão conversando porque nunca pensam em tudo. Mas quando o software está terminado, voltam a se reunir e falam sobre ele.

É um bom momento para se parabenizarem pelo trabalho bem feito. É muito legal ver o progresso real. No desenvolvimento de software tradicional, as oportunidades de ver os resultados do seu trabalho duro podem acontecer com muito menos frequência, e raramente são compartilhados como uma equipe. Em um processo Ágil típico, como o Scrum, vocês compartilharão a cada duas semanas em uma revisão do produto no final do sprint. Nas equipes mais saudáveis, os membros se reúnem frequentemente para examinar o trabalho à medida que ele é feito. Mas vocês precisarão ir além de mostrar e dizer. Depois de se cumprimentarem, reserve um tempo para uma reflexão rápida, mas cuidadosa, sobre a qualidade do trabalho feito.

Ao falar sobre qualidade, começo com discussões destes três aspectos:

Qualidade da experiência do usuário
> Examine o trabalho da perspectiva do usuário-alvo. É simples de usar? É *divertido* de usar? Parece bom? É consistente com sua marca e outras funcionalidades?

Qualidade funcional
> O software faz o que vocês concordaram que ele faria sem erros? Verificadores e outros membros da equipe passaram um tempo testando e, por sorte, vocês já corrigiram os erros. Mas os bons verificadores podem sempre dizer que provavelmente há mais erros escondidos em seu produto que podem aparecer mais tarde. Ou espera-se que possam dizer que ele está firme como uma rocha.

Qualidade do código
> O software que escrevemos é de alta qualidade? Consistente com nossos padrões? Lidamos com essa coisa há um tempo, portanto seria bom saber se achamos que será fácil estender e manter, ou se apenas adicionamos um monte de problemas técnicos que precisaremos endereçar depois.

Tenho más notícias para dar aqui. É provável que você descubra coisas que acredita que deveria mudar no que foi feito.

Será bom para a sanidade de todos separar duas preocupações. Primeiro: *criamos o que concordamos em criar?* E então: *se é o que concordamos em criar, agora que o vemos, devemos fazer alguma alteração?*

Todos trabalharam juntos no início para descobrir o que criar que resolveria os problemas dos usuários e seria econômico de construir. Vocês fizeram o melhor para identificar as coisas para verificar e confirmar se estava terminado. Verifique e se congratulem se vocês conseguiram tudo isso. Vocês conseguiram exatamente o que concordaram que queriam obter.

Agora é quando toca na minha cabeça a velha música dos Rolling Stones. Se você conhece a música, cante junto: "You can't always get what you want. But, if you try sometime, you just might find, you get what you need." ("Você não pode ter sempre o que quer. Mas se tentar algumas vezes, poderá descobrir que consegue o que precisa", em tradução livre). A ironia no software é que é exatamente o oposto.

Vocês trabalharão juntos para concordarem sobre o que desejam. E se você trabalha com uma equipe competente, verá que pode ficar muito bom em conseguir isso. É só depois de ver, porém, que você pode avaliar melhor se é o que você precisa. É um saco. Mas não se culpem — é assim que funciona.

Porém, você precisa de um jeito de corrigir isso. E começa escrevendo uma ficha com suas ideias sobre o que mudar no software para corrigi-lo. Claro, é chato se você planejou acertar de primeira. Talvez Mick Jagger estivesse certo afinal. Talvez o que você realmente precisava era aprender que estar certo de primeira é uma estratégia muito arriscada — sobretudo no software.

Não É para Você

Sinto muito. Más notícias de novo.

Na realidade, a pessoa que originalmente escreveu a ficha e iniciou o ciclo inteiro provavelmente não é a pessoa que usará o software todos os dias. A pessoa que originalmente escreveu a ficha e a equipe inteira que trabalhou junto podem acreditar que mandaram bem — que criaram a solução perfeita para os desafios de seus usuários-alvo.

Não se engane.

Se estamos nessa equipe juntos e somos espertos, levaremos o software até os usuários e testaremos com eles. Isso não significa mostrar e dizer também. Estaremos vendo-os usarem o software para atingir um objetivo real que normalmente precisarão fazer usando o software.

Você já se sentou com uma pessoa enquanto ela usa o software que você ajudou a criar? Lembre-se da primeira vez que fez isso. Como foi? Eu não estava na sala com você na época, mas posso apostar que não foi como esperava.

Se já se sentou ao lado de um usuário enquanto ele usa seu produto, sabe o que quero dizer. Se nunca fez isso, então faça.

Você precisará testar com as pessoas que realmente comprarão, adotarão e usarão seu produto com regularidade. Muitas vezes espero até ter construído um pouco do software — o bastante para a pessoa poder usá-lo para realizar algo que não conseguia antes. Qualquer que seja a frequência adotada, não deixe que mais de duas semanas passem sem ver um usuário real interagir com o software.

Todos da equipe não precisam estar lá com os usuários. Na verdade, assustará os usuários se todos estiverem. Mas estar lá gera uma empatia que você não conseguirá de outro modo. É um motivador poderoso ver as pessoas lutando para usar seu produto, em especial quando você estava muito confiante de que não seria assim. Se você estiver lá, compartilhe o que viu com os outros recontando histórias para eles.

Depois de testar com os usuários, você identificará os problemas a corrigir e maneiras óbvias de melhorar o software. E para cada uma dessas coisas, deve escrever uma ficha da história com suas ideias para melhorar o software.

Crie para Aprender

Se você tiver trabalhado com a crença de que usar histórias impediria sua equipe de escrever um software ruim, pelo menos estaria meio certo. Na verdade, todas as conversas entre pessoas inteligentes focadas em entender o problema — e como o que criamos o resolve — percorrem um longo caminho para criar um produto muito melhor. Mas precisamos reconhecer que criar um software não é igual a trabalhar em uma linha de montagem. Você não está só criando mais um componente como o que criou minutos atrás. Cada nova história para a qual criamos um software para dar suporte é algo novo.

Um dos grandes nomes na comunidade de desenvolvimento Ágil é meu amigo já mencionado, Alistair Cockburn, que me disse certa vez:

> — Para cada história que você escreve, é preciso colocar três em seu backlog de histórias.

Perguntei por que e ele disse:

— Você apenas faz.

Perguntei:

— O que devo escrever nos outros dois?

— Não importa o que você escrever.

— Como assim? — perguntei. Tenho que escrever *algo* nele!

Alistair respondeu:

— Bem se você tem que escrever algo neles, então escreva o que deseja na primeira ficha e na segunda escreva "Corrigir a primeira ficha". Então na terceira, escreva "Corrigir a segunda". Se você não faz esse ciclo três vezes para cada história, não está aprendendo.

Em um processo tradicional, aprender se refere a *aumento do escopo* ou *requisitos ruins*. Em um processo Ágil, aprender é a finalidade. Você precisará planejar aprender com tudo que cria. E precisará planejar estar errado parte das vezes.

A estratégia de Eric usada no Capítulo 3 o ajudou a criar soluções menores e continuar a iterá-las até serem viáveis. Eric contava com a aprendizagem de cada lançamento.

A estratégia da *Mona Lisa* usada por Mike e Aaron no Capítulo 4 os ajudou a dividir cada história em partes menores, mais finas e que não podem ser entregues, para que pudessem aprender logo e gerenciar com sabedoria o orçamento da entrega para terminar a tempo.

Essas são ótimas estratégias de aprendizagem. Experimente-as. Invente as suas. Mas não pressuponha que você esteja sempre certo. Garanto que ficará desapontado.

Nem Sempre É o Software

Em 2011, Kent Beck — o criador da história — abriu uma das primeiras conferências Startup Enxuta com sua revisão do Manifesto Ágil. Se eu tivesse feito, seria uma blasfêmia. Mas ele é um dos criadores, então deve saber. Ele revisou o valor sobre software funcional para:

> *Aprendizagem validada acima do software funcional (ou da documentação completa)*

Se você se lembra do Capítulo 3, aprendizagem validada é o conceito supervalioso que vem do processo da Startup Enxuta. A palavra-chave é aprendizagem. O que a torna uma *aprendizagem validada* é discutir o que queremos aprender como parte de fazer algo, então voltar e considerar as *consequências* — refletir sobre o que aprendemos ou não. E uma das coisas que percebemos é que nem sempre precisamos criar o software para aprender. Mas normalmente precisamos criar ou fazer algo.

Gosto de usar histórias para orientar o trabalho que fazemos para criar protótipos simples ou planejar o trabalho que fazemos para entrevistar ou observar os usuários. Gosto de falar sobre quem, o que e por que dessas coisas também. Gosto de concordar sobre o que faremos antes de fazer. E recordo as consequências de ter feito algo para considerar o que aprendemos.

Tente usar histórias para orientar a criação de algo, seja um software ou não.

Planeje Aprender e Aprenda a Planejar

Os mapas da história são úteis para dividir as grandes ideias de nosso produto ou recurso em partes menores. Os Capítulos 3 e 4 foram sobre desmembrar essas partes menores em blocos de construção, em que cada bloco estava focado em aprender algo. Mas há um modo diferente de dividir as coisas que você precisa estar ciente e manter a separação em sua cabeça. É o trabalho que fazemos para dividir uma história em nosso plano para criar algo. É sobre isso que falaremos no próximo capítulo.

CAPÍTULO 10
Prepare Histórias Como um Bolo

Duas semanas atrás foi o aniversário da minha filha e queríamos um bolo. Nossa família tem sua própria boleira — uma pessoa que pedimos para fazer nossos bolos. Agora, não somos ricos nem temos medo de fazer nossos bolos. É que Sydnie, nossa boleira, faz bolos saborosos e incríveis. Não sabemos exatamente a mágica culinária que ela domina para conseguir isso, mas sempre que perguntamos a nossos filhos qual bolo eles querem de aniversário, o grito "Queremos um bolo da Sydnie!" fecha o acordo com nossa boleira.

Para conseguir um bolo, eu ligo para Sydnie. Ela pergunta para quem é o bolo e a ocasião. Duas semanas atrás, eu disse que Grace faria 12 anos. "Grace gosta do quê?", ela pergunta. Também falamos sobre o formato dos tabuleiros que Sydnie tem e o design do bolo que é possível preparar a tempo. Acordamos sobre um bolo em forma de pássaro desta vez.

É assim que funciona contar uma história. Sydnie fez muitas perguntas sobre quem, o quê e por quê. Ela perguntou sobre o contexto — onde e quando serviríamos o bolo, e para quantas pessoas seriam. Durante as conversas, consideramos algumas opções diferentes. Falamos o bastante para ter uma compreensão compartilhada. E como já fizemos muitos bolos com Sydnie, já temos certa compreensão compartilhada sobre como eles serão e o gosto. Se não tivéssemos, teríamos visto algumas imagens ou provaríamos o bolo, e o telefone não teria funcionado bem para isso.

Crie uma Receita

Durante nossa conversa, Sydnie pensa sobre como fará o bolo. Ela precisa fazer isso para conseguir descobrir se pode fazê-lo a tempo. Quando chega a hora de preparar o bolo, ela tem uma lista de coisas que precisará fazer — coisas como medir a farinha, o açúcar, os ovos e o leite. Ela precisa misturar, assar, decorar e provavelmente realizar outras etapas secretas que não conheço. Acho que ela tem receitas diferentes para tipos de bolo variados, e uma checklist de coisas que precisa fazer para cada bolo antes de ser colocado em uma caixa e ficar pronto para entregar. Se Sydnie anotasse a lista de todas as coisas que precisa fazer, teria um plano de trabalho cheio de tarefas específicas para preparar um bolo.

História
As histórias descrevem algo que podemos entregar e avaliar

Tarefas da Entrega
As tarefas da entrega descrevem o trabalho que precisamos fazer para realizar a história

medir os ingredientes • misturar • colocar nas assadeiras • assar • decorar

como uma receita!

O mesmo acontece quando alguém leva uma história para a equipe de desenvolvimento. Juntas, as pessoas tomam decisões específicas sobre o que construir, e a equipe de desenvolvimento cria seu plano de trabalho, composto de várias tarefas de desenvolvimento. A equipe inclui verificadores, designers da IU, escritores técnicos ou qualquer pessoa e habilidade necessárias para criar o software, portanto as tarefas não são todas sobre codificação. E como Sydnie não criou seu plano enquanto falava comigo ao telefone, provavelmente a equipe de desenvolvimento não criará o plano dela durante a conversa da história. Mas ouvirá, fará anotações, desenhará e reunirá muitos detalhes necessários para criar o plano. Pelo menos, é assim que esperamos que seja.

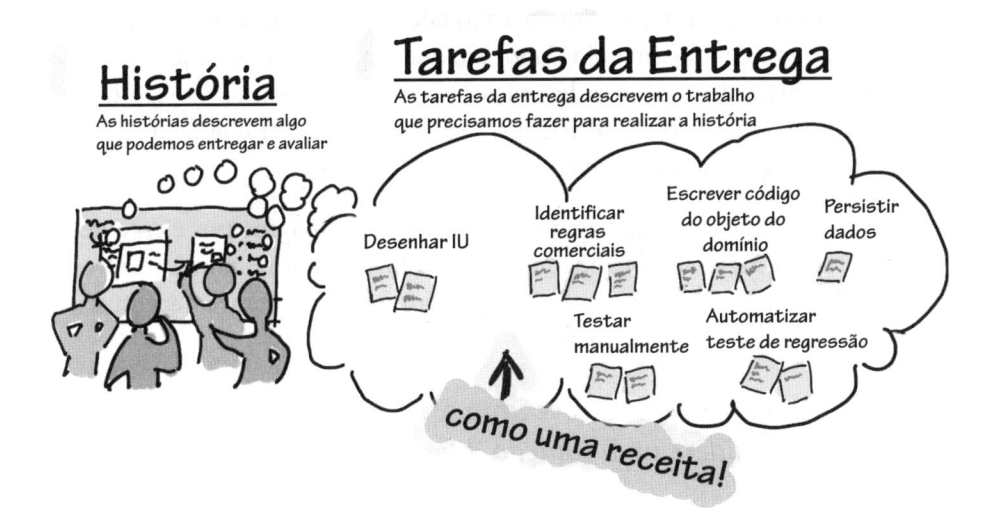

História
As histórias descrevem algo que podemos entregar e avaliar

Tarefas da Entrega
As tarefas da entrega descrevem o trabalho que precisamos fazer para realizar a história

- Desenhar IU
- Identificar regras comerciais
- Escrever código do objeto do domínio
- Persistir dados
- Testar manualmente
- Automatizar teste de regressão

como uma receita!

Ao falar com Sydnie, não conto histórias sobre xícaras de açúcar e farinha. Não contaria uma história sobre assar, a menos que meu objetivo fosse criar um forno. Quando você conta histórias sobre um software e coleta uma lista de nomes da história conforme trabalha, conta a história imaginando o software que terá no final. E você não só *imagina* o software — você pensa e fala sobre quem o utiliza e por quê. Sydnie não se deteve apenas aos detalhes do bolo, ela me perguntou para quem era, do que minha filha gostava, quantas pessoas estariam na festa e muitas informações que nos ajudaram a decidir juntos qual seria o melhor bolo. Sydnie não pediu apenas os requisitos do bolo, trabalhamos juntos para decidir o melhor modo de criar um bolo que todos nós amaríamos. Esse é o verdadeiro espírito por trás de uma conversa da história.

Dividindo um Bolo Grande

Só mais uma coisa. Muitas vezes o que dá errado aqui é que quando começamos a contar a história para as pessoas que realmente são capazes de transformar nossa visão em realidade, descobrimos rapidamente que o software que nossa história descreve é *realmente* grande. Bem, a ficha na qual isso é escrito tem o mesmo tamanho das outras. E o objetivo que nossos usuários tentam atingir com o software pode não ser mais importante para eles do que outros, mas é quando falamos sobre isso que percebemos que levou muito tempo para escrever o software necessário para atingir o objetivo.

O mesmo poderia ter acontecido quando falei com Sydnie sobre o bolo. Eu poderia ter imaginado um bolo elaborado que requer assadeiras que ela não tem ou técnicas de criação e decoração que ela não domina. O resultado seria um bolo que não posso pagar e como previsto, um que Sydnie não poderia entregar antes do aniversário da minha filha.

No Capítulo 7, observei que, quando a solução que imaginamos é cara demais, precisamos recuar, realmente ver os problemas que tentamos resolver e os resultados que tentamos atingir. Precisaremos considerar alternativas. É um modo de ter um bolo menor — ou talvez uma torta?

Se a história descreve uma solução cara demais, considere uma solução diferente que ajude a atingir o objetivo.

Mas se é realmente grande e podemos pagar, então não há motivos para dividir em partes menores, certo? Bem, na verdade, há. No software, sobretudo criando coisas em partes menores, podemos ver e medir o progresso mais cedo. Isso ajuda as pessoas que gastam dinheiro a se sentirem um pouco menos nervosas. E como a estratégia da *Mona Lisa*, no Capítulo 4, ajuda as pessoas que criam o produto a avaliarem as partes e assegurarem que estejam no caminho certo.

Se a história descreve uma solução que é viável, mas grande, divida-a em partes menores que permitem avaliar e ver o progresso mais cedo.

Há um truque para dividir as histórias grandes e me ajuda a ter em mente a metáfora do bolo. Se você gosta de bolo, agora já pode estar com fome — em especial se o bolo imaginado é muito gostoso. Desculpe por isso.

Digamos que nossa história descreva uma necessidade de um bolo muito maior, como o bolo de casamento supergigante que servirá centenas de pessoas. Nesse caso, não são mais apenas xícaras de farinha e açúcar, são *sacos* de farinha e açúcar. A maioria das pessoas divide o software assim. Em vez de apenas uma pequena IU, uma pequena lógica comercial e uma pequena interação do banco de dados, há muita coisa de cada. Mas lembre-se de que software não é bolo. Medir 1kg de farinha leva o mesmo tempo que medir duas xícaras. Mas criar a IU para vinte telas leva muito mais tempo do que para apenas duas. Portanto, se as equipes usam uma estrutura de divisão simples que parece lógica, a tentação é dividir o software em semanas de desenvolvimento de front-end, semanas de desenvolvimento da lógica comercial, e assim por diante. Quando usamos essa estratégia, leva muito mais tempo antes de podermos "provar *qualquer* bolo", por assim dizer. Então, não faça isso.

> *Não divida coisas grandes em planos grandes.*
> *Divida coisas grandes em coisas pequenas com*
> *planos pequenos.*

Agora, a metáfora realmente acaba aqui, mas fique comigo só mais um pouco. O modo como você lida com um grande bolo de software é dividi-lo em muitos *cupcakes* pequenos. Cada um pode ser entregue e cada um ainda tem uma receita parecida, com um pouco de açúcar, farinha, um ou dois ovos etc.

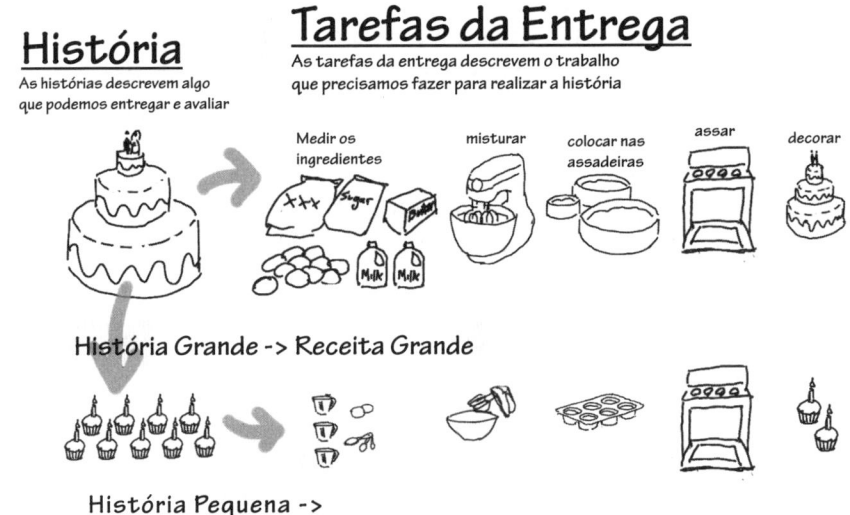

História
As histórias descrevem algo que podemos entregar e avaliar

Tarefas da Entrega
As tarefas da entrega descrevem o trabalho que precisamos fazer para realizar a história

Medir os ingredientes → misturar → colocar nas assadeiras → assar → decorar

História Grande -> Receita Grande

História Pequena ->
Receita parecida, apenas menos quantidade de cada coisa

Certo, agora um pouco de seriedade de novo. Software *não é* bolo. Ele pode ser enorme, ser caríssimo e terrivelmente arriscado. Quando escrevi este texto tinha acabado de ouvir outra história no noticiário da manhã sobre a falha no site do governo dos EUA para inscrever pessoas nos serviços de saúde. É fácil criticar depois que acontece. Mas também é fácil ver que ninguém provou o bolo antes de ele ser servido na metáfora do casamento

— pelo menos ninguém com paladar. E esse bolo meio assado acabou com a festa.

Se você trabalhou em um desenvolvimento de software tradicional por um tempo, provavelmente aprendeu a dividir um grande software em grandes planos. Eu aprendi. Parece contraditório dividir algo grande em partes menores que podem não lembrar o produto final que tentamos entregar. Você saberá que, quando combinar essas partes do software, terá que fazer uma grande reescrita e ajuste de cada parte para combiná-las. Mas lembre-se, você pensa assim por bons motivos. Um dos maiores é evitar os riscos envolvidos em não ver, usar ou "provar" o software tarde demais. Você divide as coisas grandes em partes pequenas que podem ser avaliadas para conseguir aprender mais cedo.

Se eu dividisse um bolo com o objetivo de prová-lo mais cedo ou ver logo a decoração, seria melhor assar pequenos cupcakes que me ajudem a aprender mais cedo. Assaria alguns com sabores diferentes para poder prová-los, escolheria o que eu gostasse mais, e estaria confiante de que fiz a escolha certa. Se eu estivesse preocupado com as cores e a decoração, desejaria ver os diferentes cupcakes decorados com estilos diferentes, e escolheria o que fosse melhor.

No software, os cupcakes são as partes do software funcional que permitem aos usuários avaliarem se podem realmente concluir uma tarefa do usuário. Podem ser as partes do software que ajudam a expor um risco técnico. Mas cada parte nos ajuda a aprender algo.

Mas uma pilha de cupcakes não é um bolo de casamento, ou é?[1]

---

1   Bolo de casamento de Mary (foto cortesia de Mary Treseler).

Software não é bolo. E cada parte do software que criamos *realmente* se combina com um produto funcional maior de um modo que o bolo não consegue.

Um dos mantras idiotas do meu amigo Luke Hohman é que você pode entregar "metade de um bolo assado, mas não um bolo meio assado". Metade de um bolo assado pode não ser suficiente para ser servido em uma festa de casamento, mas é suficiente para provar e deixar todos querendo o resto do bolo.

CAPÍTULO 11

Quebrando Pedras

A ideia original das histórias era muito simples — escrever algo em uma ficha, falar sobre isso, e acordar sobre o que criar. E então, concluir o ciclo criando e aprendendo com o que você construiu. É isso. Muito simples, certo? Se você participou de um desenvolvimento de software mesmo por pouco tempo, sabe que nada é tão simples. As histórias passam por uma longa jornada com muitas conversas envolvendo muitas pessoas para mover uma ideia para um produto, um recurso ou melhoria para seu produto, então colocar esse produto no mercado. A boa notícia é que você pode usar as histórias e a narrativa em todo o percurso. E garanto que contar com histórias e narrativas o *ajudará* no processo.

O Tamanho Sempre Importa

Terminei o último capítulo falando sobre o bolo de Sydnie e a ideia de dividir bolos grandes em pequenos. Mas o software é muito menos tangível e o tamanho não pode ser medido em polegadas, centímetros, onças ou gramas, como é possível com um bolo.

A ideia original era que um usuário ou uma pessoa que necessita de algo pudesse escrever o que precisava em uma ficha, então poderíamos conversar sobre isso. A pessoa que precisava não descobriu como expressar sua necessidade como algo que levaria pouco tempo para desenvolver. Foi *preciso* dimensionar.

> *Uma história com o tamanho certo da perspectiva de um usuário é uma que atende a uma necessidade.*

Na hora de escrever um software, há um grande benefício em escrever, testar e integrar o software em pequenas partes. Se posso ver e testar as pequenas partes mais cedo, posso medir a rapidez com a qual criamos e que qualidade temos. Se posso dividir algo grande em muitas partes menores, fica um pouco mais fácil para minha equipe pegar e criar as partes simultaneamente. Uma boa regra prática é dividir as histórias em algo que leve alguns dias para criar e testar.

> *Uma história com o tamanho certo da perspectiva de uma equipe de desenvolvimento é uma que leva apenas alguns dias para criar e testar.*

Mas da perspectiva do negócio, talvez faça mais sentido liberar o software para os clientes e os usuários em pacotes de vários recursos. Se você libera um novo produto inteiro, esse primeiro pacote pode ser muito grande. Esse é o pacote que chamei antes de *solução mínima viável* e está focado em atingir resultados específicos para um grupo-alvo de usuários. O ideal é que as empresas tentem liberar mais deles com maior frequência — para corresponderem mais ao tamanho da necessidade dos usuários ou a um resultado comercial menor e mais específico. Mas se você tem um grupo de clientes grande e diverso usando seu produto e não tem uma infraestrutura nem modelo comercial que dê suporte a um processo de liberação mais contínuo, então os lançamentos do seu negócio podem ser maiores.

> *Uma história com o tamanho certo da perspectiva do negócio é uma que ajuda a empresa a atingir um resultado comercial.*

Seria possível dizer que não existe um "tamanho certo" para as histórias, mas não é verdade. O tamanho certo é aquele que é relevante para a conversa que você está tendo.

Tamanho certo para o NEGÓCIO

Tamanho certo para USUÁRIOS e CLIENTES

Tamanho certo para o DESENVOLVIMENTO

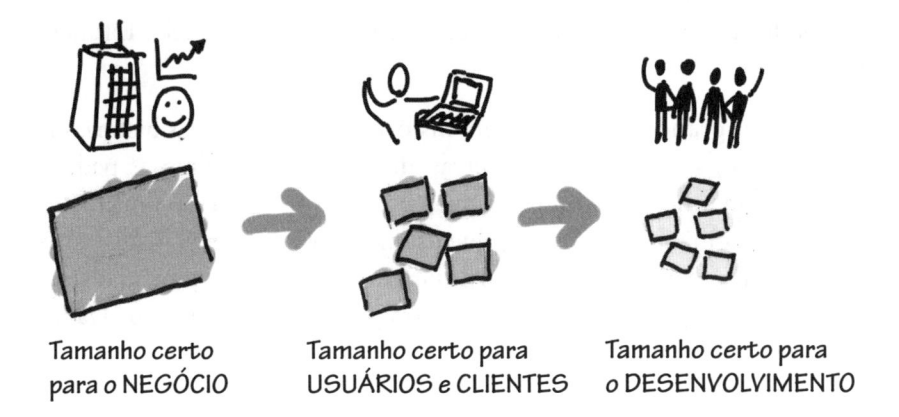

Essas histórias grandes têm muitas histórias menores, que por sua vez têm muitas outras histórias menores. Dependendo da pessoa com quem você conversa, você pode ter que "levar" sua conversa para um nível mais alto.

As Histórias São Como Pedras

Pense nas histórias como pedras. Se você pegasse uma pedra muito grande, a colocasse no chão e batesse nela com um martelo, quebrando-a em trinta partes, chamaríamos essas trinta partes de pedras. Se pegasse uma dessas pedras menores e batesse nela com um martelo, ela quebraria em partes menores. Chamaríamos essas partes menores de pedras também. Agora, podemos ser criativos sobre os nomes que damos a essas pedras, como *pedregulho* ou *seixo*. Mas nunca tenho certeza quando algo para de ser um pedregulho e começa a ser apenas a boa e velha pedra. Parece uma pedra até cair no seu pé. Então você sente que é um pedregulho.

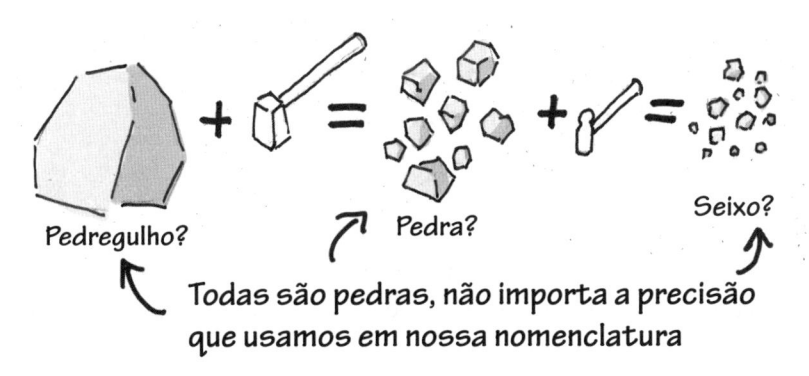

Pedregulho?   Pedra?   Seixo?

Todas são pedras, não importa a precisão que usamos em nossa nomenclatura

Minha ferramenta para quebrar pedras é um grande martelo. E funciona muito bem.

As histórias grandes se dividem em histórias menores e essas histórias menores podem ser divididas em outras ainda menores. Como as pedras. E em cada tamanho — não importa quão pequeno — ainda são uma história. Mas qual é a melhor ferramenta que usamos para dividir as histórias? Isso mesmo: é a conversa. Por vezes, só de pensar um pouco bastará, mas se você usa a conversa e a colaboração com outra pessoa, então está propagando a compreensão compartilhada.

As conversas são uma das melhores ferramentas para dividir as grandes histórias.

Agora, as pessoas que trabalham com software, e sou uma delas, não ficam à vontade com a falta de precisão aqui. Na maioria das organizações com as quais trabalhei, a linguagem surge para classificar as histórias por tamanho. Mas lá vem a questão sobre "pedregulhos versus seixos" novamente. A precisão no tamanho importa mais quando é você quem é atingido pela pedra, o que poderia explicar por que as pessoas que trabalham com software ficam enroladas ao classificarem suas histórias.

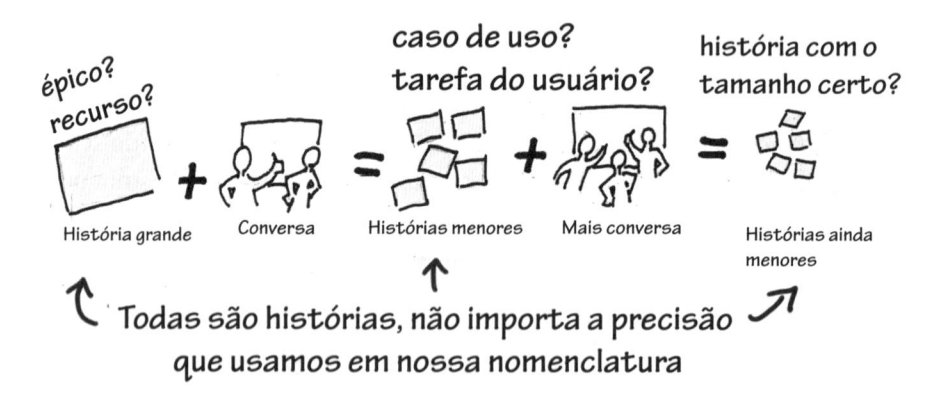

épico? recurso? + 👥 = *caso de uso? tarefa do usuário?* 🗂 + 👥 = *história com o tamanho certo?* 🗂

História grande — Conversa — Histórias menores — Mais conversa — Histórias ainda menores

↑ Todas são histórias, não importa a precisão que usamos em nossa nomenclatura

Se você cria uma linguagem em sua organização, não tente ser muito preciso. A oscilação sobre o que está em uma história e o tamanho que ela deve ter é intencional. Isso nos dá a flexibilidade necessária para usar essa ideia simples no ciclo de desenvolvimento.

Épicos São as Pedras Grandes às Vezes Usadas para Acertar as Pessoas

Épico é um termo (não tenho certeza sobre quem inventou) usado para descrever grandes histórias do usuário, como *pedregulho* é um bom termo para uma pedra grande. Para ser honesto, levei anos para me sentir à vontade fazendo referência a algo importante que criamos como *histórias*, mas agora entendo por que tem esse nome. Ainda tenho dificuldades com o termo *épico*. Ouço meu professor de Literatura descrevendo épico como uma história sobre um herói combatendo o mal, como Beowulf, Aquiles ou Frodo — normalmente com alguma arma mágica ou ajuda dos deuses. Mas estou desviando do assunto...

> *Épico é uma história que esperamos ser grande*
> *e sabemos que precisa ser dividida.*

Tudo bem ter um termo para uma história grande, mas cuidado. O termo *épico* por vezes é usado como uma arma. Muitas vezes vi um membro da equipe de desenvolvimento dizer para alguém que é empresário, gerente de produto, usuário ou quem quer que esteja pedindo algo, que sua história é um *épico*, não uma história. Em geral isso é dito em um tom que indica que o criador da história fez algo errado, fazendo a pessoa considerar seriamente socar o membro da equipe de desenvolvimento. Então, por favor, se você é um membro da equipe, não use o termo *épico* como um bastão para repreender outra pessoa. É um mau começo (e possivelmente um término prematuro) do que deveria ser uma conversa produtiva.

Épico? Provavelmente... → Épico? Talvez... → Não é épico

Tamanho certo para o NEGÓCIO

Tamanho certo para USUÁRIOS e CLIENTES

Tamanho certo para o DESENVOLVIMENTO

Lembre-se, épicos são histórias grandes que podem ter o tamanho certo da perspectiva do negócio, do cliente ou do usuário — não apenas da perspectiva do desenvolvimento. Trabalhem juntos para dividir. Mas mantenha o épico por perto para o caso de precisar falar sobre ele com as pessoas, e todas as histórias detalhadas nas quais ele se divide.

Se você está usando uma ferramenta eletrônica para dar suporte ao desenvolvimento Ágil, provavelmente ela usará o conceito de um épico como uma grande história-mãe que pode ser dividida em muitas histórias-filhas menores.

Os Temas Organizam os Grupos de Histórias

Use o termo *tema* para descrever um grupo de histórias úteis para reunir. Quando você começar a quebrar a pedra — dividindo as histórias grandes e organizando em produtos que as pessoas querem, podem usar e conseguem criar acabará com muitas histórias menores. Vejo o tema como um saco que posso usar para coletar uma pilha de histórias afins. Eu poderia usar um tema para coletar muitas histórias que são necessárias para o próximo lançamento, parte do mesmo recurso, relevantes para certo tipo de usuário ou relacionadas de algum outro modo. Mas minha metáfora é um pouco fragmentada, pois a mesma história pode estar em dois temas diferentes, mas a mesma pedra não pode estar em dois sacos diferentes.

Épico -> Histórias -> Temas

Três níveis de decomposição da história

Tema da atividade

Tema do recurso
(marcado com "*")
Note como os recursos se distribuem no mapa da história e nos lançamentos

Tema do lançamento

GRANDE IDEIA
Você pode chamar de Épico se quiser

CONVERSA
Usar a narrativa e um mapa da história ajudará a dividir

ORGANIZAÇÃO
Os mapas são ótimos para organizar os temas nos lançamentos, nas atividades do usuário ou outra coisa

Se você usa uma das ferramentas disponíveis que ajudam a organizar os grupos de histórias Ágeis, pode dar suporte ao conceito de juntar as histórias em um tema. Você pode simplesmente se referir ao tema pelo que ele realmente é: seu próximo lançamento, o recurso ou as histórias relevantes para certo tipo de usuário.

Esqueça os Termos e Foque a Narrativa

Os termos *épico* e *tema* encontraram seu caminho nas ferramentas de gerenciamento do ciclo de vida Ágil, em algumas abordagens específicas chamadas Ágeis e na linguagem comum usada para discutir as histórias. Por isso, você precisará conhecê-los e entendê-los.

Agora reserve esses termos; até esqueça que foram mencionados. Pelo menos por enquanto. Voltaremos e examinaremos o ciclo de vida inteiro da pedra quebrada. Nesse ciclo, começaremos com as grandes ideias, que você pode considerar como as pedras grandes, e as moveremos até as pequenas partes do software funcional. Então, remontaremos essas pequenas partes em recursos, produtos e lançamentos que os clientes e os usuários querem.

De longe, esse ciclo de quebra das pedras fica assim:

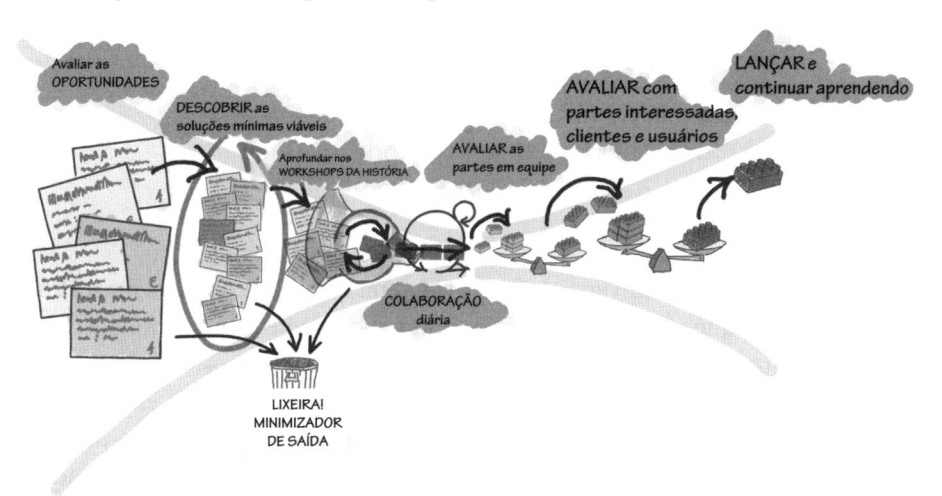

Agora vejamos os detalhes.

Comece com as Oportunidades

A jornada da história começa como uma ideia. Pode ser uma ideia para um novo recurso ou um produto totalmente novo. Pode ser uma alteração que gostaríamos para melhorar um recurso que já temos. Pode ser um problema que precisamos resolver. Mas usaremos o termo *oportunidade*, porque é uma oportunidade para fazer algo com o qual nos beneficiaremos. Sugiro nomear e criar uma lista dessas oportunidades. Chamo isso de *backlog da oportunidade*.

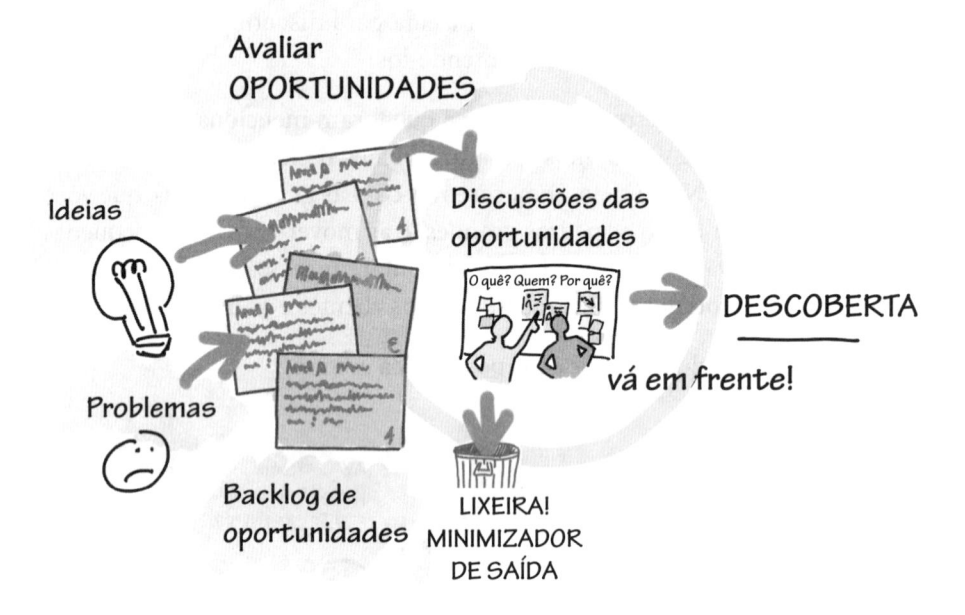

Nossa primeira boa conversa da história é uma discussão de nível mais alto com quem, o quê e por quê. E nosso grande objetivo é tomar uma decisão para seguir/não seguir. Seguir não significa que criaremos, mas que iremos em frente com discussões mais profundas para realmente entender a história. Mas não quero avançar perdendo muito tempo nisso, caso possamos detectar que é uma má ideia desde o começo. Não seguir é um modo educado de dizer "lixeira". Portanto, chamamos isso de decisão avançar/lixeira. Lembre-se, sempre há muita coisa para criar e encerrar uma oportunidade medíocre antes de perder tempo demais de todos deve ser motivo de comemoração.

Use as discussões das oportunidades para decidir se o problema vale a pena ser resolvido, tomando uma decisão para avançar ou ir para a lixeira.

Descubra uma Solução Mínima Viável

Agora que você escolheu ir em frente, é hora de se profundar mais. Use a descoberta para encontrar uma solução que valha a pena criar. E não se esqueça de realmente minimizar essa solução. Procure torná-la tão pequena e valiosa quanto possível.

Durante a descoberta, realmente nos aprofundaremos em:
- Quem são os clientes e os usuários que você acredita que usarão sua solução
- Como eles atendem suas necessidades hoje sem sua solução
- Como o mundo mudaria para eles com sua solução
- Como é sua solução
- Quanto tempo leva para criar sua solução

Existem inúmeras práticas que podem ser úteis durante a descoberta, sobretudo o mapeamento da história. O mapeamento pode ajudar a entender como as pessoas trabalham hoje, e então mapear suas ideias sobre como as coisas mudarão para elas após sua solução ser criada.

A descoberta é onde é fundamental olhar atentamente para nossas suposições e trabalhar para validá-las. Isso pode ter a forma de uma análise mais profunda para entender as regras comerciais ou as regulações externas. Deve ter a forma de passar um tempo direto com clientes e usuários para entender como eles trabalham. Deve envolver criar protótipos da sua solução e validá-los com seu público-alvo. E deve incluir criar protótipos técnicos para buscar os riscos técnicos.

> *Use as conversas de descoberta e a exploração*
> *para encontrar uma solução pequena e viável.*

Comemore cada parte da solução que você pode descartar com segurança ou voltar para um backlog da oportunidade para lidar em outro ponto. Nossas oportunidades podem ter sido pedras grandes. Mas dentro dessas pedras havia diamantes e metais preciosos. Divida essas pedras e separe as partes realmente valiosas da coisa que é apenas pedra. E comemore o descarte disso.

Por meio da descoberta, você pode escolher criar pequenas coisas que ajudam a aprender — especificamente a IU e os protótipos da arquitetura.

Spike (usar o programa mais simples possível para explorar soluções potenciais) é o termo usado para as partes do desenvolvimento ou da pesquisa que fazemos com o objetivo explícito de aprender. É um termo que veio da comunidade de Programação Extrema para descrever o trabalho que não produz o software que escolhemos enviar. Use histórias para descrever os spikes que fazem sua equipe criar algo para aprender.

Após ter confiança de que obteve um pequeno subconjunto de histórias que você deve criar e lançar para clientes e usuários, então é hora de seguir para a entrega. O subconjunto de histórias que leva a uma versão do produto valiosa é o que me refiro como *backlog da versão*.

Entre nos Detalhes de Cada História durante a Entrega

Nossas oportunidades podem ter começado como pedras grandes. As conversas da descoberta dividiram e separaram a pedra dos metais preciosos. Mas a entrega será mais rápida e eficiente se continuarmos quebrando essas partes nas menores partes possíveis, lembrando de que toda parte ainda precisa ser algo que podemos criar e aprender. Serão necessárias muito mais conversas que entram em muito mais detalhes para fazer isso.

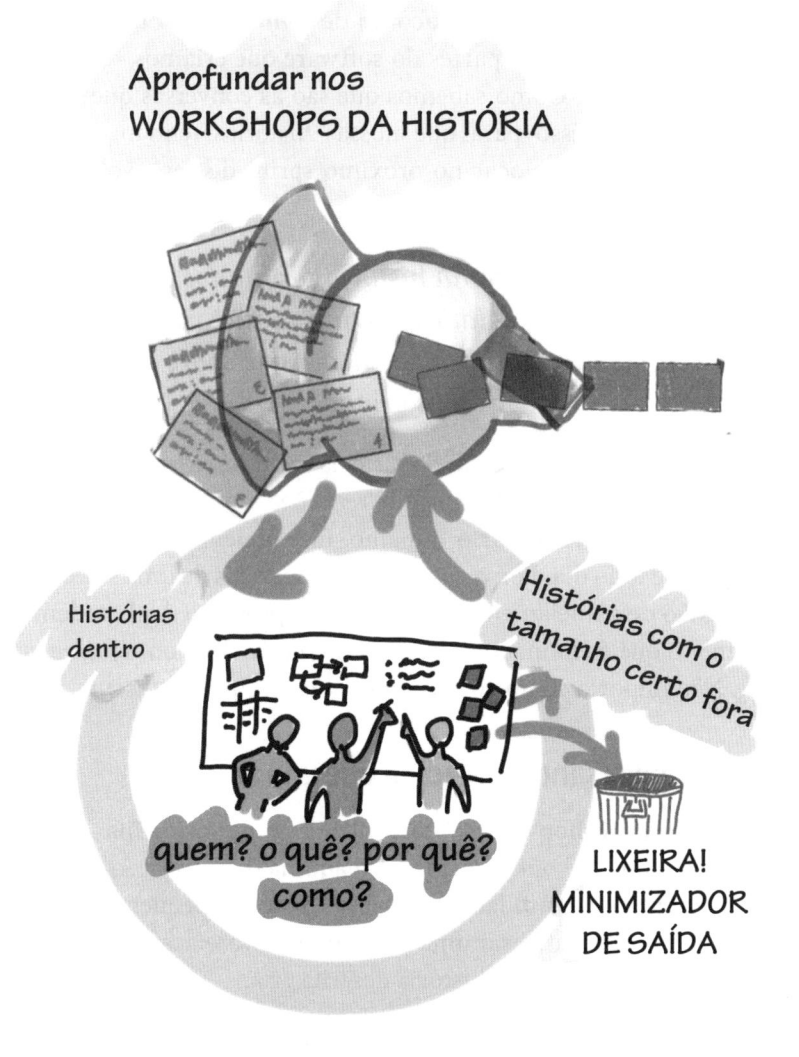

Aprofundar nos
WORKSHOPS DA HISTÓRIA

Histórias dentro

Histórias com o tamanho certo fora

quem? o quê? por quê? como?

LIXEIRA!
MINIMIZADOR DE SAÍDA

Imagino uma máquina legal para quebrar pedras: de um lado coloco pedras grandes e brutas contendo todos os metais preciosos, então do outro saem pedras pequenas do tamanho certo, prontas para entrarem no próximo ciclo de desenvolvimento. Identificarei essa máquina como *máquina do workshop da história* e seu nome descreve exatamente o que faremos.

Usaremos as discussões profundas com desenvolvedores, verificadores e outras pessoas na equipe que criarão o software, para realmente detalhar. São nossas "melhores conversas finais", as conversas das quais realmente precisamos para chegar a um acordo de *confirmação* ou do critério de aceitação para as pequenas partes do software que criamos — pois a próxima etapa é criá-las. Como sabemos que são as conversas que dividem o software, usaremos isso para que nossas histórias tenham o tamanho e formato certos para colocar no próximo sprint de desenvolvimento ou iteração.

> *Use workshops da história profundos para discutir os detalhes, dividir as histórias e realmente acordar especificamente sobre o que será criado.*

Gosto de chamar essas conversas da história melhores e finais de *workshops da história* porque todos sabemos que reuniões são improdutivas, mas os workshops são para terminar o trabalho. Eles podem ocorrer quando necessário, quase todo dia. Por vezes, acontecerão todos de uma só vez durante uma sessão de planejamento. No Scrum do processo Ágil, podem ocorrer durante o que é chamado de *preparação do backlog* ou *refinamento do backlog*. Não importa como você chame essas discussões, discuta.

Continue Conversando à Medida que Cria

A máquina do workshop da história alimenta a próxima da fila — a máquina de entrega Ágil. E é onde imagino a máquina de entrega Ágil realmente entrando em ação. De um lado colocamos histórias pequenas com tamanhos regulares e do outro sai uma parte do software acabada e funcional — ou qualquer coisa que sua história descrita cria.

Não importa o quanto você tente, até suas melhores últimas conversas da história não terão previsto tudo que você descobrirá assim que começar a criar. Planeje ter muitas conversas da história frequentes e específicas todo dia. Faça com que sejam necessárias em suas reuniões de pé diárias.

COLABORAÇÃO diária

Se você é desenvolvedor e os detalhes capturados nas discussões das histórias não são suficientes para responder às perguntas que você tem agora, busque alguém para conversar e continuar sua discussão. Não é possível culpar os requisitos ruins aqui. Lembre-se de que antes de começar, você trabalhou com outras pessoas para identificar tudo que vocês precisariam saber para criar. Mas somos humanos. Tudo bem deixar passar algumas coisas.

Se você é proprietário do produto, designer UX, analista de negócios ou uma das outras pessoas que ajudaram a decidir o que criar, não tenha medo de sair de sua mesa e ver como o desenvolvimento está acontecendo. Garanto que assim que observar as coisas funcionando, você verá algo útil. E muito provavelmente, a pessoa que o faz funcionar poderia dar um pequeno feedback.

> *Use as conversas à medida que você cria para preencher os detalhes e dar feedback sobre o que está sendo criado.*

Avalie Cada Parte

Quando os pedacinhos acabados do software funcional saem da máquina de entrega Ágil, é hora das pessoas que ajudaram descreverem o que criar e as pessoas que criaram fazerem uma pausa para ver com atenção o que foi criado.

Lembre-se, não são máquinas reais. Você e as pessoas com quem trabalha não são engrenagens em uma máquina. E todas as peças que você acabou de produzir não são exatamente o mesmo widget. Todas são diferentes.

AVALIAR as peças como uma equipe

- Qualidade do produto: UX? Funcional? Técnico?
- Plano: Feito? Velocidade?
- Processo: Funciona? Não funciona? Alterar?

Histórias para melhorar ou alterar o produto

Histórias com trabalho por fazer

Pare e veja com atenção a qualidade da solução criada. Reflita sobre a eficiência do plano. Você realmente terminou o que esperava? Levou mais tempo? Menos tempo? Ou foi o que imaginou? Realmente converse sobre se a "máquina" funciona bem. É hora de fazer ajustes ou alterações na maneira como vocês trabalham para ter algo de melhor qualidade e com mais previsibilidade.

> *Reflita sempre sobre a qualidade do produto,*
> *seus planos e a maneira como trabalha.*

Essa primeira avaliação no Scrum se chama *revisão e retrospectiva do sprint*. Não importa o nome desses momentos de parar, revisar e refletir, faça isso.

Avalie com Usuário e Clientes

Lembre-se de que o que você cria não é para você — pelo menos não costuma ser. Você precisará levar para usuários e clientes, e ver como eles se sentem. Para algumas dessas pessoas, tudo que terão visto é um protótipo, uma estrutura ou uma descrição textual. Ver e tocar algo funcionando realmente permite avaliar se a pessoa tem ou não a coisa certa.

Mas cada uma das pequenas partes que saíram da máquina de entrega Ágil pode não ser suficiente para a pessoa dizer algo. Em meu modelo mental, imagino cada parte empilhada em uma balança. É uma daquelas velhas balanças com contrapeso no outro lado. Em meu contrapeso está a palavra *Suficiente*; ou seja, o bastante para testar com usuários e clientes, e para aprendermos algo.

AVALIAR
com usuários e clientes

usuários e clientes usando o software para atingir uma meta

a equipe observa, aprende e escreve histórias para melhorar a solução

Geralmente, *suficiente* significa uma tela inteira ou um fluxo de telas, que permite aos usuários concluírem uma tarefa ou atingirem uma meta significativa. E não quero fazer uma apresentação nem contar para os usuários. Não quero chegar para eles e dizer "Isso é ótimo". Quero aprender — e aprender normalmente tem a forma de "Isso não está muito certo" e "Agora que usei de fato, seria melhor se…".

> *Aprenda testando as partes significativas do software funcional com clientes e usuários.*

Avalie com as Partes Interessadas

Provavelmente há outras pessoas na organização que têm um interesse pessoal no software sendo criado. Podem não ser as pessoas que o usarão todo dia, mas estão preocupadas se o software será entregue assim que possível — ou pelo menos quando você disse que seria.

AVALIAR
com as partes interessadas

1. O que criamos até agora

2. O que aprendemos
problemas . perguntas . ideias

3. O que acreditamos ser suficiente para liberar

Use uma revisão para mostrar o produto até o momento. Use a revisão para falar sobre onde vocês estão em relação ao plano maior. Lembre-se: provavelmente eles não estão interessados se você atende ao plano para o monte de partes pequenas e isoladas criadas. O interesse deles é o andamento na solução mínima viável, pois é essa menor parte que podemos liberar e realmente obter algum valor do mundo externo. Então fale disso. Compartilhe os resultados dos testes feitos com usuários ou clientes. Eles estarão interessados em aprender isso também.

Mantenha visíveis seu progresso e a qualidade para as partes interessadas dentro da organização.

Libere e Continue Avaliando

Imagine uma última balança no final disso tudo. Nela, empilho as partes que revisamos juntos, testamos com clientes e usuários, e tornamos visíveis para as partes interessadas na minha empresa. Por coincidência, a balança é muito parecida com a que usamos algumas etapas atrás — avaliar com usuários e clientes. Nessa outra balança, no contrapeso está escrito

Suficiente, mas desta vez significa o bastante para liberar para clientes e usuários produzirem o resultado que estou buscando. Quando a balança equilibrar, libere para clientes e usuários.

AVALIAR após liberar

Dados
+
Observação
↓
Insight
↓
Oportunidades

Mas não pare por aí. Você ainda tem algo para aprender. Se você for como Eric, no Capítulo 3, aprender é seu principal objetivo, portanto precisará usar métricas para descobrir se e como as pessoas usam seu produto. Precisará usar conversas diretas para aprender por que elas usam ou não. Se previu que as pessoas usariam seu produto, que elas e a empresa se beneficiariam com isso, não suponha apenas. Use métricas e conversas para realmente descobrir o que está acontecendo.

Use métricas e conversas diretas com usuários para realmente descobrir se seus resultados desejados foram atendidos.

Se fosse um projeto, você teria terminado — porque o enviou. Mas você apenas criou algo. É um produto. E a vida útil de um produto *inicia* quando ele é entregue. Quando você começar a prestar atenção no que as pessoas fazem com o produto, garanto que encontrará oportunidades para melhorá-lo. Anote isso e realmente no começo do modelo.

Esse é o ciclo de vida *real* — ou, pelo menos, a vida de uma história.

E há muita pedra para quebrar. Então, exatamente, quem deve fazer todo o trabalho de quebrar a pedra? Fico feliz por você ter perguntado, porque o próximo capítulo é sobre isso.

CAPÍTULO 12
Triturador de Pedras

Existe uma suposição desagradável na prática Ágil comum: a de que há um único responsável por escrever as histórias e realizar conversas sobre todas elas. No Scrum do processo Ágil, essa pessoa se chama proprietário do produto. Mas existem dois grandes motivos para essa lógica não funcionar, e provavelmente muitos motivos menores também.

Grande motivo 1
Existem conversas demais para mover uma história em sua jornada de uma ideia vaga até as coisas pequenas e específicas a criar. Uma pessoa não é suficiente para cobrir todas essas conversas. E se você prepara seu processo para que uma pessoa exista, verá rápido que ela pode ser um gargalo, e provavelmente se tornará um.

Grande motivo 2
Uma pessoa não consegue entrar na conversa com os pontos de vista especializados e diversos necessários para chegar a uma melhor solução. Requer colaboração de pessoas com diferentes habilidades para realmente chegar a soluções melhores.

> *Exigir que um único proprietário do produto escreva todas as histórias e esteja presente em todas as conversas da história não funciona.*

Não me entenda mal aqui. Na minha visão de bom desenvolvimento de produto, o proprietário do produto é um líder crítico. Ele mantém o produto e a equipe inteira focados, movendo-se na mesma direção.

A alternativa é o design por comitê — um antipadrão muito ruim, em que a palavra de todos tem o mesmo peso no que fazemos. Em um comitê, quando só temos tempo e recursos para fazer uma coisa, fazemos concessões. Minha ex-esposa e eu muitas vezes fazíamos isso ao escolher um restaurante. Ela queria frutos do mar e eu, comida mexicana, assim resolvíamos por alguma coisa que nenhum de nós gostava. Quando um comitê não está limitado por tempo e recursos, todos nós fazemos tudo. Você já usou produtos de software como este: o produto com mais recursos que qualquer pessoa poderia ter, cujo maior problema é encontrar o recurso ou lembrar como usá-lo.

Os proprietários de produto eficientes se cercam de pessoas de que precisam para tomar boas decisões. Eles incorporam a expertise e as opiniões de muitos. Mas, no final, quando os recursos são limitados ou o sucesso do produto está em jogo, eles devem tomar as decisões. E sempre há alguém que ficará descontente com a decisão. Minha amiga Leisa Reichelt diz assim: "O design por comunidade não é um design por comitê... o design nunca é democrático."[1]

Valioso-Útil-Viável

Em seu livro *Inspirado: Como criar produtos de tecnologia que os clientes amam* (Editora Alta Books), Marty Cagan descreve a responsabilidade de um gerente de produto em identificar um produto que é valioso, útil e viável. Quando li pela primeira vez essas palavras, imaginei um diagrama de Venn simples, com a solução que queremos sendo uma interseção do que é valioso para nossa empresa e clientes, útil para seus usuários e viável para criar, de acordo com o tempo e as ferramentas que temos.

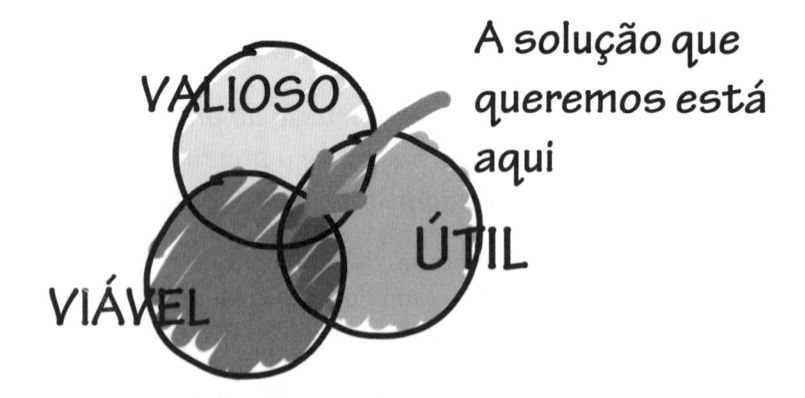

---

[1] Leisa Reichelt incluiu esse comentário precioso na IXDA talk de 2009. Veja seu último artigo em http://www.disambiguity.com/designbycommunity/ (conteúdo em inglês).

Mas o que pode não estar muito óbvio aqui é que realmente identificar a solução no centro desse ponto ideal requer colaboração entre as pessoas que entendem o negócio, os clientes, os usuários e a tecnologia que usamos — e não apenas entender essas coisas, mas assumir a responsabilidade pelo sucesso da solução. Essas pessoas realmente falam com as partes interessadas, os clientes e os usuários; elas realmente projetam e testam as IUs; de fato projetam e testam o código que faz o produto funcionar.

Lembra do equívoco no desenvolvimento Ágil em que um único proprietário ou gerente do produto decide o que criar? É raro, se não impossível, que uma única pessoa tenha o negócio, o design da IU e as habilidades de engenharia necessárias para encontrar esse ponto ideal valioso, útil e viável. É por isso que as organizações mais eficientes usam equipes de descoberta pequenas e multifuncionais que trabalham juntas para encontrar a solução certa. Como vimos no capítulo anterior, considere a descoberta como um trabalho de quebrar pedras. É o trabalho que fazemos para mover uma história de uma grande ideia vaga para algo pequeno e específico que podemos criar.

Uma equipe pequena e multifuncional liderada por um proprietário do produto orquestra o trabalho de descoberta do produto.

O tamanho ideal da equipe é de duas a quatro pessoas — do tamanho de uma conversa no jantar para que os membros possam ter rápido uma compreensão compartilhada.

Essa equipe deve ser liderada por um proprietário ou um gerente do produto com profundo conhecimento da visão e da estratégia do negócio, e do mercado que o produto atende. Essa equipe principal inclui alguém que entende os usuários, fica à vontade trabalhando com eles para aprender sobre o funcionamento dessas pessoas, e pode esboçar e criar protótipos da IU simples. Também inclui um engenheiro sênior da equipe que criará o produto. Essa pessoa precisa entender a arquitetura atual do sistema e ter informação para abordagens de engenharia mais novas que poderiam ser usadas para resolver problemas complicados. O grande segredo aqui é que as soluções mais inovadoras muitas vezes vêm do engenheiro com informações sobre o problema do negócio e os problemas dos usuários.

Equipe de Descoberta do Produto

Proprietário do Produto
* Líder de grande colaboração

Designer da Experiência do Usuário

Engenheiro Sênior

Uma equipe de descoberta coesa é um grupo de especialistas poderoso e veloz que pode encontrar problemas e validar soluções com rapidez. Muitas vezes ouço o termo *tríade* usado para descrever essa equipe principal. Em uma recente visita a Atlassian, em Sydney, Sherif, que você conheceu no Capítulo 8, apontou para três assentos próximos. Ele explicou "É onde a tríade se senta." A área em torno da tríade foi preenchida com mesas e computadores, onde se sentou o resto da equipe. Ouço o termo *tríade* usado quando há duas pessoas, quatro ou mesmo mais na equipe de descoberta, uma vez que são as três preocupações — valioso, útil e viável — sobre as quais falamos, não três corpos.

> *Dê suporte aos proprietários do produto com uma equipe principal que inclua a experiência do usuário, a expertise do design e a expertise técnica.*

Uma Equipe de Descoberta Precisa de Muitos Pessoas para Ter Sucesso

Uma descoberta eficiente coordena a colaboração não apenas com a equipe de desenvolvimento, mas também com os acionistas da empresa, os especialistas, os clientes e os usuários finais. É um trabalho difícil que requer uma excelente comunicação e habilidades de facilitação, além de uma expertise específica de cada membro da equipe.

As equipes de descoberta são o centro da colaboração

- Especialistas
- Clientes e Usuários
- Equipe de Descoberta
- partes interessadas do negócio
- Equipe de Entrega

Agora, o grande segredo. Para um produto significativo, é preciso uma equipe para construí-lo. Para manter clara a visão do produto, assegurar que a solução que a equipe cria seja coesa e ajudar a manter todos movendo-se na mesma direção, um bom líder do produto é essencial. Os melhores líderes têm o foco em ajudar todos a assumirem a propriedade. Em um ambiente saudável orientado a histórias, você verá muitas conversas da história acontecendo o tempo todo. E muitas não precisarão do líder do produto.

Três Amigos

Três Amigos! é o nome de uma comédia de faroeste medíocre de 1986 estrelando Steve Martin, Chevy Chase e Martin Short. Qual a relação desse filme com o desenvolvimento de software Ágil e as histórias? Há uma tríade de colaboradores mais tática que é valiosa durante os workshops da história. E não estou certo quem lhe deu originalmente o nome "três amigos", mas parece que pegou[2] (tenho certeza de que se mais pessoas tivessem visto o filme, não teria pegado).

Talvez você se lembre que *workshops da história* é o termo que dei à melhor conversa final quando decidimos especificamente o que criar. É aqui que entram os três amigos.

Durante essa melhor conversa final, realmente precisamos considerar muitos detalhes e alternativas para a implementação, portanto precisaremos de um desenvolvedor da equipe que criará o software — o ideal é que seja um dos desenvolvedores que realmente trabalharão nele.

Para essa pequena parte do software ser considerada finalizada, ela precisará ser testada, então precisaremos de um verificador na conversa. Um verificador — o *primeiro* amigo — muitas vezes trará um olhar crítico para a discussão, apontando coisas que podem dar errado mais cedo do que a maioria. Em geral, o verificador é melhor fazendo o jogo "E Se".

E, claro, precisaremos de alguém que entenda o que estamos criando, para quem é e por que criamos, então precisaremos de um membro dessa equipe de descoberta do produto principal. Essa pessoa é o *segundo* amigo.

Nesse estágio, costumamos não introduzir uma nova ideia de recurso. Provavelmente já fizemos isso na descoberta. Agora estamos mais ou menos comprometidos em criar algo, portanto é importante entender especificamente como é esse software. Com frequência a pessoa envolvida nessa conversa é um designer UX ou um analista de negócio que trabalhou nesses detalhes. Esse é o *terceiro* amigo.

---

[2] Este artigo no site da Scrum Alliance de Ryan Thomas Hewitt explica um workshop da história no estilo três amigos: http://bit.ly/Utg8er (conteúdo em inglês).

Workshop com os "Três Amigos"

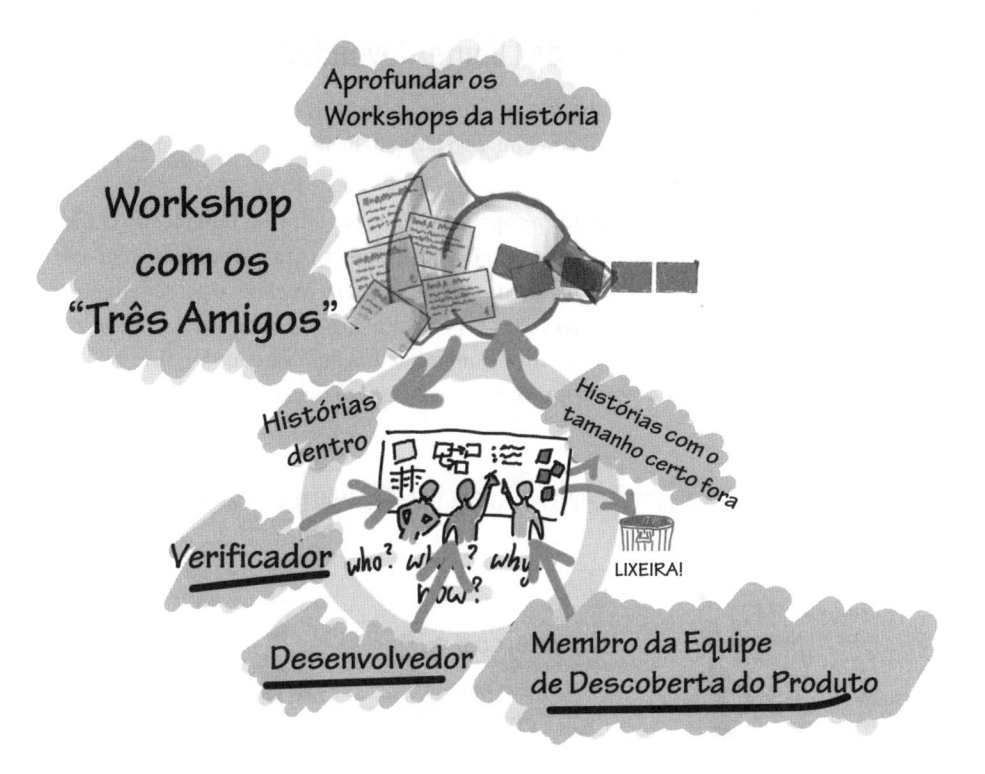

- Aprofundar os Workshops da História
- Histórias dentro
- Histórias com o tamanho certo fora
- LIXEIRA!
- Verificador: who? what? why? how?
- Desenvolvedor
- Membro da Equipe de Descoberta do Produto

Esse grupo examinará os detalhes e chegará a um acordo quanto aos critérios de aceitação específicos para a história. Nessa conversa não falaremos sobre a melhor estimativa do tempo que levará para criar e testar o software. Muitas vezes é nessa conversa que tomaremos decisões para dividir a história em histórias de desenvolvimento melhores, com o "tamanho certo" — aquelas histórias que levam de um a três dias para criar e testar.

As conversas da história acontecem continuamente conforme movemos as ideias através do desenvolvimento do software. Em toda conversa, mantenha o que é valioso, útil e viável na discussão. Inclua pessoas que possam atestar essas coisas. Evite o design por comitê mantendo um proprietário do produto responsável por um produto coeso e bem-sucedido.

Antipadrão do Cliente/Revendedor

Há um padrão desagradável que atrapalha o bom uso das histórias. Na verdade, ele atrapalha o modo como as pessoas trabalham juntas ao fazerem bem *qualquer coisa*. É o temido antipadrão do cliente/revendedor.

Nele, uma pessoa na conversa assume o papel do cliente e a outra é o revendedor. O trabalho do cliente é saber o que ele deseja e explicar os detalhes para o revendedor. É o que chamamos de "requisitos". O trabalho do revendedor é ouvir, entender e pensar em uma abordagem técnica para entregar o que o cliente pediu. Então o revendedor dá sua estimativa — que no linguajar do software significa "comprometimento", e é o motivo pelo qual os desenvolvedores geralmente temem fornecer estimativas sem uma investigação completa.

Antipadrão do Cliente/Revendedor

CLIENTE
- Entendi o que você pediu, mas não o que preciso...
- Gostaria que alguém pudesse ajudar a resolver os problemas...

REVENDEDOR
- Tudo que tenho são requisitos...
- Gostaria de poder fazer coisas que ajudem as pessoas...

Fluxo: Requisitos → / ← Estimativa Comprometimento / Pedido → / ← Entrega / Aceitação →

O resto da história é lamentavelmente previsível.

Por vezes, a estimativa é extremamente precisa e o cliente consegue o que queria, e o que queria realmente acaba sendo o que ele precisa.

Mas na maioria das vezes, criar uma solução leva mais tempo que o previsto pelo revendedor. A pessoa no papel de revendedor pode dar muitas desculpas para o atraso, inclusive a falta de detalhes nos requisitos recebidos ou apenas dizer que são "requisitos ruins". O cliente pode culpar a estimativa imprecisa — que ninguém parece notar ser um paradoxo. Quando a solução é entregue e a pessoa no papel do cliente recebe o que pediu, tem então uma oportunidade de usar e percebe que não é o que ela precisa. Ela não recebeu o resultado que havia imaginado.

A verdadeira tragédia aqui é que a pessoa na função de cliente entende seu problema melhor do que é capaz de prever o que irá resolvê-lo. E a pessoa que entende a tecnologia muitas vezes é mais qualificada para resolver o problema porque ela sabe como a tecnologia com a qual trabalha pode ajudar. E mais, grande parte dos técnicos sinceramente deseja ajudar. Eles querem saber que as coisas que estão criando terão um bom uso.

Mas no antipadrão do cliente/revendedor, as conversas sobre problemas e soluções são substituídas por discussões e acordos sobre requisitos. Ninguém sai ganhando.

Um dos objetivos das histórias é quebrar esse antipadrão.

Um tipo de relação que muitos de nós temos e que quebra esse antipadrão quando dá certo é aquela que temos com nosso médico. Tente aparecer no consultório e passar para o médico seus "requisitos". Diga a ele as prescrições que gostaria de ter e as operações que gostaria de marcar. Se ele for bom, irá sorrir e dizer:

— Que interessante; diga onde dói.

Na minha cabeça, imagino um ciclo, no qual de um lado está a palavra *garçom* e do outro, *médico*. Tente tornar suas relações de trabalho mais parecidas com uma relação entre médico/paciente, e muito menos com garçom/jantar.

Proprietário do Produto como Produtor

Se você trabalha em um ambiente de TI mais tradicional, a noção de proprietário do produto pode parecer confusa. Por exemplo, se você ajuda a criar sistemas críticos para um banco, o banco sabe que seus verdadeiros produtos são os serviços bancários que ele vende para os clientes. Se existe uma pessoa com o título oficial de "gerente do produto", é trabalho dela cuidar de um tipo específico de conta bancária ou produto de crédito. Os sistemas de computador que dão suporte à oferta de serviço são apenas uma peça do quebra-cabeças. E muitas vezes a mesma infraestrutura de TI dá suporte a muitos produtos bancários diferentes. É compreensível que o banco não veja essa infraestrutura como um produto e, em geral, não é propriedade de uma pessoa.

Nesses tipos de organização, os analistas de negócio (em inglês, BAs) costumam ser colocados no papel de "coleta dos requisitos". Eles agirão como um intermediário entre os desenvolvedores e as partes interessadas da empresa, como o gerente de produto de um banco ou seguro. Quando esses executivos precisarem de mudanças na infraestrutura de TI que dá suporte ao seu produto, eles trabalharão com os analistas para descrever essas mudanças. É aqui que eles podem assumir o papel do cliente quando o analista está no papel de revendedor, e é onde começa o antipadrão.

Em uma conversa informal, meu amigo David Hussman me deu uma metáfora melhor para o relacionamento que o analista de negócio deve ter com suas partes interessadas do negócio — o mesmo relacionamento que um produtor musical tem com uma banda. Isso faz sentido vindo de David, que é um guru Ágil e ex-guitarrista da banda de heavy metal Slave Raider, dos anos 1980. Ele trabalhou com produtores e foi produtor. Nesse relacionamento, a banda chega no meio musical com paixão e, espera-se, algum talento, mas ela não conhece o meio nem a mecânica de gravar um álbum. O produtor sim. É trabalho do produtor ajudar a banda a fazer a melhor gravação possível. Os produtores bem-sucedidos podem transformar um talento bruto em um artista lapidado e comercialmente viável.

Como analista de negócio em um contexto de TI, esse é o seu trabalho. Pegue a visão das partes interessadas do negócio e ajude-as a ter sucesso. Você não pode simplesmente ser a pessoa que anota o pedido — é preciso se comportar mais como um médico. E às vezes isso significa dizer para as partes interessadas coisas que elas não querem ouvir. Mas se for sincero ao ajudá-las a ter sucesso, elas verão isso e valorizarão sua ajuda.

> *Ao agir como proprietário do produto para as ideias de outras partes interessadas, assuma o papel de produtor que os ajuda a ter sucesso.*

Um possível antipadrão é fazer a parte interessada do negócio assumir o papel de proprietário do produto. Digo *possível* porque pode funcionar se o executivo tem muita ajuda e apoio dos outros membros da equipe, uma inspiração para aprender como fazer o trabalho de um proprietário do produto e o tempo que levará para tanto. A propriedade do produto não é uma responsabilidade simples e não deve ser tratada como algo que seria feito em seu tempo livre. Em vez de forçar que os executivos tenham outro trabalho, eu recomendaria encontrar um produtor para ajudá-los a ter sucesso.

Isso É Complicado

Para uma ideia que em sua essência é simples, a história inteira ficou muito confusa. Se alguém lhe dissesse que o desenvolvimento de software — ou *qualquer* desenvolvimento de produto — era fácil, estaria mentindo.

As histórias são muitas coisas ao mesmo tempo. Usaremos essa palavra para nos referir à ficha, à parte do software que criamos e sobretudo às conversas que temos para tomar decisões sobre o que devemos criar. As histórias podem descrever grandes oportunidades ou partes entregues quase insignificantes que por si só não são necessariamente significativas para os clientes e os usuários. Trabalhar com histórias é um processo contínuo de conversa e discussão para dividi-las em coisas menores. E com todas essas conversas, mantemos em foco não apenas o que poderíamos criar, mas para quem e por quê. O mapeamento da história é apenas um dos modos para nos ajudar a dividir coisas grandes mantendo o foco da conversa nas pessoas que usam seu produto e no que as torna bem-sucedidas.

Se tudo isso está começando a fazer sentido, então você fez uma mudança mental grande e necessária. Não é uma mudança de usar histórias para os requisitos do documento, mas uma mudança para trabalhar com pessoas de modo mais eficiente e juntas focar a resolução dos problemas reais com os produtos criados.

E isso — espero que você concorde — é lindo.

CAPÍTULO 13
Comece com as Oportunidades

Gostaria de destacar mais uma vez como as histórias lembram pedras. E como uma pedra, quando você a divide em partes menores, pode chamar essas partes também de "pedras" — só que pedras menores. Mas sempre há uma primeira pedra. Aquela que precisamos ver de perto para decidir se vale a pena dividir ou não. Chamamos isso de "pedra zero". E em nosso fluxo de histórias, chamaremos de oportunidade.

Uso a *oportunidade* para as ideias que acreditamos que solucionarão um problema. Eu não sou apenas um cara que vê o copo meio cheio. Só que é uma má ideia considerar toda ideia como algo que precisamos incluir no produto, pois você sabe que não há tempo nem pessoas suficientes para criar tudo. E mesmo que você tivesse tempo e pessoas, os clientes ficariam sobrecarregados.

Tenha Conversas sobre as Oportunidades

Quando propomos ideias, elas muitas vezes são bem grandes — mas nem sempre. No linguajar da história, poderíamos chamar isso de *épicos*, mas prefiro chamar de *oportunidades*. Não importa o nome, ainda são histórias e o objetivo das primeiras conversas que temos é decidir se avançamos com elas ou descartamos. Para cada oportunidade, podemos discutir sobre:

Para quem são
>Nesse nível, muitas vezes grupos diferentes de usuários, clientes ou mercado-alvo.

Quais problemas estamos resolvendo
>Para cada tipo de usuário, podemos falar sobre quais problemas estamos resolvendo para eles. Precisaremos falar sobre como eles resolvem seus problemas hoje usando ferramentas manuais, os produtos dos nossos concorrentes ou, pior, nosso produto que lhes causa problemas hoje.

O que estamos imaginando
> Talvez tenhamos ideias sobre como deveria ser o produto ou o recurso. Devemos discutir sobre elas.

Por que
> É um bom momento para discutir por que é um benefício para a organização criar um software para esses usuários. Em geral, resolver os problemas dos usuários não é suficiente. Também precisamos considerar o retorno final no investimento do software e se esse investimento se alinha com nossa estratégia atual do negócio. Não estou dizendo que precisamos calcular o ROI (retorno sobre o investimento), porque qualquer pessoa que pode fazer isso nesse estágio provavelmente está cheia de coisas além de apenas histórias. Basta discutir em termos gerais como imaginamos que beneficiará nossa organização se criado.

Tamanho
> Nesse nível, mesmo quando são grandes, podemos começar a fazer uma estimativa corajosa do tempo de desenvolvimento, embora não seja muito precisa. Funciona melhor ver a oportunidade e compará-la com algo que você já fez: "Parece que será como o outro recurso que colocamos na última versão. Levou algumas semanas, portanto pode demorar o mesmo tempo."
> Para ajudar a decidir se devemos prosseguir discutindo a ideia, é bom saber se estamos falando sobre algo que levará dias, semanas ou meses para criar.

A pilha inteira dessas histórias é o que chamo de *backlog da oportunidade*. Não temos certeza ainda se devemos criar ou não. Lembre-se, sempre há mais ideias do que tempo para criar coisas. Encontre oportunidades alinhadas com a estratégia comercial da sua organização e que resolvam os problemas para clientes e usuários que sejam interessantes. Discuta muito para tomar uma decisão quanto a seguir/não seguir.

Aprofunde-se, Descarte ou Reflita

"Seguir" não significa "Iremos criar a coisa", mas que avançaremos a oportunidade para uma discussão de descoberta mais profunda. Durante a descoberta, haverá mais discussão — provavelmente com outras pessoas fora da sala. Se é um novo recurso ou um produto totalmente novo, ela será mais aprofundada com clientes e usuários, e como eles resolvem seus problemas hoje. O ideal é que falemos com eles diretamente. Será preciso explorar e criar um protótipo das diferentes soluções. Serão necessárias discussões mais detalhadas em face do que você e sua equipe descobriram para tomar uma decisão sobre o que especificamente vocês precisarão criar para ser valioso para os clientes, os usuários e sua organização. E depois de todo esse trabalho, você ainda pode decidir encerrar a ideia.

"Não seguir" é um ótimo resultado de uma discussão sobre oportunidade. Lembre-se, sempre há mais para criar do que temos tempo. Se a oportunidade não parece promissora com base em sua discussão, descarte-a agora. Pode ser uma boa ideia incluir as pessoas que defenderam a ideia na discussão para que, assim se espera, possam chegar à mesma conclusão.

Seu grupo pode não ter informação suficiente para tomar uma decisão para seguir ou não. Se esse for o caso, faça uma lista do que vocês precisam descobrir e juntos trabalhem para obter as informações necessárias.

Se você ainda não consegue tomar uma decisão para seguir ou não, sempre pode colocar de novo no backlog da oportunidade para discutir depois. Isso se chama procrastinação, e faço muito.

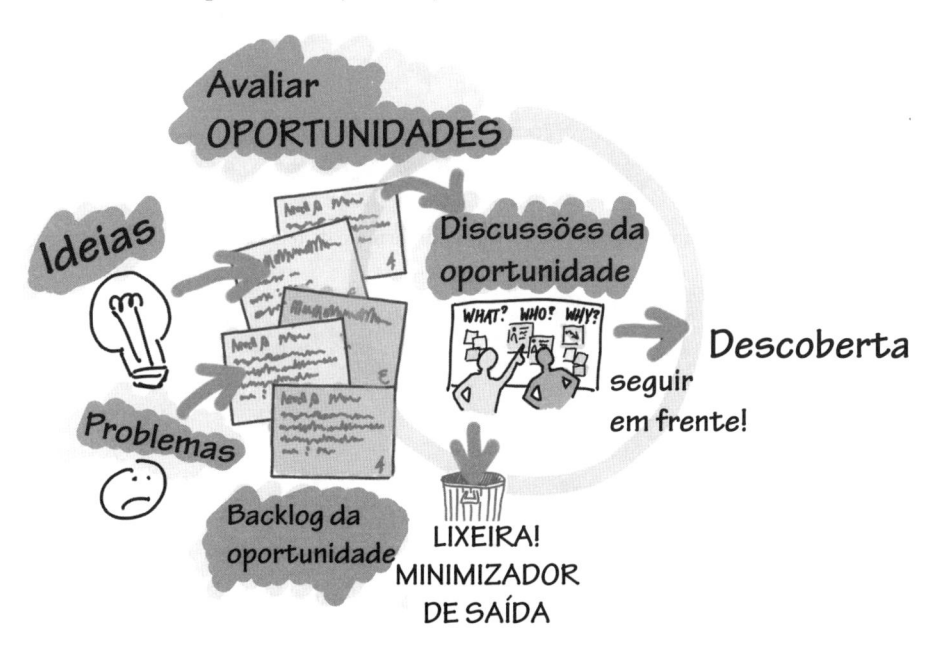

Tela das Oportunidades

Ao examinar as oportunidades do produto, usei o modelo Avaliação da Oportunidade (em inglês, Opportunity Assessment), de Marty Cagan, como meu ponto de partida. Realmente gosto de usar a abordagem baseada em *telas*. A abordagem para ver os modelos comerciais, como descrito no livro *Business Model Generation* (Editora Alta Books), de Alexander Osterwalder e Yves Pigneur, é um modo eficiente para os grupos trabalharem juntos e dimensionarem um negócio inicial. Mas para mim, e para a maioria das pessoas com quem trabalho, não vemos o início de um novo negócio nem o lançamento de um novo produto. Muitas vezes vemos o acréscimo de um novo recurso importante ao produto que temos. Mas isso não deve ser um empecilho para você usar uma abordagem de tela parecida para dimensionar as oportunidades do produto.

Uma tela organiza as informações no espaço. É grande e fica tudo em um lugar para que um grupo consiga ver e trabalhar com ela, o que é difícil em um slide ou um documento impresso, e a organização permite que você veja as dependências. A informação fica próxima da outra informação da qual ela depende. Uma tela fica assim:

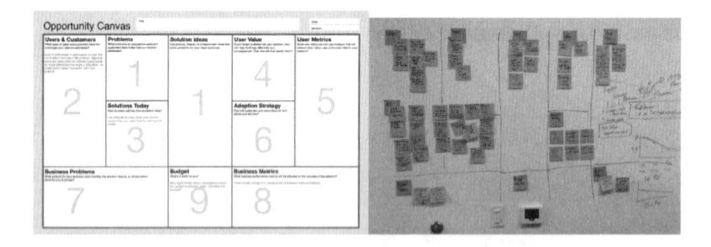

E trabalhar junto para reunir informações em um formato de tela se parece com isso:

Muitas palavras e imagens externalizam nossos pensamentos durante a discussão

Usar a abordagem de tela tem benefícios reais, como:

- Você pode ver as preocupações importantes de uma oportunidade em uma única visualização.
- Você pode ver as relações entre essas preocupações.
- Ter uma compreensão compartilhada, propriedade e alinhamento trabalhando junto em colaboração para criar uma tela utiliza a contribuição de todos.

Como uma equipe de descoberta do produto, inicialmente você preenche a tela com base no que entende hoje. Inclua as partes interessadas, os especialistas ou qualquer outra pessoa que você acha que pode trazer informações importantes para a conversa.

Use notas adesivas para facilitar mudar de ideia conforme a discussão acontece. Melhore de modo iterativo a tela à medida que você aprende mais.

Você pode prosseguir iniciando no primeiro box, continuando até o nono. Porém, se você não tem boas respostas para um box, registre o que você *sabe* ou suas suposições no momento e continue.

Preencha a Tela em um Fluxo e Leia em Outro

Os boxes na tela são numerados em uma ordem lógica de maneira que você possa usar para discutir uma oportunidade. Mas se você estiver compartilhando a tela com outra pessoa, pode querer ler da esquerda para a direita, de cima para baixo. Notará que o fluxo da esquerda para a direita é de "agora" até o "futuro" na saída versus o modelo de resultado apresentado antes. Também notará que de cima para baixo se move das necessidades do usuário para as necessidades da empresa.

Não é um formulário a ser preenchido. É, em vez disso, um conjunto de tópicos para discutir e refinar sua compreensão de modo iterativo. Lembre-se: "Design por comunidade não é design por comitê." Incluir muitas pessoas ajuda todos a aprenderem mais rápido, mas a decisão de seguir/não seguir com uma oportunidade recai no proprietário do produto. Os melhores proprietários potencializam suas equipes para ajudar a tomar a decisão, e normalmente eles e suas equipes estão em acordo.

Confira o fluxo dos espaços na Tela da Oportunidade.

1. Problemas ou Soluções

O ideal é que devemos começar com um problema claro que estamos tentando resolver. Porém, raramente o mundo é ideal. Muitas vezes recebemos um recurso ou uma ideia de melhoria, então precisamos trabalhar para entender o problema. Comece com o que você tem.

Ideias da solução

Liste as ideias para o produto, o recurso ou melhorias que resolvem os problemas para seu público-alvo.

Problemas

Quais problemas os usuários ou os clientes em potencial têm hoje que sua solução aborda?

Se você estiver criando um produto para entretenimento, como um jogo ou uma ferramenta para compartilhar coisas divertidas nas redes sociais, ele pode não ter um "problema" real para resolver, apenas o desejo por entretenimento.

2. Usuários e Clientes

Quais usuários e clientes têm os desafios que sua solução aborda? Procure diferenças nas metas ou nos usos dos usuários que afetariam o uso do produto por eles. Separe usuários e clientes em tipos segundo essas diferenças. É uma má ideia visar "todos" com seu produto.

3. Soluções Hoje

Como os usuários lidam com seus problemas hoje? Liste produtos ou soluções dos concorrentes que seus usuários têm para atender às suas necessidades.

4. Valor do Usuário

Se seu público-alvo tem a sua solução, como ele faz coisas de modo diferente como consequência? E como isso o beneficiará?

5. Métricas do Usuário

Quais comportamentos do usuário você pode medir que indicarão se eles adotam, usam e colocam valor em sua solução?

6. Estratégia de Adoção

Como clientes e usuários descobrirão e adotarão sua solução?

7. Problema do Negócio

Qual problema a criação do produto, do recurso ou da melhoria resolve para o negócio?

8. Métrica do Negócio

Quais métricas de desempenho do negócio serão afetadas pelo sucesso da solução? Essas métricas muitas vezes são uma consequência dos usuários mudando seu comportamento.

9. Orçamento

Quanto dinheiro e/ou desenvolvimento você orçaria para descobrir, criar e refinar sua solução?

A Oportunidade Não Deve Ser um Eufemismo

Sei que sua empresa provavelmente não usa as oportunidades. Na verdade, se ela for como as empresas nas quais trabalhei, você tem um roteiro cheio de coisas que deve criar. Pode até considerá-las como "requisitos". Tomar uma decisão de não seguir para qualquer coisa pode não ser sua opção. A verdade é que realmente não devemos tornar todas essas ideias inteligentes em software, não importa o cargo da pessoa com a ideia brilhante.

Use a primeira grande conversa da história para estruturar o trabalho com o qual você e sua equipe podem estar se envolvendo. Mesmo que a resposta para a pergunta seguir/não seguir seja "Seguir", saia da conversa com uma compreensão compartilhada sobre os problemas que está resolvendo, para quem e como a organização se beneficia com a criação do software.

Se não for sua decisão, ou de qualquer pessoa da sua equipe, seguir em frente com a oportunidade, então inclua isso na conversa de quem pode tomar a decisão. Se a pessoa não estiver disponível, converse assim mesmo e faça suposições sobre quem, o que e por quê. Depois compartilhe as suposições com os tomadores de decisão. Garanto que eles o corrigirão se você estiver errado. A discussão das correções iniciará a conversa certa.

Mapeamento da História e Oportunidades

Por mais que eu goste dos mapas da história, eu não usaria um mapa para gerenciar as oportunidades. Em geral, essas oportunidades são partes maiores. E uma discussão sobre essas pedras grandes costuma seguir com os detalhes que precisaremos para decidir sobre movê-las para uma descoberta mais profunda.

Mas os mapas da história são ótimos em lhe dar um modo muito eficiente de recuar e examinar a visão do todo do produto que você tem agora. Use um mapa para criar seu produto hoje e encontrar oportunidades ou considerar as oportunidades que você já tem no contexto do produto hoje.

Tente criar um mapa simples e de nível muito alto do produto existente. É um mapa de "agora", parecido com o criado no Capítulo 5, sobre começar sua manhã (você o criou, não foi?). Esses mapas existem em vários formatos há tempos. Normalmente são chamados de *mapas da jornada*. Para criar um para a experiência do seu produto atual, mapeie o fluxo que os usuários fazem nas atividades maiores das quais participam. Use esse mapa para contextualizar suas oportunidades. Para tanto, adicione cada oportunidade no corpo do mapa. Use uma nota adesiva com cor diferente ou ficha para claramente destacá-los. O que você pode ver são os "pontos ativos" da oportunidade — locais no fluxo dos usuários onde há uma densidade maior de ideias e provavelmente problemas.

Examine os usuários engajados em cada atividade e a frequência dessa atividade. As oportunidades que afetam as atividades de alta frequência nas quais os usuários críticos se envolvem provavelmente são as oportunidades nas quais você deve focar — mais cedo ou mais tarde.

Você pode usar esse mesmo mapa para adicionar fichas para as coisas que os usuários estejam reclamando hoje. Para equilibrar as coisas, veja as partes do produto que eles amam hoje, e adicione essas alegrias. Se encontrar lugares onde há muitos problemas para os usuários, mas ainda não identificou nenhuma oportunidade, você provavelmente deveria identificar.

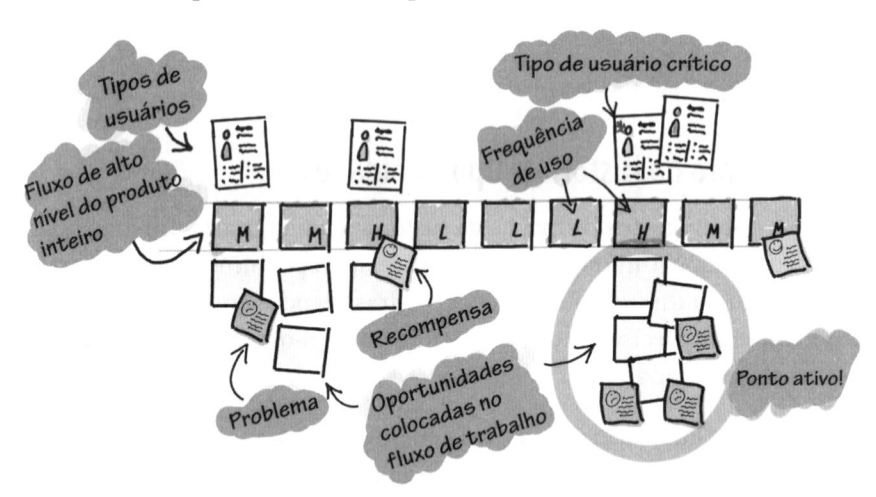

Mapeamento da Jornada e Geração de Conceito

Ben Crothers, Atlassian

Como oferecemos dez produtos diferentes, temos que assegurar que projetamos, criamos e melhoramos esses produtos de maneiras que correspondam a como nossos clientes os utilizam juntos, não separadamente. Como parte de um projeto para descobrir como os produtos podem funcionar juntos e melhor, formamos uma equipe multidisciplinar para mapear a experiência do cliente inteira, de ponta a ponta, para descobrir, avaliar, comparar e usar, assim como obter ajuda e adicionar mais produtos e serviços.

Era algo enorme. Para ajudar a dividir, mapeamos a experiência primeiro em alto nível, então dividimos em subgrupos para expandir cada seção do esqueleto da jornada. Fizemos isso preenchendo inicialmente uma parede com momentos, ações e perguntas que os clientes têm, codificando com cores conforme seguíamos, então voltamos, adicionando pontos problemáticos, oportunidades e suposições.

Jornada Hoje do Mapa do Usuário

- jornada do usuário de alto nível
- momentos, ações e perguntas
- pontos problemáticos, oportunidades e suposições

Conseguimos obter muitos insights rastreando uma história de ponta a ponta, em vez de apenas uma experiência baseada em recursos. Por exemplo, percebemos rapidamente que algumas partes da experiência — como definir os produtos ou obter ajuda — não estavam isoladas em uma parte da jornada linear e precisavam ser mais cuidadas, com maiores detalhes.

Várias outras partes interessadas e equipes foram trazidas, aperfeiçoando as jornadas mais detalhadas que estavam atreladas a vários pontos no esqueleto da jornada de alto nível, para que capturássemos e validássemos o máximo possível de conhecimento existente.

Então piramos mesmo, criando tantos conceitos quanto podíamos para melhorar e reinventar várias partes das jornadas detalhadas. Todos os conceitos foram extraídos e escritos em fichas colocadas na parede em uma ordem solta na jornada.

Cada membro explicou cada um dos seus conceitos, depois todos votamos sobre a eficiência dos conceitos com pontos adesivos, segundo a possibilidade, a viabilidade e o desejo.

Então conseguimos criar uma visão geral entre os produtos para uma experiência do cliente ideal, segundo essas jornadas e conceitos validados. A jornada também ganhou vida em uma história em quadrinhos de vinte páginas, que transformou a jornada — e todas as personas, cenários e conceitos envolvidos — em um único storyboard que facilitou a comunicação para toda a organização. Isso fundamenta muitas melhorias do produto que continuam atualmente.

Comece com as Oportunidades | 183

O que é realmente atraente para nós é que muitos dos envolvidos no desenvolvimento e no aprimoramento das melhorias agora também estavam envolvidos na geração dos conceitos com que começar. Mesmo que esse exercício tenha sido feito oito meses atrás, o conceito e a compreensão compartilhados tornam as coisas muito mais eficientes agora.

Desafiando as Suposições com o Remapeamento do Ensaio

Erin Beierwaltes e Aaron White

1. Um Mapa para Governar Todos os Outros

Após visitas ao cliente, entrevistas e explorações, o proprietário do projeto tem um mapa da jornada que ele acredita muito ter coberto o caminho até o melhor resultado para o cliente. Rotina diária para muitas equipes. Agora é o momento de compartilhar com mais pessoas e fazer funcionar.

2. Questionar Tudo

Mas depois de algumas conversas, começamos a questionar o que não vimos. Quais suposições simples feitas podem ser maiores que o impacto esperado? Precisamos de um modo rápido de desafiar nossas suposições, encontrar as lacunas *e* criar uma compreensão compartilhada entre todos que fariam parte do projeto.

3. Definir a Cena

Reunimos a equipe, as personas atribuídas (havia várias) e descrevemos os resultados desejados que naturalmente orientariam essas personas no uso da parte do produto em que testaríamos nossas suposições. *Não* escrevemos instruções passo a passo. Nossa orientação: "De forma simples, como esta pessoa, você gostaria de atingir esse objetivo." Ensaiar!

4. Ensaiar

Enquanto os atores desempenhavam seu papel e tentavam atingir os objetivos descritos, alguns observadores desempenhavam o papel de público silencioso.

O proprietário do projeto (PO) observou quais caminhos foram seguidos, respondendo a algumas perguntas e evitando orientar qualquer pessoa em certo caminho. O design de interação (IxD) observou comportamentos, comentários e reações.

5. Recriar o Mapa

Não mostramos o mapa original, mas orientamos todos os atores na criação de um novo mapa que descrevia como eles atingiram seus objetivos, compartilhando como alguns pegaram caminhos diferentes.

6. Perdas e Ganhos

Após a reconstrução, pedimos que cada ator compartilhasse as perdas (coisas que os desafiaram, frustraram ou confundiram) e os ganhos (coisas que eles consideraram ótimas, legais ou intuitivas). Uma sensação real de nova empatia, compreensão e empolgação reinou nas conversas.

7. Observações

Por fim, foi a vez do público fazer perguntas sobre os comportamentos interessantes vistos. Ficamos surpresos com quantas coisas os atores não perceberam que fizeram, mas isso nos deu uma janela para como alguém pode naturalmente tentar realizar algo.

8. Lucro!!!

Após apenas duas horas e meia, tivemos uma visão compartilhada sobre a ideia real da nova solução de um modo que apenas conversando não seria possível. Os atores falaram com verdadeira empatia em nome dos clientes que eles representaram e a equipe de descoberta conseguiu grandes informações sobre o que funcionava e onde seriam necessários mais experimentos.

Seja Exigente

Você não ajudará ninguém se concordar em assumir tudo. Descarte ativamente as oportunidades que não dão muita esperança de criar os resultados esperados. Trabalhe com as partes interessadas do negócio para fazer isso, para que possam ajudar a tomar as decisões.

Se você tomou a decisão de seguir em frente, é hora de arregaçar as mangas e trabalhar. E o próximo capítulo é sobre isso.

CAPÍTULO 14
Usando a Descoberta para Criar uma Compreensão Compartilhada

Quando vejo modelos simples que descrevem o desenvolvimento Ágil, muitas vezes eles começam no lado esquerdo com uma grande lista — o *backlog do produto*. Agora, eu acharia engraçado se não soubesse que algumas pessoas o consideram fácil. Ter um bom backlog do produto acionável a partir de uma oportunidade exigirá muito trabalho; simplesmente não se materializará na sua frente. E com certeza não é o resultado de capturar uma lista de coisas que as pessoas querem criadas. É um processo de descoberta intencional que foca inicialmente aprender muito mais sobre quem, o quê e por quê.

Descobrir Não É Criar Software

O trabalho de descoberta não é sobre criar um software que se possa entregar. É sobre aprender, ter uma compreensão mais profunda sobre o que podemos criar. Trata-se de fazer e responder perguntas como:

- Quais *problemas* estamos realmente resolvendo?
- Quais soluções poderiam ser *valiosas* para nossa organização e clientes que compram ou adotam o produto?
- Como é uma solução *utilizável*?
- O que é *viável* criar, de acordo com o tempo e as ferramentas que temos?

É fazendo todas essas perguntas sobre uma oportunidade e começando a responder que começa sua primeira rodada de quebrar pedras. Todos os detalhes sobre o produto ou o recurso examinados se tornam os títulos das histórias menores. E cada história menor pode resultar em discussões mais profundas e histórias ainda menores.

Oportunidade → *Histórias menores*

SUPOSIÇÕES
FLUXO DE TRABALHO
REGRAS COMERCIAIS
PROTÓTIPO DA IU

Discussões da descoberta
e muitos outros trabalhos

Todas as discussões da descoberta não resultam apenas em mais histórias. Lembre-se de que essas discussões envolvem criar muitos outros modelos simples que representam o que entendemos. Precisaremos desses outros modelos simples para ter uma compreensão compartilhada.

> *Se a única coisa que você cria ao entender uma oportunidade grande e ambígua são histórias menores, então provavelmente está fazendo errado.*

Quatro Passos Essenciais para a Descoberta

Se eu tive uma grande ideia, ou mesmo uma pequena que precise de alguma clareza, sigo a progressão das discussões indo da ideia grande aos detalhes que precisarei entender melhor se cheguei a uma solução que vale a pena criar:

1. *Estruture* a ideia de uma perspectiva de negócio.
2. *Entenda os clientes e os usuários*, e como você os ajuda.
3. *Visualize* sua solução.
4. *Minimize e planeje* identificar a menor solução viável e como criá-la.

1. Estruture a Ideia

Se você realmente usa um backlog da oportunidade e de fato teve oportunidade de discutir e tomar uma decisão para começar a descoberta, então fez grande parte do caminho. Use discussões de estruturação para iniciar uma descoberta focada. Envolva as pessoas que trabalharão juntas para que entendam melhor a oportunidade.

Use as discussões de estruturação para definir limites para o trabalho sendo feito. Se você for claro sobre o motivo de criar algo e para quem, você e sua equipe serão mais capazes de interromper as discussões sobre soluções que não resolvem o problema em que você está focando ou não são para os usuários que você tem como alvo.

2. Entenda os Clientes e os Usuários

Use as discussões sobre clientes e usuários para ter mais informações sobre as pessoas que usarão o produto ou os recursos, e como elas se beneficiarão. Envolva quem tem uma profunda compreensão do usuário e as pessoas que precisam ter.

Desenhe personas simples

Gosto de criar desenhos de *persona* simples com uma pequena equipe de descoberta para ter uma compreensão compartilhada dos meus usuários. Persona é um exemplo de seu usuário-alvo montada com fatos e, por vezes, suposições que você tem sobre os usuários. Criar personas ajuda a ver o software pelos olhos dos nossos usuários. As personas são ferramentas úteis.

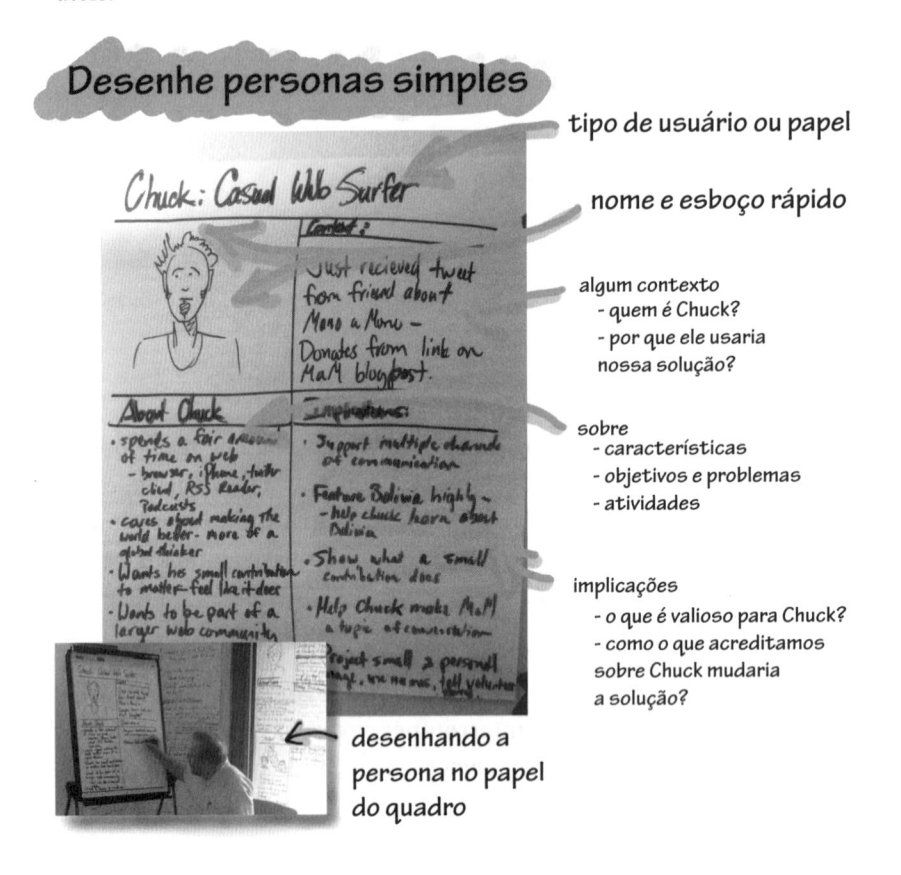

Desenhe personas simples

tipo de usuário ou papel

nome e esboço rápido

algum contexto
- quem é Chuck?
- por que ele usaria nossa solução?

sobre
- características
- objetivos e problemas
- atividades

implicações
- o que é valioso para Chuck?
- como o que acreditamos sobre Chuck mudaria a solução?

← desenhando a persona no papel do quadro

Criei essa persona simples com um grupo na Mano a Mano, uma ONG que ajuda pessoas na Bolívia fazendo tudo, desde construir estradas até dar suporte na educação e assistência médica. Nossa discussão nesse dia foi sobre pequenos doadores pela internet — pessoas que podem não ter muito dinheiro, mas querem que *o que* têm seja usado com sabedoria. Gostaríamos que pessoas como Chuck encontrassem a Mano a Mano na web ou ouvissem sobre ela no Twitter ou no Facebook.

Criamos essa persona juntos como um grupo usando um quadro de papel. É uma atividade rápida e divertida com muitas pessoas falando e contribuindo com informações.

Porém, se você é um designer UX experiente que já criou personas antes, pode se sentir um pouco mal agora. Para o restante de vocês que estão lendo, as boas personas são criadas a partir de dados bons coletados com uma pesquisa sólida. As pessoas UX preocupadas com isso podem ficar nervosas com os membros da equipe falando alto e rabiscando no quadro de papel. Isso não soa muito rigoroso. Portanto não limite seus palpites. Discuta sobre o que vocês sabem e observaram. Conte histórias. Envolva as pessoas na discussão que têm experiência em primeira mão com os usuários. Se você tiver feito muita pesquisa, leve-a para a discussão. Identifique os detalhes mais relevantes para a oportunidade que está criando e coloque-os na persona. Filtre o ruído. Quando terminar, tenha uma discussão honesta sobre o quanto disso foi apenas suposição.

"Já temos as personas criadas. Elas são documentos bonitos que colocamos na parede." Ouço muito isso. Mas seja honesto. A maioria das pessoas não os leu, não é? E metade das pessoas que *leu* fez isso apenas para tirar sarro delas. Talvez eu esteja sendo cínico, mas vejo muito isso.

Crie as personas juntos, em colaboração. Faça isso para ter uma compreensão compartilhada com a equipe que criará o produto. Faça isso para realmente considerar os aspectos mais relevantes da persona.

Crie personas leves em conjunto para ter uma compreensão compartilhada e gerar empatia na equipe.

Crio personas simples para cada tipo de usuário que poderia usar o recurso sendo discutido. Se tenho pressa, posso listar diferentes tipos de usuários ou papéis usando o software e anoto alguns detalhes sobre eles. Lembra de Gary no Capítulo 1? Uma das pilhas de fichas à direita dele era exatamente isso, uma lista de usuários e alguns itens com informações relevantes sobre eles.

Crie perfis organizacionais ou orgzonas

Se você estiver criando um produto que as organizações poderiam comprar — por exemplo, um produto da contabilidade —, reserve um tempo para listar os diferentes tipos de organizações e registrar alguns detalhes sobre elas. Esses são seus clientes — as pessoas com dinheiro na mão que precisam obter algum valor com seu produto. Um tipo de organização com detalhes de suporte é geralmente chamado de *perfil organizacional*. Minha amiga Lane Halley me apresentou a criação de exemplos de perfis organizacionais de modo muito parecido como você criaria uma persona. Por diversão, ela os chamou de *orgzonas*.

Mapeie como os usuários trabalham hoje

Você pode ir uma etapa além e mapear como os usuários trabalham hoje sem seu produto ou com seu produto atual. Se você acompanhou no Capítulo 5, criou um mapa da história sobre como fazer as coisas hoje. Fazer isso do modo como seus usuários trabalham hoje ajudará sua equipe de descoberta a entender bem os problemas que ela está resolvendo.

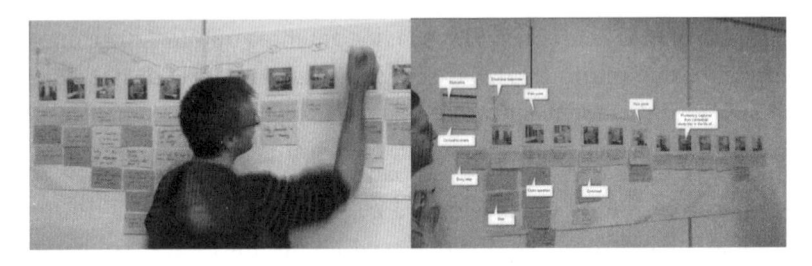

As fotos de Duncan Brown do Caplin Group mostram algo que eles chamam de *mapa da jornada narrativa*. É um mapa que conta uma história sobre a parte "agora" do modelo "agora e no futuro" com o qual iniciei o livro. Ele não descreve uma ótima solução, descreve como as pessoas atingem suas metas hoje — com os fracassos e tudo mais.

O corpo do mapa contém fatos, observações, problemas e alegrias. Quando você mapear o que entende agora, verá os "pontos ativos" — as áreas no fluxo em que há muitos problemas. Também encontrará recompensas — as alegrias no final dos passos que fazem valer a pena os esforços dos usuários. Você pode criar produtos valiosos retirando os problemas ou aumentando as alegrias. Use esse mapa como um trampolim para debater as soluções ou validar se a solução que você tem em mente realmente resolve os problemas.

3. Visualize Sua Solução

Agora, você estruturou e está claro por que está criando da perspectiva do negócio; você se aprofundou nos usuários e nos clientes para saber como é agora o mundo deles. É hora de imaginar o futuro — visualizar a solução e como seus clientes-alvo e usuários irão usá-la.

Mapeie sua solução

Aqui é onde os mapas da história brilham, pelo menos para mim. Uso o mapa para imaginar a vida dos meus usuários com a solução que estamos criando. Gary e a equipe Globo.com nos dois primeiros capítulos criaram mapas assim. Como vimos nos capítulos de abertura, os passos que as pessoas dão na história que você conta formam um fluxo da esquerda para a direita. Lembre-se do Capítulo 4 que são as tarefas do usuário — as frases verbais curtas que, quando lidas da esquerda para a direita, contam a história. As tarefas mais granulares e outros detalhes ficam empilhados na vertical sob cada etapa. Se for uma história longa, extraia grupos de atividades para criar um mapa com três níveis.

Palavras e imagens

Você já passou por uma situação em que descreve uma ideia do produto para um desenvolvedor e tem a agradável surpresa quando ele diz:

— Ah, é simples. Não deve levar muito tempo para criar.

Mas então quando você realmente começa e cria, percebe que o desenvolvedor imaginou algo muito mais simples do que você. Por exemplo, você pode ter descrito um site para vender coisas online. Talvez tenha imaginado algo como o eBay ou o Amazon Marketplace. Mas o desenvolvedor imaginou algo como a Craigslist, e por isso você ficou satisfeito com a estimativa. Na última década aprendi que palavras sozinhas não são suficientes.

Visualize a interface do usuário para ter uma compreensão compartilhada da solução.

Se você tem designers UX na equipe, agora é um bom momento para eles começarem o esboço. Desenhe telas individuais e coloque-as acima do mapa na ordem em que aparecem. Você acabará com algo que lembra um storyboard.

Visualizando a Experiência Inteira

Josh Seiden, com a arte de Demian Repucci

Um dia recebi uma ligação de Robert, um gerente de design recém-contratado em uma startup de educação bem financiada e grande. A empresa estava nos estágios iniciais de um grande projeto, contratando rápido, e tinha um prazo apertado para produzir um sistema enorme. Só havia um problema: ela tinha dificuldades para descobrir como lidar com o enorme desafio de design. Eu poderia ajudar?

Quando cheguei ao escritório alguns dias depois, Robert — orgulhoso e sobrecarregado — me mostrou o lugar. A empresa tinha contratado uma firma de consultoria grande para ajudar a desenvolver os requisitos para seu projeto e essa firma tinha feito uma quantidade impressionante de trabalho. Cada parede nos escritórios bem iluminados estava coberta com papel pardo e cada uma dessas folhas, coberta com fichas e notas adesivas: requisitos, na forma de histórias do usuário. Milhares delas. Conforme Robert percorria comigo as paredes de histórias, notei que todas elas estavam organizadas por módulo funcional: uma parede para o editor de texto, uma para um aplicativo de classificação. E módulos curriculares: uma parede para ciências, uma parede para inglês. Tentei criar uma imagem do sistema na minha cabeça.

Robert estava criando uma equipe de design e também tentava segmentar o problema. À medida que falávamos sobre o que a equipe precisava, percebi que ele podia usar um mapa da história para ajudar a organizar os milhares de histórias do usuário de modo que ajudasse as equipes de design e desenvolvimento a operaram com uma visão compartilhada.

Por coincidência, algumas semanas antes, eu tinha feito um workshop facilitado por uma equipe de artistas de storyboard. O objetivo do workshop era ajudar os empreendedores a articularem uma visão para suas ideias comerciais. Trabalhando rápido, esses artistas se sentaram junto aos empreendedores desenhando suas histórias com eles e esboçando as ideias como storyboards — minigibis que contavam cada história com muita clareza. Decidi que queria combinar essa abordagem com o mapeamento da história e chamei um dos artistas que me impressionaram naquele workshop, Demian Repucci.

Nas semanas seguintes, Demian e eu nos encontramos com Robert e sua equipe, assim como com os gerentes de produto de várias partes do sistema. Nosso foco era o fluxo de trabalho de alto nível — os casos de uso maiores no sistema. Quando nos reunimos, Demian criou esboços em seu notebook e eu usei fichas e notas adesivas para descrever os casos de uso nas paredes da sala de conferências. Após as reuniões, Demian voltava para seu estúdio para ilustrar os principais momentos e eu usava o Omnigraffle para produzir versões claras dos mapas da história que tínhamos elaborado em nossas reuniões.

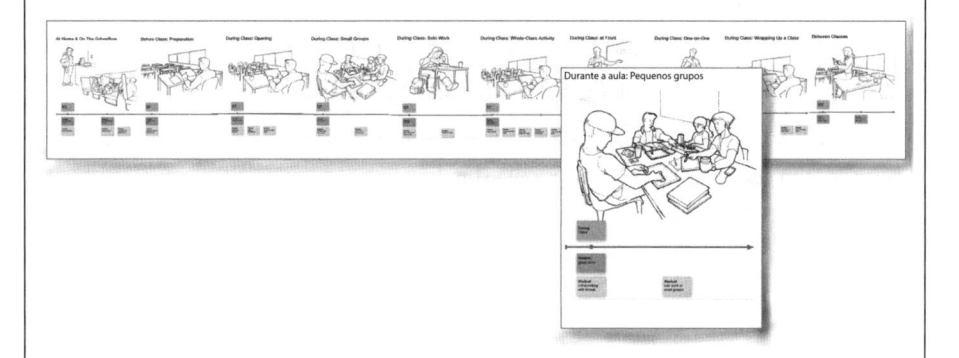

Com Robert, decidimos que a coisa mais valiosa que poderíamos entregar era organizar a estrutura para a equipe, então produzimos uma série de cartazes que poderiam ser impressos em papel 11×17 e colados nas paredes para formar a "espinha dorsal" do mapa da história. Então as equipes poderiam usar isso de modo independente para organizar suas histórias do usuário de um jeito novo. Em vez de uma visão centrada no módulo que não servia para o desenvolvimento iterativo, agora tínhamos uma abordagem centrada no uso que poderia ser fatiada nas versões entre os módulos.

Uma abordagem para visualizar a experiência do usuário que envolve a equipe inteira é o Design Studio. Um Design Studio é um modo rápido, simples e colaborativo para envolver um grupo grande em uma ideação intencional, que é uma palavra chamativa para chegar a muitas ideias possíveis. O que você rapidamente aprenderá é que uma pessoa sozinha não tem as melhores ideias. Pelo contrário, as melhores ideias muitas vezes são uma combinação das ideias de várias pessoas e mais discussão para criá-las. Um Design Studio (e a ideação simples) é o oposto do que a maioria das pessoas, inclusive eu, muitas vezes faz: seguir com a primeira ideia que parece funcionar. A primeira vez que vi o Design Studio descrito por Jeff White e Jim Unger, imaginei por que eu não tinha feito sempre assim. Eu havia feito isso envolvendo equipes de desenvolvimento, partes interessadas e até clientes e usuários.

Não importa a abordagem que você usa, combine as ideias, aprimore-as e chegue a uma compreensão compartilhada de como poderia ser o software.

Algo incômodo que acontece aqui é que visualizar sua solução ajudará a ver as coisas que faltam no mapa. Achará que talvez precise adicionar, mudar e reorganizar o mapa para dar suporte ao que você visualizou. Não se preocupe: isso é bom.

Receita do Design Studio

Design Studio é uma abordagem rápida e colaborativa para a ideação. Há muitos modos de fazer do jeito certo, mas veja minha receita simples:

1. *Convide um grupo de pessoas* de cujas opiniões e ideias você gosta e de cuja adesão e compreensão você precisará para criar o produto. De oito a doze pessoas é um bom número.

2. *Descreva o problema que você está resolvendo.* Examine o trabalho feito para estruturar a oportunidade. Examine as personas e qualquer mapa de "agora" que descreva como as pessoas trabalham hoje. Revise todos os mapas de solução que você possa ter iniciado, mas tenha cuidado para não dizer demais. Se os mapas ancoram as ideias deles nas suas, talvez você não tenha visto algumas ótimas ideias neles.

3. *Se quiser, compartilhe exemplos e inspiração.* Discuta e mostre outros produtos semelhantes que sejam bons exemplos. Discuta e mostre produtos que podem não ser iguais, mas têm ideias boas que poderiam ser utilizadas.

4. *Todos desenham!* Dê a todos papel, canetas e alguns modelos de esboço, além de um limite de tempo fixo. Uso de 5 a 60 minutos. Gosto de 15 minutos.

5. *Em grupos pequenos, compartilhe ideias.* Gosto de fazer isso em grupos de quatro, portanto se você tiver doze pessoas, divida-as em três grupos. Individualmente, compartilhe a melhor ideia de cada um. Os membros da equipe dão feedback. Oriente os participantes para darem feedback se as soluções lidam bem com o problema, não sobre o quanto gostam delas. Oriente-os para se basearem nas ideias dos outros. Continue individualmente por um tempo fixo — em geral, 30 minutos funcionam para mim.

6. *Peça que cada grupo consolide suas melhores ideias* em uma solução desenhada. É a parte mais difícil. Leva de 15–30 minutos.

7. *Peça que cada grupo compartilhe suas melhores ideias consolidadas* com o grupo todo. Discuta.

8. *Agradeça a todos e reúna os esboços e as ideias.* Você, o designer UX ou a equipe de descoberta principal precisará utilizá-los para criar um esboço da IU final melhor e consolidado. Lembre-se, nas palavras da minha amiga Leisa Reichelt, "design por

comunidade não é design por comitê". Você terá muitas ideias concorrentes aqui e alguém tem que tomar a decisão difícil.

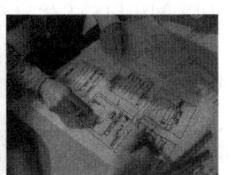

Fotos cortesia de Edmunds.com   Foto cortesia de Lane Halley

Valide a totalidade

Uma das coisas em que nossas cabeças são boas é preencher os detalhes. Por exemplo, quando vemos dois quadros de uma tira de quadrinhos, nosso cérebro preenche o que aconteceu no meio. É um truque legal dos gibis, dos romances e dos filmes. Mas ao pensarmos no que o software faz, muitas vezes imaginamos os recursos interessantes e negligenciamos as coisas necessárias que acontecem no meio. Continuando com a metáfora do filme, é como falar apenas sobre as perseguições de carros e tiroteios, omitindo a história que explica por que toda essa ação ocorreu.

Contar toda a extensão das histórias dos usuários usando um mapa ajuda a lembrar de falar sobre os detalhes essenciais no meio. Em geral, você verá que o recurso muito legal que pensou precisava de uma preparação pelo usuário no início da história. Pode haver até consequências para os outros sobre a nova ideia do recurso. Por exemplo, os administradores podem precisar gerenciar as questões de segurança ou os gerentes talvez gostem de supervisionar como o recurso está sendo usado pelo pessoal.

Valide as preocupações da engenharia

Voltando à metáfora do filme, se você segue fazendo o filme, precisará começar a pensar em como e onde filmará. Precisará considerar os efeitos especiais necessários. Em algum momento, precisará se aprofundar na história e considerar os detalhes técnicos de fazer o filme.

Um mapa da história do seu software é útil para a mesma discussão que teria para fazer um filme. Discuta o mapa da solução com engenheiros e arquitetos antes de avançar muito. Ver a visão do todo ajuda-os a considerar os aspectos maiores da engenharia que poderiam resultar em soluções erradas e irremediáveis. Eles podem avisá-lo com antecedência de que sua solução pode parecer legal, mas não é viável criar devido à arquitetura atual e ao tempo. Muitas vezes podem sugerir modos alternativos de fazer as coisas que darão aos usuários uma experiência equivalente, porém mais cara para se criar.

Esses engenheiros de uma grande seguradora têm conversado na frente do mapa por muito tempo. Durante a conversa, eles descobriram um obstáculo no grande mapa sobre o produto. O mecanismo das regras comerciais no produto precisa mudar. Ver a imagem do todo os ajudou a visualizar e confrontar diretamente a complexidade. Eles usarão esse conhecimento para falar sobre o que podem planejar fazer no início e ajudar a mitigar os riscos.

Jogue "E Se"

Você imaginou a solução da perspectiva do usuário e visualizou a experiência dele. Pare um pouco para discutir sobre o que acontece abaixo da IU. Converse sobre as regras comerciais difíceis, a validação dos dados complexa e os sistemas de back-end terríveis ou serviços que você precisa conectar. Adicione histórias ao mapa que nomeia essas partes. Ou faça anotações sobre as histórias que tem.

É uma boa hora para examinar o que você conseguiu com muitas outras pessoas também. Compartilhe o que você e seu grupo propuseram. Garanto que terá pessoas fazendo muitas perguntas que começam com "E se...". Amo essas pessoas, mas nem sempre quando estão diante de mim. Mas amo o fato de que elas me ajudam a pensar nas coisas complicadas antes que eu esbarre nelas mais tarde, quando será ainda mais doloroso aprender.

A metáfora do filme realmente funciona para mim aqui. Se eu fosse fazer um filme, gostaria de um roteiro e um storyboard — os esboços das principais cenas que me ajudam a imaginar o filme. Se estivesse investindo em um filme, precisaria ver pelo menos isso para ter uma ideia clara do que os criadores e os diretores imaginaram. Se gostei do filme nesse ponto, precisarei aprender um pouco mais sobre quanto custa e a viabilidade de sua produção.

Espero que eles usem esses esboços para se aprofundarem no filme. Gostaria de saber se eles consideraram quantas locações precisaríamos para filmar e como elas seriam. Gostaria de saber se eles consideraram os tipos de set, os adereços e os efeitos especiais necessários. Como um importante investidor de Hollywood, precisaria do roteiro, do storyboard, de muitos outros detalhes que dão suporte a um plano geral e da estimativa. Precisaríamos disso para podermos definir um orçamento e um prazo para fazer o filme.

É o tipo de coisa que você precisa antes de começar a criar sua solução.

Ideias, Exemplos e Jornadas

David Hussman, DevJam

Muitas pessoas complicam demais o processo de descoberta, mas ele pode ser bem simples e ainda continuar poderoso. Vá além da certeza mítica dos "requisitos" e reserve um momento para explorar a descoberta das ideias usando exemplos e jornadas como seu guia.

Mapa usando exemplos e jornadas

- *Use o seguinte guia simples:* 1) sugira uma ideia do produto a explorar, 2) selecione as pessoas que você acha que se beneficiarão com a ideia, 3) crie uma coleção de exemplos usando a ideia do produto e 4) use esses exemplos para criar um mapa e as jornadas que você acha que eles devem fazer. Lembre-se de que, como criador do produto, você tem o ônus de criar experiências significativas, não apenas mais recursos.
- *As ideias não precisam ser brilhantes.* Claro que você deseja um ótimo produto, mas muitas vezes as ideias consideradas brilhantes não dão resultado, já outras —

que não brilham tanto — ganham forças conforme você explora seu uso no contexto de alguém tentando fazer algo significativo.
- *Selecionar passageiros não é tão complicado.* Não complique muito a seleção. Se você não está certo sobre por onde começar, basta fazer uma lista das pessoas que você acha que se beneficiarão com suas ideias. Estruture-as de um modo humano para que ganhem vida e fiquem vivas nas bocas e nas mentes da comunidade de desenvolvimento do produto. Após ter trabalhado um pouco, selecione alguém para trabalhar e não se preocupe se é a pessoa certa. Esteja pronto para aprender com a exploração e evite se preocupar se sua seleção está certa ou não — provavelmente não está.
- *Crie uma lista variada de exemplos.* Aqui é onde muitas pessoas perdem o controle e, sem querer, tropeçam na complexidade. Comece com um exemplo simples ou óbvio; quanto mais concreto, melhor. Então proponha um exemplo complexo e não tenha medo de aumentar o nível. Você está criando várias restrições, não prometendo o mundo a ninguém. De novo, torne específico um exemplo complexo. Se você procura o quanto deve ser específico, e você tem coragem, substitua o exemplo de trabalho por um teste e estará um passo mais perto de ter um veículo de validação automático.
- *Adicione mais exemplos que se encaixam entre o óbvio e o complexo,* e então comece simples. Conte a história do passageiro usando o exemplo simples como guia. Conte para outra pessoa e peça que essa pessoa o ajude a capturar as histórias na jornada. Onde estão seus usuários quando eles começam? O que os leva a interagir? O que fazem especificamente? Como termina? Use vários exemplos para explorar as diversas jornadas dos passageiros.
- *Escolha as jornadas que o ajudarão a aprender.* Preocupar-se com onde começar é outra fonte de complexidade. Percorra o mapa, selecionando as jornadas que você acha que o ensinarão mais sobre seu público e suas necessidades. Novamente, se estiver preocupado por não fazer a seleção certa, talvez esteja. O melhor modo de descobrir, e o melhor investimento ao aprender, é selecionar algumas jornadas, criá-las e observar as pessoas usando-as — presencialmente ou via análise em tempo real.
- *Evite a armadilha da arrogância do produto.* A diferença entre o que você *pensa* que as pessoas precisam e o que elas *realmente* precisam é o reino da arrogância do produto. Usando o processo disposto aqui, você pode aprender mais rápido no contexto criando e validando uma jornada por vez.

Não comemore ainda

Com essa etapa no fluxo de descoberta, você deve ter começado a descrever as partes da sua solução como histórias individuais. Cada pedaço é uma parte da grande oportunidade. Se você for como eu, usou um mapa da história para organizar todas as partes. Se for mais inteligente do que eu, inventou um modo ainda melhor de organizar todas as partes — e se esse for o caso, entre em contato comigo imediatamente. Se você for um pouco lento, terá uma grande pilha. Ou pior, alguém pode ter escrito um documento de requisitos longo e grande que ofusca tudo que você descobriu. Por favor, não faça isso.

Não importa o que você consegue aqui, está no ponto onde muitas pessoas comemoram porque "terminaram os requisitos". Não seja uma delas. Você tem uma última e mais importante etapa a fazer.

4. Minimize e Planeje

Você imaginou uma solução com palavras e imagens — nesse ponto, sua equipe pode se sentir muito orgulhosa. Mas um dos grandes problemas da descoberta acontece quando todos trabalhamos juntos para identificar uma solução fabulosa com os muitos recursos adicionais supérfluos que amamos.

Sei o que você está pensando. *Por que seria um problema?*

Em geral, o problema ocorre quando temos o foco em deixar todos felizes, e ao mesmo tempo falhamos em focar os resultados pequenos e específicos. O resultado é uma solução muito maior do que precisa ser.

Lembre-se, nosso objetivo é minimizar a quantidade do que criamos (nossa saída) e maximizar o benefício que temos ao criar (os resultados e o impacto). Sua oportunidade se dividirá em muitas histórias menores possíveis. Com certeza não criaremos todas. Isso não seria minimizar a saída, seria?

> *Se você mantém mais ideias do que corta, provavelmente não está fazendo certo o trabalho de descoberta.*

Sempre tem demais

Sinto muito, mas tem. Se você está envolvido no desenvolvimento de software há algum tempo, provavelmente já sabe isso. Por muitos anos, na verdade por mais de uma década, tentei fingir que não é verdade. Desisti. Você também deveria. Mas não se preocupe: Você tem ferramentas que o ajudarão a identificar algo viável para criar de acordo com o tempo e as pessoas que você tem.

No Capítulo 3 você leu sobre a abordagem da Globo.com para usar um mapa e encarar um prazo apertado. A empresa focou esse prazo, abraçou a ideia e identificou um resultado que a permitiria ter sucesso. Então, dividiu seu backlog, ou seja, cortou todas as histórias desnecessárias para alcançar esse resultado. Era sua hipótese da solução mínima viável. E não era apenas uma versão de baixa qualidade e mal-acabada da ideia grande — era uma versão realmente ótima muito focada em ter sucesso para as eleições no Brasil. As pessoas na Globo acreditaram que seria valioso para seu negócio, seus anunciantes, redes de TV e usuários. Elas pensaram em todos os usuários e ficaram muito confiantes de que tinham uma solução útil. E dividindo o mapa, encontraram uma solução que era viável criar, dados o tempo e as equipes que tinham. Essa interseção do valioso, do útil e do viável para um conjunto-alvo específico de clientes, usuários e usos é uma solução viável.

> *Viável significa bem-sucedido para uma estratégia comercial específica, clientes-alvo e usuários.*

Podemos pensar além da primeira versão viável, da segunda e da terceira versões viáveis também. Porém sabemos que assim que a primeira versão ganhar vida, o mundo terá mudado, e isso é bom. Mas também significará que precisaremos repensar as futuras versões sob a luz do novo mundo que criamos.

O segredo da priorização

Aproxime-se, porque falarei baixinho.

Poucas pessoas sabem — ou, pelo menos, se comportam como se não soubessem. Talvez se finjam de bobas para despistar os outros.

Se você vem usando o desenvolvimento Ágil por um tempo, pode ter ouvido a frase "priorize as histórias pelo valor do negócio". A afirmação é verdadeira, um pouco, mas onde você vê as palavras "valor do negócio", deve preencher com algo específico. É onde você e sua equipe de descoberta precisam dizer especificamente o que é valor.

Vejamos o Mad Mimi de novo. Gary precisava encontrar um produto que fosse viável em um mercado específico, logo, antes de ficar sem dinheiro. *Viável* para Gary significava que ele tinha um público que gostava do produto e o utilizava. E ele podia começar a aumentar o público do produto e a receita ganha, como consequência.

É essa meta do negócio, combinada com restrições financeiras, que exigiu que Gary tivesse foco em usuários específicos e as atividades do usuário às quais ele daria suporte. Gary ainda tinha muita esperança de criar a "interface de marketing da indústria de música" que deu o nome a Mimi. Mas ele decidiu focar primeiro o gerente que promovia a banda usando o marketing por e-mail direto para seus fãs. Depois disso, a funcionalidade específica que ele precisava focar ficou clara.

Se você esteve ouvindo com atenção agora há pouco, pegou o segredo da priorização.

Os resultados de negócio específicos orientam o foco para os usuários específicos, suas metas e atividades que eles farão com seu produto. O foco nessas atividades orienta o foco nos recursos específicos e na funcionalidade que os usuários precisarão para terem sucesso.

Para o Mad Mimi, Gary tomou a decisão intencional de encantar os gerentes da banda promovendo suas bandas. *Esse é o valor específico que ele escolheu focar.* Ele não usou o termo "valor de negócio" de maneira ambígua. Ele preencheu essa lacuna com o que tinha valor para ele.

O erro de priorização que a maioria das pessoas comete é tentar priorizar os recursos primeiro.

> *Priorize as metas de negócio específicas, os clientes e os usuários, então as metas deles, antes de priorizar os recursos.*

Use a Estratégia de Negócio
↓
para escolher os Clientes-alvo e os Usuários
↓
use as Metas e as Atividades deles
↓
para escolher os Recursos

Priorize os Recursos por <u>Último</u>!

Da próxima vez que alguém perguntar qual recurso tem maior prioridade sem discutir as metas comerciais, os usuários-alvo e o uso deles, é sua deixa para começar a fazer perguntas. Tente não ser muito presunçoso. Nem todos conhecem esse segredo.

Atividades de Descoberta, Discussões e Artefatos

Existem muitas atividades e artefatos que você e sua equipe podem criar durante a descoberta. Veja uma tabela rápida que lhe dará pontos de partida básicos para as coisas que poderia fazer. Não faça todas, pois é demais. E não faça apenas isso, porque provavelmente haverá práticas equivalentes ou até melhores adequadas às suas habilidades e contexto. Mas não fique aí sentado em uma sala escrevendo muitas histórias. Seria loucura.

Estruture a ideia

Use estas discussões para revisar por que seu negócio está criando o software, para quem é e como você medirá o sucesso.

- Problemas de negócio indicados que você está abordando
- Métricas comerciais específicas afetadas
- Listas curtas de clientes e usuários específicos
- Métricas que permitirão medir se as pessoas usam e gostam do novo recurso
- Grandes riscos e suposições
- Discussões com os acionistas da empresa e especialistas no assunto

Entenda os clientes e os usuários

Use as discussões e entenda os clientes e os usuários, suas necessidades e como eles trabalham hoje.

- Lista dos papéis do usuário e descrições
- Perfis simples do usuário e esboços de pessoas
- Perfis organizacionais simples ou orgzonas
- Mapas da história sobre como as pessoas fazem as coisas hoje — também conhecidos como mapas da jornada
- Pesquisa do usuário e observação para preencher o que não sabemos

Visualize as soluções

Foque os clientes e usuários específicos, então visualize as soluções que os ajudarão. Imagine as soluções com palavras e imagens. Valide as soluções com clientes e usuários.

- Mapas da história
- Casos de uso e cenários do usuário
- Esboços da IU e storyboards
- Protótipos da IU
- Esboços dos designs da arquitetura e técnico
- Protótipos de arquitetura ou técnicos
- Muita colaboração com membros da equipe, usuários, clientes, partes interessadas e especialistas

Minimize e planeje

Identifique o que você acredita ser uma solução pequena e viável. Estime bem para definir um orçamento para entregar a solução. Crie um plano para o desenvolvimento que minimizará o risco.

- Mapas da história usados para dividir
- Estimativa usada para definir um orçamento do desenvolvimento

A Descoberta É para Criar uma Compreensão Compartilhada

Você se lembra de trabalhar em um projeto de software em que ninguém realmente se importava? Lembra quando a equipe aprendeu no meio do desenvolvimento sobre uma grande parte do trabalho que não havia planejado? Muitas vezes, quando essas coisas aconteceram comigo no passado, descobrimos que, entre nós na equipe e as pessoas de fora com quem colaboramos, nós tínhamos as respostas. Poderíamos ter previsto facilmente os problemas se estivéssemos sintonizados.

A história de Gary no Capítulo 1 é um pouco sobre Gary e sua equipe de entrega não tendo uma compreensão compartilhada da visão do todo. Até Gary — o cara que tinha a visão do produto na cabeça — não tinha uma compreensão clara do tamanho e da complexidade de seu produto. Visualizar o produto como um monte de modelos simples ajudou a ele e a todos com quem ele contava a terem a mesma imagem geral em mente.

Para algumas coisas criadas, talvez seja suficiente que todos fiquem sintonizados sobre quem são seus clientes e usuários, e a imagem geral da solução que você tem em mente para eles. Mas preciso avisar, sua hipótese sobre o que está criando provavelmente está errada. Não se preocupe: há muitas estratégias que quero contar e que realmente fazem a prática da descoberta dar certo. E o próximo capítulo é sobre isso.

CAPÍTULO 15

Usando a Descoberta para Aprendizagem Validada

Eu enganei você. Um pouco.

Alguns podem ter lido o último capítulo e outros capítulos anteriores, e aos poucos está chegando no limite porque sabem o que estou omitindo. Sinto muito.

As histórias que contei sobre MadMimi.com e Globo.com estão incompletas. A verdade é que as duas usaram conversas de descoberta para identificar o que acreditavam ser uma solução mínima viável. Mas se essas soluções realmente eram viáveis ou não era apenas uma suposição. De fato, tudo isso é uma suposição até realmente enviarmos e observamos o que o mercado — nossos clientes e usuários — realmente faz. As conversas de descoberta iniciais, junto aos mapas da história, ajudaram a formar uma boa suposição inicial. Mas para ambas, marcou o começo de uma jornada muito maior para realmente descobrir um produto viável.

Isso me leva a um dos maiores erros que as pessoas cometem, que é acreditar que sua solução mínima viável será um sucesso.

Estamos Errados na Maior Parte das Vezes

Sou tão culpado quanto qualquer um ao acreditar que minhas grandes ideias terão sucesso. A verdade é que no passado lancei muitas soluções que achava que teriam um grande sucesso, mas não foi assim. Também não foram um fracasso absoluto — apenas não fizeram muita diferença. Quando isso aconteceu, eu e minha empresa aprendemos a ver de outro modo. Não era só comigo. *Todos* nós achamos que os recursos que adicionamos serão valiosos.

Mas no final, adicionamos um recurso que poucas pessoas usaram, a maioria não, e soubemos que acabaríamos tendo que dar suporte à vida útil do nosso produto.

Minha crença, não fundamentada em qualquer pesquisa científica formal nem estudos, mas segundo minhas próprias falhas e no que observo ao trabalhar com outras empresas, é que muito pouco do que criamos tem sucesso ou o impacto real que esperamos. Calculo cerca de 20% no máximo. Então há outros 20% de coisas que fazemos e são verdadeiros fracassos — soluções que resultam em um impacto negativo. Vi muitas organizações que lançam uma versão nova e melhor de seu site, e veem as vendas caírem, ou lançam uma nova versão de seu produto que os clientes experimentam e querem a antiga versão de volta. É sobre esse tipo de fracasso que estou falando.

Mas o grande problema é aquele que não é um sucesso nem um fracasso — mais ou menos 60% ali no meio. É a coisa na qual gastamos um dinheiro de desenvolvimento valioso criando e, no final, não queríamos ter gastado.

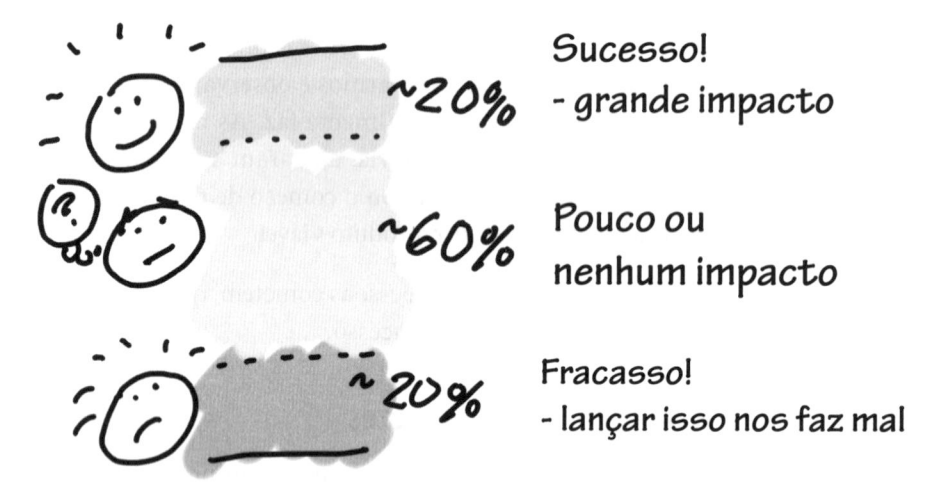

~20% **Sucesso! - grande impacto**

~60% **Pouco ou nenhum impacto**

~20% **Fracasso! - lançar isso nos faz mal**

A pesquisa do Standish Group, publicada nos históricos relatórios "Chaos", explica que entre 64% e 75% dos recursos são raramente ou nunca usados.[1] E, dependendo da fonte, 75%–90% de todas as startups de software fracassam.[2]

Tudo isso é muito decepcionante quando você para e pensa. Não admira que apenas fingir que algo esteja funcionando seja a estratégia escolhida pela maioria das organizações.

Os Velhos Tempos Difíceis

Nos velhos tempos difíceis, eu costumava trabalhar um pouco assim. Propunha uma ótima ideia ou, na realidade, outra pessoa como o CEO ou um cliente-chave me passava *sua* ótima ideia. Eu começava a trabalhar para entendê-la e concretizá-la. Então minha equipe e eu criávamos. Sempre levava duas vezes mais tempo que o esperado, mas é um problema que será lidado nos próximos capítulos. Terminávamos. Enviávamos. Comemorávamos. Às vezes, comemorávamos, depois enviávamos. Mas de qualquer modo, havíamos concluído.

Então a coisa realmente começava a acontecer. O que geralmente acontecia eram as pessoas reclamando que o que havíamos entregado não funcionava da maneira que eles queriam. Outras vezes, elas não reclamavam (que mais tarde descobrimos ser um efeito colateral de ninguém de fato usar). Então, passávamos muito tempo fingindo que era um sucesso. Para algumas pessoas, isso pode descrever o modo como sua empresa funciona hoje. E vou ser sincero com você: ainda é assim que muitas vezes volto a trabalhar. Não conte a ninguém. Eu deveria ser um especialista.

---

1 Jim Johnson, presidente do Standish Group, "ROI, It's Your Job" (palestra), Terceira Conferência Internacional sobre Programação Extrema, Alghero, Itália, 26 a 29 de maio de 2002.

2 Deborah Gage, "The Venture Capital Secret: 3 Out of 4 Start-Ups Fail", *Wall Street Journal*, 20 de setembro de 2012, http://on.wsj.com/UtgMZl (conteúdo em inglês).

Velhos Tempos Difíceis

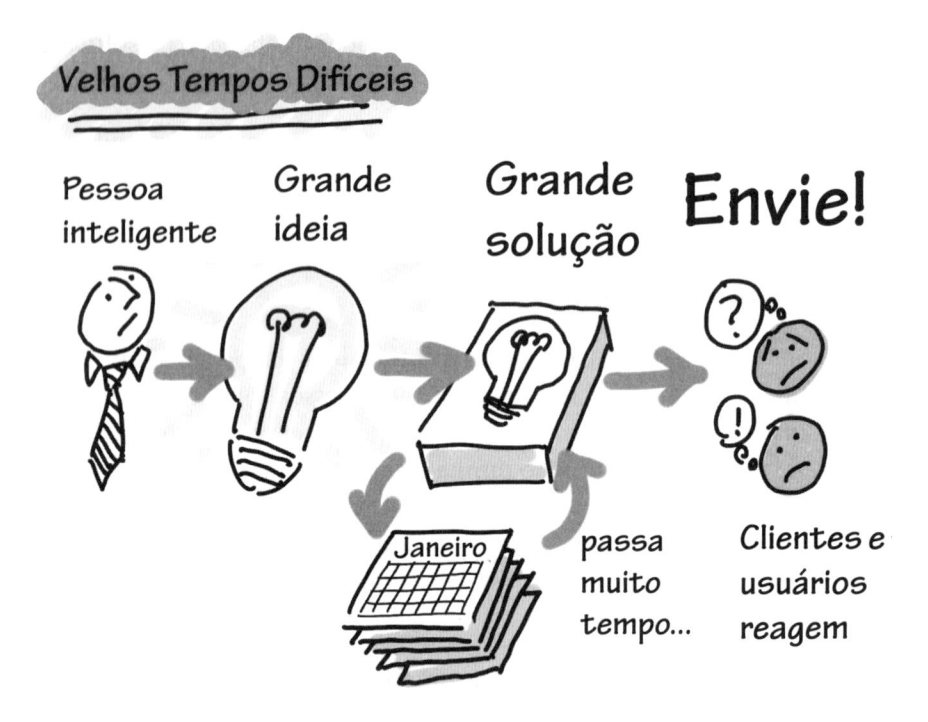

Pessoa inteligente → Grande ideia → Grande solução → Envie!

Janeiro — passa muito tempo... — Clientes e usuários reagem

Mas existem alternativas melhores.

Empatia, Foco, Ideação, Protótipo, Teste

Anos atrás, um potencial cliente me contatou e perguntou se eu poderia ajudar na adoção de um processo chamado *design thinking*. Esse cliente vinha usando um processo Ágil típico e o fazia muito bem — "bem" no sentido de que entregava com previsão e alta qualidade. Mas ele tinha aprendido que "quanto mais rápido você entrega uma porcaria, mais porcaria você recebe". Isso soa um pouco grosseiro. Dizendo de outro modo, o cliente tinha aprendido que havia pouca correlação entre a quantidade de software criada e o resultado e o impacto que ele conseguia.

Quando o cliente ligou, eu era conhecido por minha especialidade no design da experiência do usuário e no desenvolvimento Ágil. Pensei comigo mesmo: "Sou designer e penso (em inglês, thinking), portanto devo ser design thinking." Mas estava errado. Não era o que o cliente queria. Para minha sorte, eu não disse o que estava pensando em voz alta.

Design thinking se refere a um modo de trabalhar descrito originalmente por uma empresa chamada IDEO, e mais tarde descrito e ensinado na d.school da Universidade Stanford. Hoje, é ensinado em várias universidades e usado em muitas empresas no mundo inteiro.

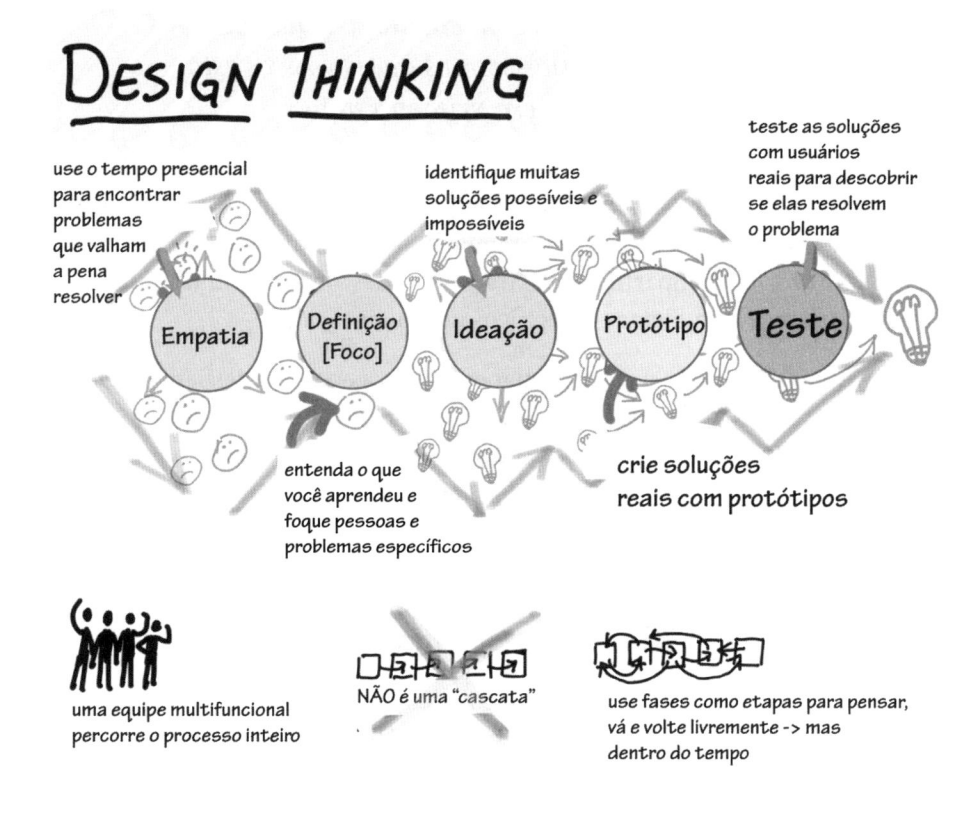

DESIGN THINKING

use o tempo presencial para encontrar problemas que valham a pena resolver

identifique muitas soluções possíveis e impossíveis

teste as soluções com usuários reais para descobrir se elas resolvem o problema

Empatia → **Definição [Foco]** → **Ideação** → **Protótipo** → **Teste**

entenda o que você aprendeu e foque pessoas e problemas específicos

crie soluções reais com protótipos

uma equipe multifuncional percorre o processo inteiro

NÃO é uma "cascata"

use fases como etapas para pensar, vá e volte livremente -> mas dentro do tempo

Um processo de design thinking tem várias etapas que, como as explico, parecem obviamente boas ideias. Mas na prática, o que eu e a maioria das pessoas tendemos a fazer é exatamente o oposto. Não admira que as coisas deem errado com tanta frequência.

O primeiro passo de uma abordagem de design thinking é a *empatia*. Não se chama pesquisa, o que eu normalmente esperaria de um processo de design. Isso se chama *empatia* porque um resultado crítico de fazer o trabalho é entender como é realmente ser um usuário do seu produto. Para tanto, você precisa ir aonde estão os usuários, se encontrar com eles, observá-los trabalhando e, de maneira ideal, trabalhar com eles. Agora, claro, se você cria um software para cirurgiões, ninguém espera que se torne um cirurgião amador. Mas faça o possível para entender como é estar no lugar deles. É importante lembrar que fora da pesquisa tradicional, em especial na coisa quantitativa sem interferência, obtemos dados, mas nem sempre empatia.

Fale diretamente com clientes e usuários.
Vivencie os desafios com os quais você os está
ajudando em primeira mão.

O próximo passo se chama *definição*. Com o trabalho que fazemos durante a empatia, aprendemos muito. Mas precisamos entendê-lo — ter uma compreensão compartilhada. E faremos isso com muita colaboração para contar histórias, compartilhar e extrair o que descobrimos. Então, escolheremos pessoas e problemas específicos nos quais focar.

Use mapas da história aqui para mapear como as pessoas pensam hoje. Inclua neles detalhes do que você viu e descobriu. Foque os pontos problemáticos que os usuários têm e as recompensas que eles buscam. Use personas simples para criar um bom usuário de exemplo que sintetize o que você descobriu. Escolha problemas específicos para focar.

Foque realmente um ou alguns problemas.
Expresse-os especificamente.

O próximo passo é a *ideação*. Se você prestou muita atenção no último capítulo, falamos sobre uma prática simples chamada design studio. É um exemplo de uma boa abordagem de ideação. Na prática do negócio comum, em que a primeira pessoa a propor uma ideia viável é a vencedora, parece perda de tempo propor muitas ideias possíveis. Se você lembrar que suas primeiras soluções óbvias são, pois bem, óbvias, então se realmente propor uma solução inovadora é importante, pense além disso.

Gosto de usar um mapa da história como pano de fundo para a ideação. Use um mapa que mostre os problemas, as alegrias e outras informações sobre os usuários, e então debata as ideias diretamente. Escreva as ideias da solução diretamente em fichas ou notas adesivas, e coloque-as no mapa onde a solução é mais relevante.

Proponha deliberadamente várias soluções possíveis para os problemas do cliente e do usuário.

O próximo passo é o *protótipo*. Agora provavelmente todos nós sabemos o que são protótipos, mas muitas vezes esquecemos de criá-los na pressa de colocar para funcionar os produtos criados. É realmente uma pena. Os pequenos investimentos em protótipos simples de papel nos ajudam a pensar na solução. Eles nos ajudam a começar a vivenciá-la. Criar protótipos simples de papel ou com a mais simples das ferramentas de protótipo nos ajuda a filtrar muitas ideias que simplesmente não funcionarão. Começar a simular o ato real de usar um produto nos ajuda a continuar ideando — a propor ideias que melhoram ainda mais a solução.

Crie protótipos simples para explorar soluções melhores. Leve os protótipos a um nível de fidelidade que permita aos usuários e aos clientes avaliarem se a solução realmente resolve o problema deles.

O último passo é o *teste*. Não quero dizer com isso para verificar e ver se há erros. Significa descobrir se sua solução realmente resolve o problema de alguém. Talvez você fique surpreso com o fato de que poderia fazer isso, mesmo *com* erros. Quando você tiver um protótipo que acredita resolver os problemas em que escolheu focar, coloque o protótipo diante das pessoas que usarão seu produto. Não é exatamente "mostrar e falar". E com certeza não é vender. Os potenciais usuários precisam reconhecer o protótipo como algo que eles poderiam usar para resolver um de seus problemas. Eles precisam usá-lo para realizar uma tarefa real. Na verdade, você pode fazer isso fingindo boa parte.

Coloque suas soluções diante das pessoas que comprarão ou usarão seu produto. Não espere que seja um sucesso de cara. Itere e melhore-as.

Além desses cinco passos, a parte do design thinking é um modo de trabalhar que enfatiza equipes de colaboração pequenas e multidisciplinares que trabalham juntas rapidamente usando modelos simples, esboços e maneiras de baixa resolução de documentar e comunicar. Você deve reconhecer isso como a equipe de descoberta e outros colaboradores que descrevi no Capítulo 12. Deve reconhecer seu modo de trabalhar como aquele que enfatiza ter uma compreensão compartilhada.

Usar elementos do design thinking nos ajuda a realmente entender o problema que estamos resolvendo, portanto não resolvemos os problemas que imaginamos que as pessoas têm. Fazer o protótipo e testar as soluções antes de investir muito na criação de soluções escaláveis completas nos ajuda a validar se estamos criando soluções que as pessoas realmente valorizam e podem usar.

Mas o design thinking sozinho pode causar problemas.

Como Bagunçar Algo Bom

Os processos de design existem há tempos. O design thinking como uma abordagem generalizada para o design também. E um processo de design bem-feito pode ser uma grande melhoria se comparado aos velhos tempos difíceis. Mas não confunda processo com habilidade. Há alguns modos previsíveis de os processos de design fracassarem. Se você viu um bom processo de design levar tempo demais e resultar em algo ruim, talvez acredite que esses processos não funcionam. Não é o processo.

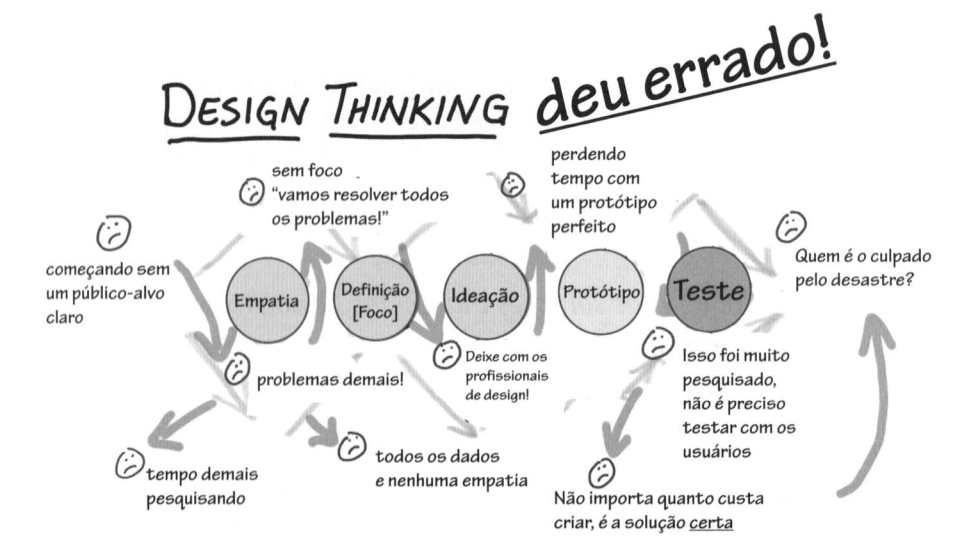

Design Thinking deu errado!

- começando sem um público-alvo claro
- **Empatia**
  - tempo demais pesquisando
- sem foco "vamos resolver todos os problemas!"
- **Definição [Foco]**
  - problemas demais!
- **Ideação**
  - todos os dados e nenhuma empatia
  - Deixe com os profissionais de design!
- perdendo tempo com um protótipo perfeito
- **Protótipo**
  - Não importa quanto custa criar, é a solução <u>certa</u>
- **Teste**
  - Isso foi muito pesquisado, não é preciso testar com os usuários
- Quem é o culpado pelo desastre?

Aqui estão algumas ótimas maneiras de bagunçar um processo de design:

- Comece sem estruturar as necessidades do negócio e visar bem o cliente. Isso dificultará priorizar em quem focar e dizer se você está encontrando uma boa solução.
- Passe muito tempo fazendo uma pesquisa completa e entendendo o que descobriu. Você nunca ficará sem coisas para aprender — então por que parar? O tempo limitado pode ter sido uma boa ideia.
- Não perca muito tempo falando com as pessoas e aprendendo com elas. Afinal, temos muitos dados e, na verdade, as ideias da nossa solução são ótimas. Só precisamos continuar fazendo o design delas.
- Falhe em focar um problema específico, tente resolver muitos problemas para muitas pessoas. Quanto mais problemas você resolver, melhor, certo? Exceto que os grandes problemas costumam resultar em grandes soluções. E tentar resolver um problema das pessoas com necessidades conflitantes pode resultar em uma solução que ninguém gosta.
- Considere várias soluções, mas apenas peça a designers reais para contribuir com ideias da solução, pois são as únicas pessoas treinadas para ter boas ideias.
- Não perca tempo considerando várias soluções, porque a ideia que temos é muito boa.
- Crie um belo protótipo que pareça real, mas não funciona bem o bastante para clientes e usuários de fato usarem. Afinal, quando o virem, dirão "parece muito lindo".
- Convença a si mesmo e aos outros que a solução projetada com profissionalismo e bem pesquisada funcionará. Afinal, você seguiu um processo de design rigoroso. O que poderia dar errado?
- Não se preocupe com quanto custará criar. É a solução certa e qualquer custo de criação se justifica.
- Quando você entrega a solução para clientes e usuários, e não vê os resultados esperados, encontre a falha no processo. Melhor ainda, encontre a pessoa ou o grupo para culpar.

Estou sendo um pouco sarcástico, eu sei. Mas sou um grande defensor de usar o processo de design. E curiosamente, acho que muitas vezes sou o único que reclama. Também posso dizer que sou culpado por quase todas as falhas listadas. Mas nos últimos anos, descobri um segredo sobre as abordagens de design típicas que as melhora.

Ciclos Curtos de Aprendizagem Validados

Eric Ries é autor do livro *A startup enxuta* (Editora Sextante). Em seu livro, Eric descreve como ele caiu na armadilha descrita antes como "velhos tempos difíceis". Como diretor de tecnologia de uma startup, ele ajudou a empresa a criar o que eles acreditavam ser um produto bem-sucedido. Só que os clientes e os usuários-alvo não viam assim. Na verdade, na maioria das vezes eles responderam com uma combinação de feedbacks simpáticos, ruins e total apatia. Definitivamente não era o resultado e o impacto buscados.

Um dos assessores de Eric na empresa era Steve Blank. Steve escrevera um livro chamado *Do Sonho à Realização em 4 Passos* (Editora Alta Books), no qual ele afirmava que a primeira coisa que você precisa desenvolver não é um produto, são os clientes. Ele descreveu um processo para validar progressivamente se você encontrou clientes interessados em uma solução, então validar se as soluções que você tem em mente são as soluções que eles comprarão, usarão e falarão sobre. Blank se referia a isso como *processo de aprendizagem validado*.

A maior contribuição de Eric Ries para o desenvolvimento de produto é simplificar e "produzir" esse raciocínio com um mantra simples: *criar-medir-aprender*. Eric enfatizou a redução do tempo necessário nesse ciclo de aprendizagem simples. Uma das maiores falhas nos processos de design tradicionais é passar muito tempo aprendendo e projetando — tanto tempo que você acaba muito preso às soluções, então não valida se essas soluções realmente produzem os resultados pretendidos. Onde um processo de design típico pode levar semanas ou meses para validar uma ideia da solução, um processo Startup Enxuta costuma levar apenas dias.

O que Está em um Nome

Preciso dizer que amo a maioria das coisas sobre o pensamento Startup Enxuta. Mas não gosto do nome. Não é Enxuta, e os conceitos são importantes demais para serem usados apenas por startups.

Enxuta se refere ao uso do pensamento Enxuto e aos princípios como descritos pelo Sistema de Processamento Toyota décadas atrás, e ao pensamento Enxuto como popularmente usado em muitos outros contextos agora, inclusive o desenvolvimento de software. Existem incontáveis boas ideias encontradas no pensamento Enxuto, e Startup Enxuta apenas arranha a superfície.

Eric tenta demonstrar que as startups existem até nos maiores negócios, que há contextos de alto risco e incerteza que requerem o pensamento de startup. Mas acredito que se você diz "Não há muito risco ou incerteza nesse projeto", precisa lembrar de que essas são as famosas últimas palavras. Sempre há risco e as estratégias de aprendizagem descritas em um processo Startup Enxuta são muito úteis na maioria dos contextos. Não é preciso justificar para si mesmo ou para os outros que você necessita se comportar como uma startup.

Como o Pensamento Startup Enxuta Muda o Design do Produto

Nos velhos tempos difíceis, uma grande ideia era proposta, criada e esperávamos pelo melhor.

Se estivéssemos tentando escapar da armadilha de usar um processo de design rigoroso, fazíamos o melhor para reservar nossas ótimas ideias, e então nos aprofundar na pesquisa para entender os problemas a resolver.

Aqui está a maneira como recomendo fazer as coisas hoje, usando o pensamento Startup Enxuta.

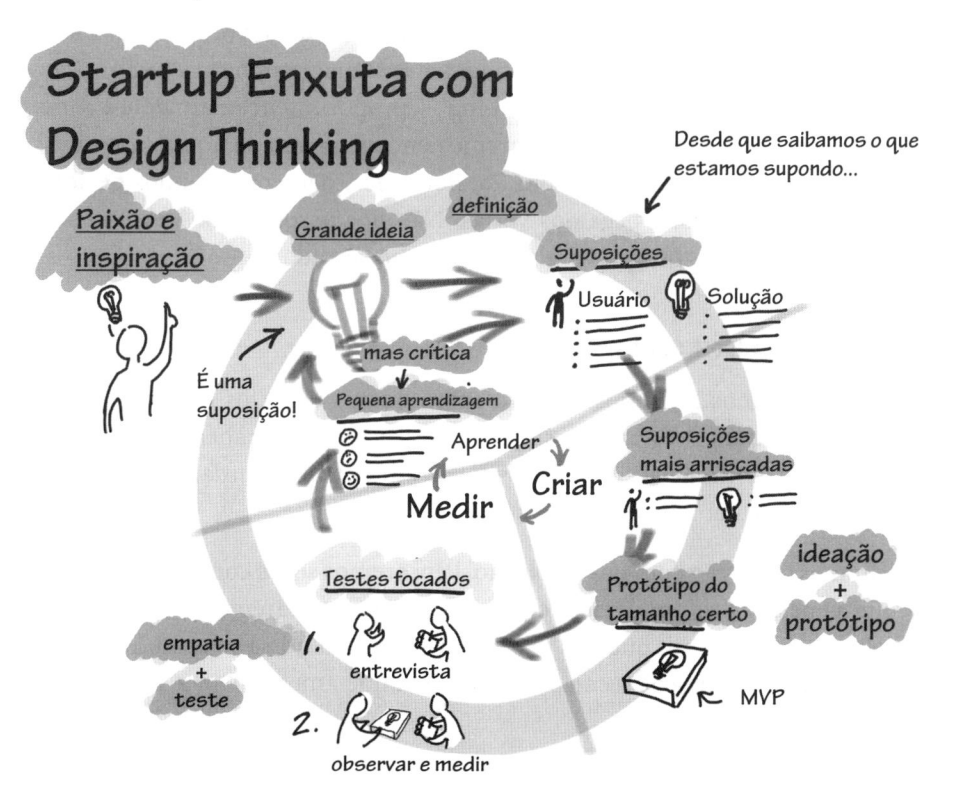

Startup Enxuta com Design Thinking

Paixão e inspiração → *Grande ideia* → *definição* → *Suposições* (Desde que saibamos o que estamos supondo...) — Usuário, Solução

É uma suposição! — mas crítica — Pequena aprendizagem — Aprender — Medir — Criar — Suposições mais arriscadas — Protótipo do tamanho certo — ideação + protótipo — MVP

Testes focados:
1. entrevista
2. observar e medir

empatia + teste

Comece Supondo

Sim, supondo.

Nos velhos tempos difíceis, você teria suposto e fingido que não. Em um processo de design, você não teria se permitido supor. Teria feito isso de qualquer modo, mas fingido que não fez. Portanto pare de fingir.

Na verdade, não é só supor. É uma combinação de paixão, experiência e insight — junto a uma boa dose de imaginação — que faz as coisas acontecerem. Pego minhas suposições e imaginações sobre quem são meus usuários, em geral desenhando protótipos simples. Descrevo como acho que eles trabalham hoje criando mapas da história simples de "agora". Faço isso com a colaboração de outras pessoas que têm experiência de perto com usuários e clientes. Em algumas situações, faço isso envolvendo clientes e usuários diretamente. Então, de fato, muitas suposições da nossa equipe não são suposições. Mas também não é exatamente uma pesquisa como costumamos fazer. Passaremos horas e até dias fazendo isso — nunca semanas ou meses.

Após todos terem uma compreensão compartilhada sobre quem usará o software e um foco nos problemas a resolver, imaginamos a solução. Usaremos os princípios do design thinking — propor intencionalmente e considerar várias soluções. Mas tentaremos encontrar rápido aquilo que consideramos ser nossa melhor solução. Por vezes, não conseguimos decidir sobre uma solução, e pegamos várias. Não nos preocupamos muito com isso, pois sabemos que provavelmente estamos errados.

Nomeie Suas Suposições Arriscadas

Como podemos ter suposto muito sobre nossos usuários e seus desafios hoje, nomearemos essas suposições. Especificamente, trabalharemos juntos para fazer uma lista das coisas que acreditamos ser verdadeiras, mas se achamos que não são, precisaremos repensar tudo.

Faremos o mesmo com nossa solução. Pensaremos sobre como acreditamos que as pessoas responderão a ela e como a usarão. Faremos uma hipótese sobre como achamos que elas se comportarão com nossa solução. Também discutiremos os riscos técnicos — as coisas que ameaçariam a viabilidade da nossa solução.

Com uma lista dos riscos e das suposições sobre clientes, usuários e nossa solução, identificaremos o que pensamos ser alguns riscos maiores.

Planeje e Crie um Pequeno Teste

É aqui que as coisas ficam *muito* diferentes.

Nos velhos tempos difíceis, teríamos planejado e criado um produto inteiro. Em um processo de design, faríamos o protótipo do produto inteiro ou de grande parte dele. Mas usando a abordagem Startup Enxuta, em que nosso objetivo é aprender algo o mais rápido possível, faremos o melhor para criar o menor protótipo possível. Em muitos casos, será difícil chamá-lo de protótipo.

Veja um exemplo dos meus amigos em uma ONG chamada ITHAKA. Eles criaram um produto chamado JSTOR. Se uma pessoa se matriculou em uma faculdade dos EUA, provavelmente usou o JSTOR na biblioteca para encontrar artigos e livros para um trabalho que precisava escrever.

Os alunos que usavam o produto queriam usá-lo com facilidade de qualquer lugar — em cafeterias, em casa ou em viagem. Mas acessar o JSTOR fora da faculdade podia ser um desafio para os alunos. Era preciso definir um nome de usuário e senha na faculdade para que quando eles estivessem em uma cafeteria, pudessem fazer login e acessar todos os recursos licenciados pela universidade. A equipe JSTOR já tinha uma solução, mas era complicada de usar. Eles queriam testar um novo modo de fazer as coisas.

Eles tinham estas suposições sobre os alunos:

- Trabalhavam nas cafeterias e nos dormitórios
- Não sabiam que podiam acessar o JSTOR nesses locais
- Ou se sabiam, achavam difícil

Eles tinham estas suposições sobre a solução:

- Seria fácil de aprender
- Seria óbvia para os alunos que tinham acesso total ao JSTOR sem estarem na biblioteca

Para testar suas suposições, a equipe JSTOR não precisou criar um software — não ainda. Ela precisou conversar com os alunos especificamente sobre onde eles estavam quando faziam pesquisa, sobretudo quando usavam o JSTOR. A equipe precisava confirmar se os alunos tinham os desafios que ela imaginava e, assim, se eles achavam que a ideia de solução do JSTOR lidaria com esses desafios.

A equipe planejou falar com muitos alunos. E para facilitar e ser mais consistente descrever o problema e sua solução para os alunos, ela criou um gibi de design simples. Se você não viu um, o gibi de design é exatamente isso. Lembra as páginas de um gibi. Mas em vez de mostrar super-heróis lutando com supervilões, mostra pessoas reais resolvendo um problema real com a ideia da solução.

Veja algumas páginas do gibi de design do JSTOR (reproduzido com a cortesia de ITHAKA, © 2014 ITHAKA, todos os direitos reservados):

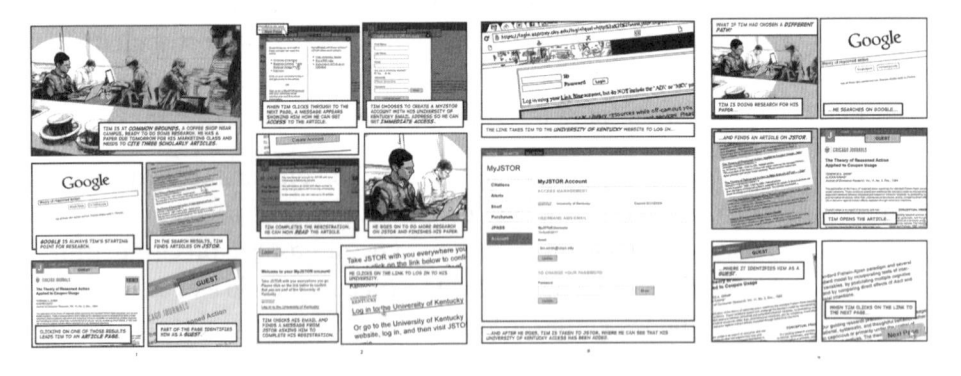

O teste que a equipe criou requeria que ela passasse um tempinho entrevistando os alunos para aprender sobre seus desafios hoje. Então, ela revisou o cenário com os alunos para ver se a solução parecia lidar com os desafios deles. A equipe criou um protótipo completo. Ela *realmente* se preocupava se a solução seria útil, e não seria possível descobrir isso com um gibi. Ela também tinha questões técnicas que exigiam escrever um código de protótipo para testar. Mas nada disso importava se os alunos não tivessem um problema e não respondessem bem à ideia.

A menor solução possível a testar é o que a Startup Enxuta se refere como *produto mínimo viável*. Sim, Eric Ries sabe que não é o produto completo, mas, quando sua meta é aprender, *é* o menor produto que você poderia criar para tanto.

Meça Executando o Teste com Clientes e Usuários

Coloque o teste diante dos clientes e dos usuários. No início do trabalho, isso geralmente significa agendar entrevistas e passar um tempo com as pessoas. Se você cria uma solução do consumidor, pode fazer *interceptações do cliente*, que é um modo técnico de dizer vá para onde estão os clientes e os usuários, intercepte-os e converse com eles. Marquei com pessoas com quem trabalho quando elas iam ao shopping, cafeterias e pontos turísticos.

O JSTOR recrutou alunos da graduação e da pós-graduação, passando de 30–60 minutos falando com eles primeiro para entrevistar e aprender como eles faziam as coisas hoje para que a equipe pudesse confirmar suas suposições sobre os problemas que ela resolvia. Então guiaram os alunos no gibi de design para obterem a resposta deles para a ideia da solução.

Repense Sua Solução e Suposições

Após executar o teste algumas vezes, você começará a ter resultados previsíveis. Se estiver redondamente errado, muitas vezes descobrirá isso bem rapidamente. Volte ao que você aprendeu. Remonte os fatos até quando o que você achava que sabia sobre seus usuários e o modo como eles trabalham hoje. Use isso para repensar sua solução. Então, repense as suposições sobre usuários e soluções. E planeje o próximo teste.

Após as pessoas do JSTOR executarem os testes, elas descobriram que alguns alunos não tinham os problemas que elas imaginaram. Normalmente isso seria más notícias, pois odiamos estar errados. Mas em uma abordagem Startup Enxuta, é excelente. É excelente porque elas descobriram que estavam erradas após alguns dias pensando e trabalhando, não semanas mais tarde com a equipe criando o software.

Se você usa esse tipo de abordagem, seu maior desafio será aprender a comemorar o que aprende, não se preocupar por estar errado.

Em uma abordagem Startup Enxuta, não aprender muitas vezes é a maior falha.

Em uma abordagem Startup Enxuta, *criar* significa criar o melhor experimento possível. *Medir* pode ser uma análise coletada no software de trabalho, observações diretas de entrevistas e testes de protótipos presenciais, ou ambos. *Aprender* é o que fazemos com a informação. É o repensar de nossas suposições e a reformulação do que acreditamos ser uma melhor solução daqui para frente.

Histórias e Mapas da História?

Você pode estar se perguntando: "Onde estão as histórias e os mapas da história nisso?" E está certo em perguntar.

Ao longo de uma abordagem de aprendizagem validada, você está sempre contando histórias sobre quem são seus usuários, o que eles fazem e por quê. Você usará os mapas da história para contar histórias maiores sobre como as pessoas trabalham hoje e como imagina que elas usarão sua solução. Quando chegar a hora de criar os protótipos, você usará as histórias e as conversas da história para concordar especificamente sobre como deve ser o protótipo que está criando e o que verificará para confirmar se o protótipo está terminado. Após entender que as histórias são um modo de trabalho, achará difícil dizer quando você as utiliza ou não.

Mas há uma grande diferença no modo como usamos as histórias. Em geral, quando as utilizamos, conversamos com desenvolvedores, verificadores e muitas outras pessoas sobre o software que pretendemos criar e colocar em produção. Trabalharemos muito para assegurar que temos uma compreensão compartilhada. Detalharemos muito sobre como criaremos o software para podermos aprender o bastante para fazer uma boa estimativa de quanto tempo levará. Normalmente falaremos sobre muitas histórias para que possamos acordar sobre quanto podemos fazer em um sprint de duas semanas ou iteração. Mas a maneira como trabalhamos durante a descoberta é mais rápida. Esperamos criar protótipos simples em horas, não em dias. Até os protótipos que criamos usando código e dados dinâmicos esperamos que levem dias, não semanas. Criamos para aprender e esperamos que grande parte de nossas ideias falhe ou, no mínimo, precise de ajuste para ter sucesso. Portanto tivemos o foco em trabalhar juntos e rapidamente, acordando rápido e minimizando a formalidade.

Durante a descoberta e a aprendizagem validada, talvez você conte histórias sempre, dividindo as ideias, e trabalhe em pequenas peças de criação, acordando sobre exatamente o que criar. Você fará isso tão rápido que não ficará claro se está usando histórias. Mas está.

CAPÍTULO 16
Aprimore, Defina e Crie

E agora? Se as histórias são para planejar e facilitar as discussões para criar um software, tudo que parecemos fazer é conversar muito.

Fichas, Conversas, Mais Fichas, Mais Conversas...

Suas primeiras conversas o ajudaram a entender uma oportunidade. Você falou sobre quem usaria seu produto e imaginou como ele seria usado para realizar algo valioso para essas pessoas. Suas conversas foram profundas o bastante para dividir a grande oportunidade em partes pequenas o suficiente para você conseguir dizer quais eram importantes estar na próxima versão do produto e quais não importavam muito. Você coletou histórias que descreviam a próxima versão viável em um backlog da versão.

Se você é inteligente, e eu sei que é, suas próximas conversas se aprofundam em como o software pode ser, como ele se comportaria e como poderia se ligar ao produto existente e à arquitetura de software. Você teve essas conversas com um olhar atento sobre a parte arriscada. Dividiu as histórias em partes que poderia criar no início e ajudariam você a aprender mais, com rapidez. E como é inteligente, segmentou o backlog da versão nas histórias para aprender no início, criar no meio e aprimorar depois.

Mas agora, a realidade. É hora de ter nossas *melhores* conversas finais.

Cortando e Lapidando

Gostaríamos de começar a trabalhar criando essas coisas e sabemos que criar o software que nossa narrativa descreve será tranquilo e previsível se pudermos descrever de forma concisa e exata o que gostaríamos de criar. Mas após todas as conversas, as histórias ficaram um pouco mal acabadas. Provavelmente não falamos sobre nenhuma delas com detalhes suficientes para entender com precisão o que são ou não, e realmente prever quanto tempo levará para criar. Mas temos uma máquina mágica que consertará tudo isso.

Quero que você imagine uma maquininha elegantemente projetada. Colocaremos histórias mal acabadas do nosso backlog da versão em um grande funil à esquerda. Então, dentro da máquina, ouviremos pequenos ruídos e trituração. E saindo de um pequeno bico no lado direito aparecem partes pequenas e lapidadas. Essas pequenas partes são as coisas que os membros da equipe podem pegar e usar para criar com previsão um software de alta qualidade.

Por fora, a máquina parece mágica, mas por dentro, você e sua equipe têm discussões sérias sobre cortar e lapidar as pedras. O mecanismo secreto e especial oculto na máquina é o *workshop da história*.

Como você lembra do Capítulo 11, os workshops da história são pequenas conversas produtivas em que as pessoas certas trabalham juntas para contar histórias uma última vez e, durante o processo, tomar todas as decisões difíceis sobre exatamente o que será escolhido para criar. São conversas da história profundas que resultam na confirmação. Por fim, chegamos no terceiro C no fluxo *ficha-conversa-confirmação*. É esse C que realmente nos ajuda a cortar e lapidar as pedras.

Workshop das Histórias

Você precisará de um pequeno grupo que inclua desenvolvedor, verificador e pessoas que entendam os usuários e como a IU será e se comportará, ou seja, os designers de IU ou os analistas de negócio em algumas organizações. Isso acontece melhor quando o grupo é pequeno o bastante para trabalhar junto com eficiência diante de um quadro branco. Em geral são três a cinco pessoas.

As discussões da história parecem mais um workshop e menos uma reunião

É um workshop, não uma reunião. *Reunião* é a palavra que se tornou um eufemismo para colaboração improdutiva. Um workshop da história precisa estar repleto de muita discussão produtiva, mãos acenando, desenhos no quadro branco e esboço. Precisaremos trabalhar juntos para decidir exatamente o que criaremos. Temos que sair dessa conversa com uma compreensão compartilhada consolidada e precisamos de espaço para ter conversas produtivas com palavras e imagens.

Em todas as conversas anteriores até agora, falamos sobre os detalhes, mas felizmente tivemos o limite para nos aprofundar o suficiente para tomar as decisões necessárias no momento. As decisões tomadas agora focam responder à pergunta: o que criaremos, exatamente?

É durante essa conversa que você descobrirá que sua história é grande demais. Quero dizer, é maior do que o tamanho ideal que gostaríamos de ver no desenvolvimento — dois dias ou menos para criar. Tudo bem, nem *sempre* é grande demais. Mas se você apenas supõe que será, então terá a agradável surpresa quando não for assim. Por sorte, você tem exatamente as pessoas certas na sala para ajudar a dividir a história em histórias menores que podem ser entregues, testadas e demonstradas no produto em crescimento que a equipe trabalha junto para criar.

Receita para o Workshop da História

Use um workshop da história para aprimorar a compreensão e definir especificamente o que a equipe de desenvolvimento criará. O workshop é uma conversa do produto — apoiada em muitas imagens e dados — que ajuda a equipe a tomar decisões de chegar à confirmação: o critério de aceitação para o que escolheremos criar.

Antes do workshop, deixe a equipe saber quais histórias você apresentará. Coloque em uma parede ou divulgue. Deixe que os membros da equipe decidam, isto é, escolham participar ou não.

Mantenha o workshop pequeno para ficar produtivo. Três a cinco pessoas é um bom tamanho.

Inclua as pessoas certas. Para a conversa ser eficiente, inclua:

- Alguém que entenda os usuários e como a IU poderia ou deveria funcionar — geralmente um proprietário do produto, um profissional UX ou um analista de negócio
- Um ou dois desenvolvedores que entendam a base de código à qual você adicionará o software, porque essas pessoas entenderão melhor o que é viável criar
- Um verificador que ajudará a testar o produto, porque ele ajudará com as perguntas difíceis para que consideremos os "e se" que os outros muitas vezes são otimistas demais para considerar

Outras pessoas e papéis podem ser relevantes aqui, mas lembre-se de que o tamanho certo para uma boa conversa é "o tamanho de uma conversa no jantar".

Talvez você ache que uma pessoa possa assumir dois papéis. Por exemplo, muitas vezes vejo uma combinação de analista de negócio/verificador em algumas organizações TI. Mas se todas as questões não forem consideradas, faça uma pausa no workshop e tente encontrar alguém na equipe que possa cuidar da preocupação que falta.

Aprofunde e considere as opções. Use as conversas para se aprofundar em:

- Exatamente quem é o usuário
- Exatamente como acreditamos que ele usaria o produto
- Como é exatamente a IU
- Como o software se comporta exatamente na IU — aquelas regras comerciais complicadas e a validação dos dados
- Mais ou menos como podemos criar o software — porque precisamos prever quanto tempo levará para criar — e, felizmente, estamos tornando as coisas reais o bastante nesse ponto para podermos prever com mais precisão quanto tempo isso levará

Lembre-se de que precisamos considerar só o que é requerido. Se a discussão leva a soluções que são caras ou complexas, dê um passo atrás e discuta os problemas que estamos realmente resolvendo e alternativas que poderíamos criar para resolvê-los.

Concorde sobre o que criar. Após conversas suficientes para ter uma compreensão compartilhada, responda às perguntas:

- O que verificaremos para confirmar que o software está terminado?
- Como demonstraremos o software mais tarde quando o revisarmos juntos?

Converse e documente. Use quadros brancos ou quadros de papel para desenhar imagens, escrever exemplos e considerar as opções. Não deixe que suas decisões evaporem. Registre-as em um quadro branco ou de papel onde todos possam ver. Fotografe as anotações e desenhos, e então transcreva-os mais tarde.

Fale com exemplos. Sempre que possível, use exemplos específicos do que os usuários fazem, exatamente quais dados podem ser inseridos, o que os usuários veriam em resposta ou qualquer exemplo que dê melhor suporte à sua história.

Divida e diminua. Ao discutir os detalhes e pensar no tempo de desenvolvimento, muitas vezes você achará que as histórias são maiores do que você gostaria de colocar em um ciclo de desenvolvimento. Trabalhe em grupo para dividir as histórias grandes ou "diminuir" as histórias removendo as partes extras desnecessárias.

Não está funcionando quando...

- Ninguém participa — quando uma pessoa descreve o que é preciso e as outras ouvem
- Quando focamos apenas os critérios de aceitação e não contamos a história sobre quem faz o quê e por quê
- Quando não consideramos as opções de uma perspectiva funcional e técnica

Planejamento do Sprint ou da Iteração?

Alguns profissionais Ágeis têm essas conversas da história críticas durante as sessões de planejamento, como um planejamento da iteração ou do sprint. Isso funciona muito bem se você trabalha com equipes que operam bem juntas e discutem com uma boa compreensão do seu produto. Para as equipes com as quais trabalhei por anos, é como fazíamos as coisas.

Mas uma das maiores reclamações que ouço das equipes Ágeis é que essas reuniões de planejamento costumam ser longas, um tormento. Em algum momento todos concordam sobre o que criar, mesmo que não tenham uma compreensão compartilhada, só para a tortura acabar.

Sendo Aceita

Nicola Adams e Steve Barrett, seguradora RAC, Perth, Austrália

Minha primeira incursão no mundo de uma equipe de projeto Ágil na função de analista de negócio foi uma lição dura e fria do poder da colaboração sobre a palavra escrita.

— Nicola Adams

O Contexto

Recontando uma fatia da jornada de transformação da metodologia waterfall em Ágil na seguradora RAC em Perth, Austrália Ocidental, Nicola — uma experiente analista de negócio — era bem versada na abordagem de entrega tradicional para o desenvolvimento de software. Sua função envolvia engajar o negócio, entender o domínio do problema e trabalhar com a TI para documentar especificações funcionais e passar para a entrega. As linhas de comunicação eram assim:

Negócio ↔ Analista de negócio ↔ TI

O foco eram as especificações detalhadas para não deixar pedra sobre pedra. Reconhecendo que os "desenvolvedores não leem", estratégias de mitigação foram utilizadas (por exemplo, instruções da especificação) com sucesso variado. Grandes lacunas de tempo eram comuns desde as especificações concluídas até quando reconhecer que era preciso dar suporte ao desenvolvimento e ao teste.

O que Aconteceu Inicialmente?

A afinidade natural com as especificações escritas não foi rompida com facilidade. O conceito de colocar os requisitos em uma ficha foi difícil de entender. Como Nicola poderia esperar que desenvolvedores e verificadores entregassem a funcionalidade requerida, pela qual se sentia responsável, se eles não tinham informações suficientes? O foco mudou para criar narrativas da história, pouco diferente das especificações funcionais, exceto em escala; as linhas de comunicação não mudaram.

A preparação da sessão de elaboração de Nicola incluiu:

- Requisitos coletados com as partes interessadas do negócio
- Análise profunda dos requisitos e dos dados

- Criar narrativas da história (de uma a cinco páginas cada) documentando os requisitos, o design da solução e os critérios de aceitação
- Ler as narrativas para a equipe usando um projetor e fazendo perguntas

Infelizmente, os resultados não foram bons. As sessões de elaboração foram superficiais e pouco inspiradoras, com grande parte da equipe sem engajamento. E mais, Nicola sentiu que teve pouco tempo para preparar as histórias, e a equipe ignorou amplamente as narrativas durante a entrega.

Após uma sessão de elaboração, Sam, um especialista no papel de proprietário do produto, observou:

— Se é um projeto Ágil, não quero me envolver!

Isso precisava mudar!

O que Mudou?

Steve, o gerente de produto, facilitou uma retrospectiva da equipe para focar o problema. Essa retrospectiva resultou em muitas conclusões importantes, inclusive abandonar os documentos de narrativa da história, incluir as equipes de negócio e entrega na elaboração da história, e assegurar um ritmo para a preparação do backlog e a elaboração da história.

Nicola foi além de apenas aplicar as ações, ela abraçou a intenção. A próxima sessão de elaboração da história foi uma mudança radical em relação à anterior.

A equipe não se sentava mais chateada e desinteressada quando eles examinavam as narrativas da história projetadas na tela. Agora ela se reunia em volta de modelos visuais e artefatos, absorvida nas conversas da história reais envolvendo o proprietário do produto, os especialistas e a equipe de entrega.

As linhas de comunicação haviam mudado. Nicola não era mais a intermediária entre o negócio e a TI; agora era uma facilitadora permitindo que as conversas fluíssem entre as pessoas que entendiam o valor comercial, as pessoas que se sentavam com os usuários para saber o que seria útil e a equipe de entrega que sabia o que era viável:

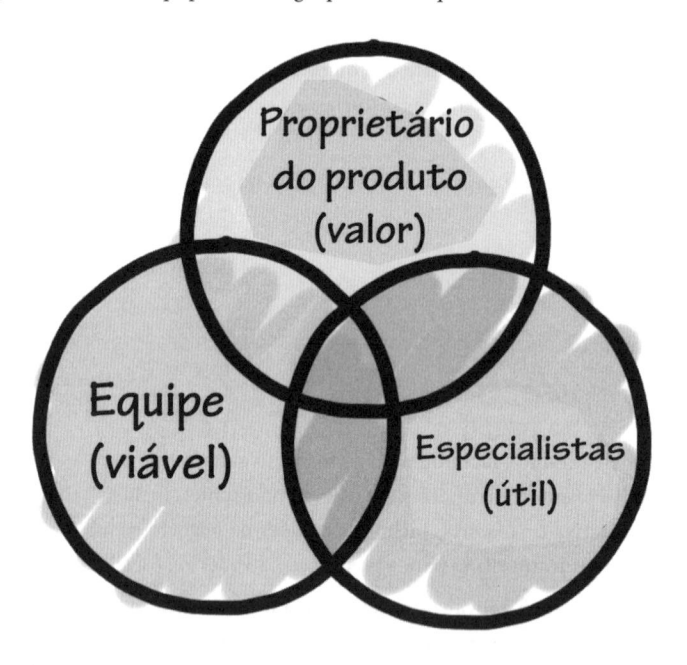

Diagrama de Venn: Proprietário do produto (valor), Equipe (viável), Especialistas (útil).

As equipes de negócio e entrega adoraram o novo formato e agora estavam totalmente engajadas, uma compreensão compartilhada foi criada em torno dos problemas a resolver, a divergência e a convergência do grupo permitiram à equipe chegar a soluções ideais dentro dos limites, e Nicola sentiu menos pressão e teve mais tempo.

Nicola foi aceita!

As Pessoas Não Colaboram

A tortura da reunião de planejamento do sprint se tornou uma disfunção tão comum que muitas equipes escolhem racionalmente discutir essas histórias nos dias que antecedem a reunião. Muitas vezes, são marcadas no calendário como reuniões de pré-planejamento, preparação do backlog ou de aprimoramento do backlog. Mas, em geral, o que acontece é que a mesma tortura que era odiada apenas mudou da reunião de planejamento para um dia diferente. Para piorar, é pedido que os membros da equipe façam uma pausa em seu trabalho produtivo atual para se sentarem durante essa tortura. Não é de admirar que as pessoas não fiquem empolgadas.

O problema não é que as conversas da história são difíceis. Bem, na verdade, elas podem ser bem complicadas às vezes. Mas todas as conversas ficam mais difíceis ao se tentar incluir pessoas demais. Se muitas pessoas não estão interessadas nem motivadas para participarem, você está perdido. Você sabe sobre quem estou falando — as pessoas fingindo que não podemos vê-las mexendo nos smartphones sob a mesa.

Permita que todos os membros da equipe escolham estar nessas conversas. Se depois eles reclamarem sobre as decisões tomadas, certifique-se de convidá-los para estar lá na próxima vez.

Se todos querem participar, tente usar um padrão de colaboração em aquário, como o descrito na seção a seguir. Assim, os interessados podem aparecer, participar se quiserem, e sair se acham que não estão perdendo nada interessante.

Padrão de Colaboração em Aquário

Se você conseguiu pessoas que querem participar sinceramente da conversa, mas adicioná-las aumenta a conversa, passando a um tamanho improdutivo, tente usar um padrão de colaboração em aquário. Isso lhes dará um modo de se envolver com o mínimo impacto no resultado. O que elas e outras pessoas costumam achar é que estar lá não era tão importante quanto pensavam. Com o tempo, você verá que elas ficam felizes em deixar os outros discutirem os detalhes, então aprendem sobre os resultados em uma conversa posterior.

Colaboração no Estilo Aquário

Membros da equipe interessados no lado de fora

Grupo pequeno eficiente no lado de dentro

Tudo bem entrar; apenas mantenha cinco ou menos no lado de dentro

entediado? tudo bem sair!

Tudo bem usar o smartphone; você não está no aquário!

> O processo funciona assim: três a cinco pessoas trabalham juntas na frente de um quadro branco ou de papel — elas são o peixe no aquário.
>
> As outras na sala podem observar, mas não falar. Estão fora do aquário.
>
> Se alguém de fora do aquário deseja participar, pode "entrar". Mas quando o externo entra, um interno deve sair de maneira simultânea.
>
> Assim, a conversa fica pequena e produtiva, e os outros ficam informados e envolvidos. Também é ótimo para os aprendizes ficarem por dentro sem desacelerar o trabalho.

Divida e Diminua

Lembra do bolo e dos cupcakes vistos no Capítulo 8? Agora é hora de dividir esses bolos nos menores cupcakes possíveis. É agora — quando você tem os desenvolvedores, os verificadores e outras pessoas que podem realmente criar o software — que realmente somos capazes de imaginar como poderíamos dividir a história.

Lembre-se de que um software é "soft" (ou maleável). Bem, não é tão maleável como uma esponja ou um cupcake. De preferência, é mais como um documento grande ou um livro. Se você escrevesse um livro, como eu fazendo o melhor que posso aqui, não teria que fazer tudo de uma só vez. Talvez você se sente e escreva um capítulo por vez. De fato, escreverei um capítulo por vez e Peter, meu editor competente e prestativo, revisará o que escrevi, fazendo correções e sugestões.

Mas o capítulo não está "terminado". Longe disso.

Precisarei voltar e descobrir onde ficarão as ilustrações. Precisarei descobrir se devo adicionar notas de rodapé, referências, termos do glossário ou itens do índice. Então outros editores da editora voltarão em cada capítulo, fazendo melhorias finais. Dividi naturalmente o trabalho para que seja iterativo, de modo que eu possa ver o livro inteiro tomar forma mais cedo.

Você está lendo o capítulo "Aprimore, Defina e Crie". E se está lendo agora, espero que ele esteja totalmente pronto. Se eu pensasse nos meus critérios de aceitação finais, diria que eles deveriam ser algo como:

- Editado e compreendido por mim
- Editado e compreendido por meus editores
- Com suporte de ilustrações que ajudam os leitores a visualizarem os pontos

- Com suporte de um índice que os leitores possam usar para encontrar os termos no capítulo
- Com apoio de um glossário que os leitores possam usar para pesquisar as definições dos termos apresentados no capítulo

Droga, é muito trabalho. Mesmo enquanto digito essas coisas no primeiro rascunho agora, percebo que é muito trabalho a fazer. Mas não quero fazer tudo antes de ir para o próximo capítulo, porque gostaria de ver como o livro inteiro fica montado. Então o dividirei em "cupcakes" — pequenas partes completas que não estão prontas para serem enviadas, mas que aumentam minha confiança de que estou no caminho certo conforme avanço no livro.

Dividirei meu trabalho em histórias assim:

- Aprimorar, Definir, Criar o primeiro rascunho geral
- Aprimorar, Definir, Criar o segundo rascunho aprimorado
- Aprimorar, Definir, Criar com ilustrações
- Aprimorar, Definir, Criar com o feedback do revisor incorporado
- Aprimorar, Definir, Criar os termos do índice
- Aprimorar, Definir, Criar os termos do glossário
- Aprimorar, Definir, Criar o rascunho final

Sobre cada coisa posso contar uma história que descreve como é e pensar nos passos que eu (com a ajuda de edição de Peter) devo dar para terminar cada versão melhor e fazer melhorias no capítulo. E você pode ver que conforme cada coisa é concluída, o capítulo fica cada vez mais aprimorado e se aproxima da versão final. Na teoria, há algo que você pode ver e consumir após a primeira história na lista ser terminada. Mas eu não faria isso com você. Não seria legal e sua reação não seria boa.

Por fim, como sei que você está antenado, pode ter notado que a lista das histórias menores do tamanho de um cupcake lembra muito os critérios de aceitação do capítulo. A mágica está aqui. É a discussão desses critérios que revela como poderíamos dividir o trabalho em partes menores que podemos criar e inspecionar ao longo do caminho.

É importante inspecionar seu trabalho ao longo do caminho para que você possa avaliar e fazer correções no curso. Você deve ter visto o exemplo muito idiota que escrevi originalmente aqui. Mas nunca o verá porque ele foi escrito, inspecionado e removido.

Em um processo de software tradicional, a parte "inspecionar e remover" se chamaria requisitos ruins. Mas quando você está no papel Ágil, é aprendizagem e melhoria iterativa.

> ### O Jogo do Bom, Melhor, Máximo
>
> Uma das minhas técnicas simples favoritas para dividir mais as histórias é o jogo do Bom, Melhor, Máximo. Jogamos usando uma história grande e notas adesivas, terminando com:
>
> história original → histórias menores - rápidas de criar
>
> - o que é BOM O BASTANTE para as coisas funcionarem?
> - o que o tornaria MELHOR?
> - qual é a versão MÁXIMA que podemos imaginar?
>
> **Bom o Bastante Agora**
>
> Dada uma história, comece discutindo sobre o que é bom o bastante — ou seja, apenas suficiente de fato, e provavelmente não bom o bastante para usuários e clientes amarem. Anote as características que o tornariam bom o bastante e trate-as como histórias menores separadas.
>
> Ao examinar um exemplo que lembra o IMDb.com (banco de dados de filmes na internet), discutimos a história "Exibir informações do filme". Imaginamos uma tela onde poderíamos ver os detalhes do filme para tomar uma decisão sobre ver o filme. Quando discutimos sobre Bom, propusemos estas coisas simples:
>
> - Exibir informações básicas: título, avaliação, diretor, gênero etc.
> - Exibir o cartaz do filme

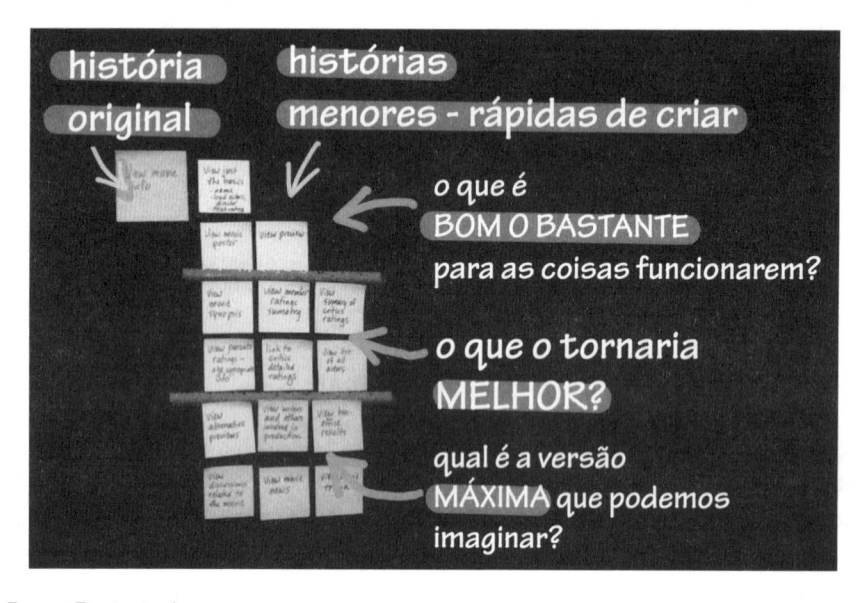

- Assistir ao trailer

Melhor

Então pergunte o que o tornaria ainda melhor. Para o exemplo do banco de dados de filmes, acabamos com:

- Ler uma sinopse do filme
- Ler as avaliações de membros
- Ler as avaliações de críticos
- Exibir uma lista de todos os atores no filme

Máximo

Por fim, pergunte o que seria realmente fabuloso. Não tenha medo de pirar aqui. Lembre-se, esses não são os requisitos. São só você e sua equipe considerando opções. Por vezes, algumas coisas interessantes saem dessas discussões — coisas que tornariam o produto realmente fabuloso, mas são muito baratas de implementar. Para o exemplo do banco de dados de filmes, acabamos com:

- Assistir a trailer ou vídeos alternativos sobre o filme
- Ler curiosidades sobre o filme
- Ler novidades sobre o filme
- Ver e participar de discussões sobre o filme

Você pode ver como essa progressão de histórias menores ajuda a criar a história "Exibir informações do filme" desde algo que me permitirá vê-la funcionando até as histórias que o melhorariam para ser realmente fabuloso. Se eu fosse criar esse recurso, faria primeiro o básico no aplicativo inteiro antes de seguir e criar as coisas melhores, e então o máximo. Fico mais seguro cumprindo os prazos quando crio assim.

Quando tiver discussões da história realmente boas, e sei que terá, no final de um *workshop da história* você deverá ter histórias do tamanho certo fundamentadas por muita documentação extra e modelos, e por critérios de aceitação que descrevem como verificar a história para confirmar se está concluída. Às vezes serão necessários alguns workshops com suporte de uma pequena pesquisa externa, análise e trabalho de design para chegar a um acordo, mas tudo bem. Leva tempo cortar e lapidar, e um pouco mais de paciência.

Receita de Planejamento do Ciclo de Desenvolvimento

Processos Ágeis como a Programação Extrema e o Scrum usam o *desenvolvimento com limite de tempo*, em que cada ciclo de desenvolvimento inicia com uma sessão de planejamento e termina com uma revisão. Em muitas empresas, são algumas das reuniões mais odiadas. Podem ser longas e difíceis, e quando os membros da equipe saem dela, muitas vezes estão prontos para concordar com qualquer coisa, só para saírem da sala. Não é preciso ser um gênio para imaginar que a qualidade dos planos ali feitos não é muito boa.

Mas não precisa ser assim.

Veja uma receita simples que deve ajudá-lo a evitar os piores problemas.

Prepare

Escolha histórias com um ciclo ou dois à frente. Se você é o proprietário do produto, reúna-se regularmente com a equipe do produto principal para discutir sobre o progresso das soluções em curso. Escolha as histórias que provavelmente você gostaria de pegar em seguida para aproximar mais as soluções do lançamento.

Faça um workshop antes. Para as pessoas na equipe do produto, arrume tempo para trabalhar junto com os membros da equipe antes da sessão de planejamento. Entre nos detalhes, divida as histórias maiores e considere várias opções. Lembre-se da história de Mat Cropper no Capítulo 7. Quando falei com Mat, uma das coisas que ele mais esperava era a série de workshops da história curtos, de meia hora e específicos, que preparava os desenvolvedores e os verificadores para o planejamento.

Convide a equipe inteira e outras pessoas de cuja ajuda você pode precisar durante o próximo ciclo de desenvolvimento.

Planeje

Comece discutindo o grande objetivo para o próximo ciclo. Você escolheu algumas histórias para trabalhar. Como esse grupo de histórias ajuda a avançar na solução que você está tentando entregar?

Revise as histórias a serem discutidas. Não entre em detalhes minuciosos aqui — apenas o bastante para dar uma ideia geral a todos. Lembre-se da história de Nicola e Steve neste capítulo. Veja a parede onde está Nicola: muitas palavras e imagens para ajudar os membros da equipe a imaginarem, certo? Ela não é inteligente?

Defina um tempo para a equipe de entrega planejar sozinha. Lembre-se, as pessoas não colaboram. E as pessoas que criam e testam o software precisam pensar bem para criar suas receitas e montar as histórias — como Sydnie fez no Capítulo 10. Dê uma hora ou mais à equipe para se dividir em pequenos grupos e trabalhar juntos nas histórias. Se você é proprietário do produto, designer IU ou analista de negócio, fique por perto. Observe, se você gosta. Mas esteja pronto para responder as perguntas que os ajudarão a avançar mais rapidamente.

Em pequenos grupos, crie um plano para cada história. Lembra dos três amigos vistos no Capítulo 12? Verifique se os pequenos grupos são assim. E como uma equipe de desenvolvimento, decida quantas dessas histórias podem ser concluídas com sucesso no ciclo de entrega. Não se esqueça de levar em conta os feriados e os dias de folga. Certa vez, uma equipe me disse que o plano era tirar folga por causa do feriado de Ação de Graças, como se esse feriado surgisse do nada, surpreendendo a todos.

Todos juntos, concordem com o plano. No final do limite de tempo e depois de a equipe fazer planos para cada história, as pessoas precisarão voltar e compartilhar o plano — não detalhadamente, porque isso seria muito chato, até para elas. O importante para a equipe é ser clara sobre o que ela acredita que pode ser feito no ciclo. Ela deve levar a sério o plano e o acordo, sobretudo se deseja que as outras pessoas a considerem confiável e previsível.

O acordo pode levar um pouco de tempo, em especial se todo o trabalho que precisa ser feito não se encaixa no limite de tempo do desenvolvimento. É uma sorte você saber alguns truques para dividir mais as histórias. Tente diminuir uma história de melhor para apenas boa o bastante. Isso deve torná-la adequada.

Comemore. Você terminou. Antes, gostávamos de planejar de tarde. Tentávamos terminar um pouco antes da hora de saída. Então comemorávamos folgando no resto do dia. Aparecíamos no dia seguinte renovados e prontos para começar a trabalhar no plano criado juntos.

Use o Mapa da História durante a Entrega

Use um mapa para ter uma compreensão compartilhada com sua equipe de entrega. Muitas vezes ouço dos membros da equipe que trabalham em um processo Ágil como gostam de colaborar e se sentem produtivos porque toda semana ou a cada 15 dias eles veem e demonstram o software funcionando. Mas completam isso com afirmações do tipo: "Sinto que perdi a visão do todo. Tudo que vejo são as pequenas partes do produto que criamos." Use um mapa para dar à equipe a visibilidade do produto ou do recurso inteiro no qual vocês trabalham. Ela tomará decisões de design e desenvolvimento melhores se entenderem o contexto dessas decisões.

Use um Mapa para Visualizar o Progresso

Ao começar a criar a versão do produto, o mapa torna-se um bom painel visual para mostrar o que você criou e o que não.

Algumas equipes removem as histórias detalhadas do corpo do mapa quando as levam para concluir no desenvolvimento. Assim, quando olham o mapa, tudo o que veem é o que falta criar.

Outras equipes gostam de deixar o mapa onde está e usam canetas ou adesivos coloridos para marcar as histórias concluídas. Quando recuam e olham o mapa, têm uma visualização do que está feito e do que resta fazer.

Marque as histórias em um backlog mapeado para mostrar o progresso

● - terminado
○ - em progresso
◐ - planejado para a próxima iteração

backlog de trabalho

Use o mapa para identificar as próximas histórias a criar. Toda semana, os proprietários do produto precisarão avaliar o progresso do trabalho de desenvolvimento sendo feito e tomar decisões sobre o que é importante focar em seguida. Quando o mapa mostra o progresso, então é muito mais fácil examinar e procurar as áreas que precisam de mais foco. É como um pintor. Se você se afasta e observa a pintura inteira, fica mais fácil descobrir onde começar a trabalhar a seguir.

Use Mapas Simples durante os Workshops da História

Em cada ciclo de desenvolvimento, você identificará as histórias no mapa em que deve trabalhar a seguir. Levará essas histórias para as melhores conversas finais que terá durante os workshops da história.

Uma visualização fácil de criar durante esse workshop é um mapa simples. Talvez você esteja mapeando apenas três ou quatro passos que o usuário dá usando um recurso que está sendo discutido. Mas conseguir apontar as notas adesivas na parede que mostram o fluxo ajuda a agilizar a discussão. Quando começar a discutir os critérios de aceitação, escreva-os em notas adesivas e adicione-os ao minimapa. No fim, você terá uma visualização simples que dá suporte à conversa que você teve no workshop.

Visualize Seu Backlog de Trabalho

Chris Gansen e Jason Kunesh, painel da campanha de Obama

Como mostrou a campanha da eleição de Obama em 2008, a internet mudou para sempre a política. A estratégia online de Barack Obama teve um papel direto e significativo em sua candidatura e eleição subsequente. A estratégia para a eleição de 2012 foi fornecer ferramentas que dessem suporte aos civis tradicionais organizando e captando recursos, ao mesmo tempo que usava a tecnologia como uma "força multiplicadora" para compensar as grandes quantidades de dinheiro de terceiros entrando na corrida. Apesar de termos usado ferramentas como Pivotal Tracker e Basecamp para rastrear o trabalho que nossas equipes faziam para dar suporte ao Painel da Campanha de Obama 2012, para realmente ajudar a todos a entenderem o que estava acontecendo, usamos paredes cheias de notas adesivas. Você pode perguntar: "Por que perder tempo com um monte de Post-its na parede?" Aqui está o motivo.

Tínhamos duas culturas diferentes trabalhando juntas no mesmo espaço durante esse esforço. Éramos as pessoas no canto que tiravam as lâmpadas para trabalhar com relativa escuridão; que traziam nossos próprios teclados barulhentos; que usavam fones de ouvido gigantes para abafar o burburinho das entrevistas na TV a cabo, sinos e palmas que permeavam o escritório aberto no estilo redação; e que usavam camisas de heavy metal, não ternos de linho. Todas as pessoas que ajudaram nas campanhas anteriores, os caras de terno, vinham com uma visão tradicional do desenvolvimento de software. "Descrevemos os recursos que queremos, e vocês podem criá-los para nós. Para ontem." Eles não estavam acostumados a receber as coisas de modo incremental e vê-las mudarem e melhorarem de modo iterativo, e, com certeza, não estavam acostumados a fazer as concessões necessárias para a coisa que realmente precisavam quando ela tinha o maior impacto. É uma campanha. Não tem como estender a data de entrega, exceto por uma lei do Congresso! O dia após a eleição é passado, tendo terminado ou não. E não tinha como eles terem tudo que imagina.

Presidente Obama de terno e Jason de camisa pólo,
fazendo a demonstração de produto mais estressante de todos os tempos

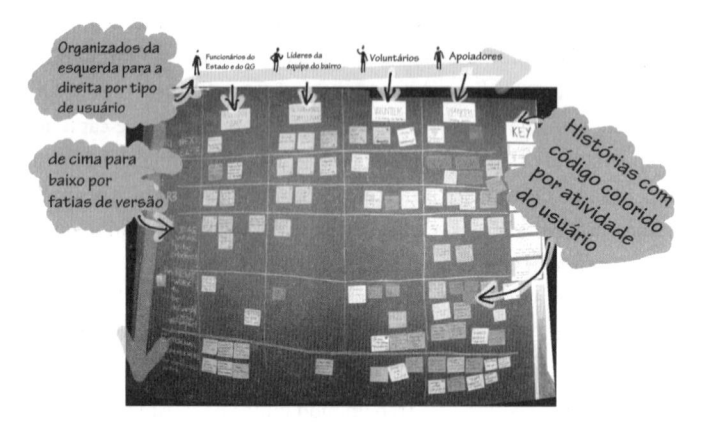

O Primeiro Quadro

Originalmente quando começamos, usamos algumas abordagens básicas de mapeamento para descrever as pessoas usando nosso sistema e as diferentes coisas que elas precisariam fazer. Então conseguimos organizar o trabalho em versões ao longo do tempo. Funcionou bem, mas era difícil para as pessoas que coordenavam a campanha realmente se engajarem pensando sobre como as pessoas trabalhariam no futuro, mais de um ano à frente do dia atual. Suas cabeças estavam focadas no que precisavam fazer *agora*. E elas faziam muitas suposições sobre o que voluntários e líderes do grupo fariam. Tinham que fazer, sobretudo se estivéssemos reimaginando o modo como trabalhavam.

Após sete meses, enviamos um produto mínimo viável pequeno — apenas o suficiente para lançar para nossos primeiros usuários em Iowa. Foi quando tudo mudou. A reação imediata foi ruim porque o que lançamos claramente não era tudo que as pessoas imaginaram que seria. Faltavam muitas coisas importantes. Tinha erros. Ouvimos muito "Por que vocês não fizeram certo da primeira vez?". Mesmo que assegurássemos que iríamos corrigir os problemas e melhorar as coisas a cada semana, elas não conseguiam realmente acreditar até que vissem. Mas conforme as coisas rapidamente melhoravam, elas sentiram mais confiança.

É onde entra a grande parede de notas adesivas. Usamos o Pivotal Tracker e o Basecamp, mas as outras pessoas não usariam essas ferramentas. Precisávamos ter um modo muito transparente para todos verem em que estávamos trabalhando e o que estava por vir. Nossa parede de histórias foi organizada da esquerda para a direita por semana no calendário, de cima para baixo segundo a prioridade. Estávamos focados no tempo. Havia um grande relógio na parede contando os minutos até a eleição. Todos sabiam que algumas coisas eram menos importantes agora e outras ainda mais críticas conforme se aproximava o dia da eleição. Toda história na parede tinha uma cor para a atividade da ideia afetada — como Trabalho de Campo, Montar Equipe, Registro do Eleitor e Comparecimento do Eleitor. Havia muita cor roxa na imagem porque era cedo e Montar a Equipe, representado por adesivos roxos, era mais importante do que outras coisas no momento, como Comparecimento do Eleitor.

Histórias coloridas por tipo

organizadas da esquerda para a direita por data da versão semanal

de cima para baixo por prioridade

Lançamento semanal da esquerda para a direita, prioridade de cima para baixo, codificado por cores por área do produto

Quando adicionamos coisas ao painel, fizemos junto às pessoas que dirigiam a campanha. Falamos sobre o que já estava planejado para aquela semana e quais eram as probabilidades de se tornar o trabalho da semana. Falamos sobre o problema real a resolver por trás da ideia do recurso. Juntos, decidimos a importância relativa de todas as outras coisas na parede. Quando chegou a hora de criar o software, o desenvolvedor responsável trabalharia direto com a parte interessada que ele conhecia melhor. Eles trabalhariam juntos para resolver os detalhes. Em alguns momentos, eram necessários muitos desenhos no quadro branco para se chegar a um acordo. Em outros, levávamos um dia e criávamos uns protótipos IU simples.

Essa grande parede visual de notas adesivas foi essencial para fazer uma ponte entre as pessoas que desenvolvem o software e as que precisavam dele. É o que elas precisavam que as ajudou a visualizar o que estava acontecendo e quando, e a participar ativamente nas tomadas de decisão.

Capítulo 17
Histórias Lembram Muito os Asteroides

Se você for de certa idade, talvez lembre com saudades de jogar o primeiro videogame *Asteroids*. Não vá embora. Garanto que é relevante.

No jogo *Asteroids*, você é representado por uma pequena nave voando no espaço sideral. Mas está preso em um campo de asteroides enormes e precisa atirar para sobreviver! Se atira em um asteroide grande, ele explode em asteroides menores. E para complicar mais, esses asteroides pequenos se movem mais rapidamente em diferentes direções — o que dificulta não ser atingido por eles. Se atirar em um dos asteroides menores, ele se dividirá mais ainda, se movendo mais rapidamente ainda em *diferentes* direções. Logo, a tela está cheia de asteroides de tamanhos variados voando em todas as direções possíveis. Por sorte, quando você atira nos asteroides minúsculos, eles explodem por completo e ajudam a limpar a bagunça.

Uma estratégia de asteroide realmente ruim é atirar em todas as pedras grandes e dividi-las em pedrinhas. A tela fica cheia de muitas pedrinhas voando por todo lado e você tem uma morte rápida e dolorosa.

Uma estratégia de gerenciamento de backlog do produto ruim é dividir todas as grandes histórias para que sejam pequenas o bastante de forma a caberem no próximo ciclo de desenvolvimento. Seu backlog ficará cheio com muitas pequenas histórias voando por todo lado e você morrerá. Bem, você na verdade não morrerá, mas será enterrado vivo em muita complexidade desnecessária. Você e as outras pessoas reclamarão sobre não ter a visão do todo no meio de todos aqueles detalhes minúsculos.

Divida as histórias progressivamente, e no momento certo.

Em cada discussão da história e estágio de divisão, você fará isso com um propósito em mente:

1. *Para as oportunidades* que você discutirá para quem são, quais problemas elas resolvem e se estão bem alinhadas com sua estratégia comercial. Talvez faça sentido dividir as oportunidades inchadas nesse momento.

2. *Durante a descoberta*, você discutirá as particularidades de quem usa o produto, por que e como. O objetivo da equipe é imaginar um produto que seja valioso, útil e viável de criar. Você quebrará muitas pedras aqui. Com sorte, você moverá apenas o menor número de histórias que precisa para um backlog da versão que descreve uma versão do produto viável mínimo.

3. *Ao planejar uma estratégia de desenvolvimento*, você discutirá sobre onde estão os riscos — aqueles que surgem das preocupações sobre do que os usuários gostarão e adotarão, aqueles que surgem das preocupações reais com a viabilidade técnica. Você quebrará pedras tendo em mente a aprendizagem, criando o que precisa primeiro para aprender o máximo possível.

4. *Ao planejar o próximo ciclo de desenvolvimento*, você terá suas melhores discussões finais para decidir exatamente o que criar e chegar a acordos sobre como verificará o software para confirmar se está concluído. Cada um desses acordos é uma oportunidade para dividir uma história ainda mais, com cada história atendendo a apenas um acordo.

Você pode ver que, se tentasse ter todas essas quatro conversas na mesma sessão, seria uma conversa longa e cansativa. Seria preciso uma grande variedade de pessoas para ponderar sobre os diferentes aspectos. E provavelmente vocês se reuniram segundo meus avisos e suas próprias experiências passadas de que grupos grandes de pessoas não trabalham bem juntos — pelo menos não todas na mesma sala ao mesmo tempo. Por isso, dividimos as histórias progressivamente ao longo do tempo com muitas conversas.

Remontando as Pedras Quebradas

No jogo *Asteroids*, é preciso ter muito cuidado com em quais asteroides você atira porque não pode remontar os asteroides divididos quando eles se partem. Mas você *pode* remontar as histórias.

Para evitar um backlog cheio de muitas histórias minúsculas, pegue um monte de histórias que combinam e escreva seus títulos em uma ficha como uma lista. Resuma os títulos com um único título na nova ficha. *Voilà*, você tem uma grande história.

É incrível quando você para e pensa. A ficha, e o título escrito nela, é um identificador tangível para muitas ideias intangíveis. As ideias são muito mais maleáveis do que pedras ou documentos pesados. Por vezes, esquecemos que o outro nome do desenvolvimento de software é trabalho intelectual. Quando esquecemos isso e nos fixamos nos documentos e no processo, ele se torna algo frio e administrativo. E quando trabalho com pessoas que gerenciam backlogs enormes cheios de histórias minúsculas, ele parece terrivelmente administrativo.

Agrupe as Pequenas Histórias para Limpar o Backlog

Eu costumo encontrar equipes do produto que têm backlogs com centenas de itens. E, de maneira previsível, elas me dizem que tentam priorizar esses backlogs. Quando os examino, muitas vezes estão repletos de muitas histórias pequenas. Falar sobre cada uma para tomar uma decisão de priorização levaria horas, ou dias em alguns casos. Então, não faça isso.

Se fosse o jogo *Asteroids*, você estaria perdido. Mas como não é, tente agrupar as pequenas histórias em histórias maiores:

1. Se suas histórias estão em um backlog eletrônico, coloque-as em fichas ou notas adesivas. Não importa a ferramenta usada, ele deve ser impresso ou exportado para uma planilha. Usarei uma mala direta simples em um processador de texto para criar etiquetas para todas as histórias, então as colo em uma ficha ou imprimo direto nas fichas.

2. Peça a ajuda de um grupo de membros da equipe que entenda o sistema. Reserve uma sala com muitas paredes ou espaço na mesa onde vocês possam trabalhar.
3. Dê muitas fichas da história a todos e peça que comecem a colocá-las na mesa ou colá-las na parede.
4. Quando vir uma ficha parecida com outra sendo colocada, agrupe-as. Não pense muito sobre o que significa "parecida", apenas siga seu instinto.
5. Faça essa organização em silêncio, pelo menos para começar. Você achará que é a conversa que desacelera as coisas. E é bom aprender a usar o modelo e sua linguagem corporal para se comunicar.
6. Mova e reorganize qualquer ficha que você queira. É o modelo de todos, e isso significa que ninguém tem a posse da posição de uma ficha. Se algo parece fora do lugar, mova. Se alguém discorda, a pessoa a retornará ao lugar. É sua deixa para discutir o motivo.
7. Após as coisas serem agrupadas, pegue uma ficha ou uma nova nota adesiva com cor diferente e crie um cabeçalho para cada grupo. Nessa ficha, escreva um nome da história melhor, um que extraia o motivo de todas as fichas serem parecidas. Se você escreveu uma extração chamada "Melhorias da IU", isso pode ser muito vago. "Melhorar a inserção e a edição dos comentários" seria melhor, pressupondo que essas mudanças da IU eram sobre os comentários.
8. As extrações se tornam histórias novas e maiores. As outras fichas se tornam pontos em sua descrição. Adicione essas extrações de volta ao backlog da versão. Ou se podem ser adiadas, mova-as de volta para o backlog de oportunidades.

Agrupar ideias parecidas

Pequenas histórias

Extrair: escreva uma nota adesiva que reúna as ideias no grupo

Histórias novas, maiores e mais fáceis de gerenciar

Isso funciona muito bem para os backlogs profundos compostos de muitos itens pequenos. Também é incrível para as listas de erros profundas. Você sabe que sempre existem muitos erros de baixa prioridade que nunca são corrigidos? Agrupe-os com outros erros de maior prioridade na mesma área do sistema. Quando um desenvolvedor corrige os erros de alta prioridade, muitas vezes é comum ver também os de baixa prioridade. Seus clientes e usuários o agradecerão por isso.

Não Exagere no Mapa

Muitas vezes ouço das pessoas que tentam entender o mapeamento da história que é "demais". Quando pergunto "O que deu errado?", elas falam sobre criar um mapa muito grande do sistema inteiro para discutir um simples recurso. E estão certas: é demais. Não faça isso.

Mapeie apenas o que você precisa para contar uma história sobre o recurso.

Por exemplo, eu trabalhava com uma empresa que fazia mudanças no recurso de comentário em seu software de edição de documentos colaborativo. A equipe mapeou a edição do documento em alto nível e só usou algumas fichas para tanto. Quando chegou na área do comentário, adicionou mais fichas que resumiam o que o produto fazia hoje usando muitos itens em uma ficha. Então começou a discutir as mudanças que gostaria de fazer, acrescentando muito mais fichas para todos os detalhes e opções considerados.

Ao adicionar um recurso a um produto existente, mapeie um pouco à frente de onde o recurso começa na história dos usuários e um pouco além de onde termina. Não mapeie o produto inteiro.

Lembre-se de que mapas da história dão suporte a conversas sobre seus usuários e ideias do produto. Uma boa regra é: se você não precisa discutir, não precisa mapear.

Não se Preocupe com Coisas Pequenas

Descrevi a jornada inteira para quebrar pedras e até o adverti para tratar essas pedras como asteroides no antigo jogo do Atari para não ficar tentado a quebrá-las rápido demais. Por trás de todas essas estratégicas está a suposição de que muitas histórias que propomos são grandes. Mas na verdade, muitas não são. Após entregar um produto ou um recurso aos usuários, imediatamente você encontrará muitas coisinhas que são bem óbvias — coisas que gostaria de ter considerado antes de enviar, mas não o fez. Pelo menos é assim comigo. Para isso, não tenho uma discussão da oportunidade nem reúno um grupo para fazer a descoberta do produto, porque seria óbvio para todos que elas terminaram. Para tanto, eu as colocarei em um backlog da versão atual e, assim que possível, farei um workshop com os membros da equipe para que possamos criá-las. O mesmo acontece com os erros, e muitas das pequenas melhorias.

Salvando o Mundo, Uma Pequena Correção por Vez

Esse é meu amigo Sherif, da Atlassian, mais uma vez. Ele estava explicando para mim que os membros da equipe do produto escolhem e trabalham em muitas pequenas correções e melhorias o tempo todo. Eles se preocupam muito com os usuários. E sabem que muitos errinhos e imperfeições deixam os usuários malucos — e isso os deixa malucos. Eles dizem que é como ter uma "morte por mil cortes de papel". Assim, na parede ao lado da equipe trabalhando em um produto chamado Green Hopper está um monte de marcas. Sempre que um membro da equipe corrige uma dessas coisinhas, ele marca na parede. Parece que 47 pequenas correções serão feitas na próxima versão. Se você usa o Confluence ou JIRA, agradeça a eles depois.

CAPÍTULO 18

Aprenda com Tudo que Você Cria

Se você seguiu um desenvolvimento tradicional a sério, talvez acredite que terminou quando o software é criado. Mas o desenvolvimento Ágil e as histórias são criados para aprender. Passamos muito tempo antes de criar qualquer coisa certificando-nos de que devemos criá-la, e acordando juntos se devemos criá-la. E, após criarmos, examinaremos de novo e perguntaremos sobre se deveríamos tê-la criado, e se é boa o bastante.

Vamos falar sobre todas as oportunidades que você tem para aprender depois de construir.

Revise como uma Equipe

Vamos retroceder à parte da comemoração. No final de um ciclo de desenvolvimento e teste, a comemoração é uma boa ideia. Você transformou algumas ideias, muita discussão, esboços e acenos de mão em um software funcional bom e honesto. Teria levado muito mais tempo usando um processo de requisitos tradicional. E você e sua equipe provavelmente sentiriam ter muito menos posse do resultado.

Depois de alguns cumprimentos, é hora de sentar como equipe e dar uma boa olhada no que foi feito. Se formos honestos com nós mesmos, provavelmente encontraremos algumas coisas que deveríamos mudar para melhorar o software. Para cada uma dessas coisas, escreveremos outra história e a adicionaremos ao nosso backlog da versão. Decidiremos se são mudanças que precisamos fazer agora ou podemos adiar até mais tarde durante nosso final de jogo.

Em processos como o Scrum, isso se chama *revisão de sprint*. Se você é um profissional Scrum, talvez tenha ouvido que todos são bem-vindos nessa revisão, mas sugerirei que faça algo diferente.

A equipe que trabalhou em conjunto, que teve as melhores conversas finais da história, que concordou sobre o que construir e que trabalhou junto para criar precisa de tempo e de um lugar seguro para discutir abertamente seu trabalho. O que as pessoas de fora da equipe, inclusive a liderança da empresa, pensam sobre o produto é importante e a equipe precisa ouvir a opinião delas. Mas essas pessoas não estavam nas conversas que criaram uma compreensão compartilhada sobre os detalhes do que criar. Elas não fizeram parte das discussões que criaram os planos detalhados para criar o software. E não trabalharam lado a lado com a equipe quando ela tornou essas discussões e acordos um software funcional. Primeiro precisamos avaliar se criamos o que imaginamos no nível de qualidade esperado e dentro do tempo planejado. Faça isso em uma *revisão e reflexão do produto da equipe*.

Receita da Revisão e da Reflexão do Produto da Equipe

A equipe que trabalhou junto para entender as histórias — e criar um plano de curto prazo para criá-las — deve parar e refletir sobre a qualidade do trabalho. Use um workshop curto para isso.

Qualidade do produto
UX?
Funcional?
Técnico?

Histórias para melhorar ou mudar o produto

Plano
Terminado?
Velocidade?

Processo
Funciona?
Não funciona?
Mudar?

Histórias com o trabalho restante

Limite esse workshop para incluir apenas as pessoas que trabalharam juntas para entender e planejar o trabalho. Inclua o proprietário do produto e qualquer pessoa na equipe de produto, além de desenvolvedores, QA (Quality Assurance — Garantia de Qualidade, em tradução livre) e qualquer pessoa que tenha feito trabalho de entrega ativo. Sim, estou dizendo que não tem problema excluir as partes interessadas do negócio. Compartilharemos com eles em breve. Mas agora precisamos de um lugar seguro para conversar.

Traga comida. Anos atrás em minha equipe, esse workshop simplesmente não podia começar se não tivéssemos *rosquinhas/biscoitos.*

Use esse workshop para *revisar três coisas: produto, plano e processo.*

Produto

Comece discutindo sobre o software criado como resultado das histórias. Coloque-o em uma tela para ter uma chance de testá-lo. *Todo* ele. Nas equipes grandes, talvez seja a única oportunidade para todos verem o trabalho uns dos outros.

Avalie sua qualidade subjetivamente como equipe. A avaliação vai gerar muitas discussões boas.

- *Discuta a qualidade da experiência do usuário.* Não apenas a aparência da IU, mas como é usá-la. É tão boa quanto o esperado? Avalie a si mesmo em uma escala de 1 a 5, com 5 sendo o máximo.
- *Discuta a qualidade funcional.* O teste aconteceu sem problemas ou havia muitos erros? Os verificadores esperam encontrar mais erros à medida que mais software é adicionado ou eles têm mais tempo para testar? Avalie a si mesmo em uma escala de 1 a 5, com 5 sendo o máximo.
- *Discuta a qualidade do código.* Você escreveu um código que será fácil de manter e expandir? Ou só escreveu sua próxima parte do código antigo? Avalie a si mesmo em uma escala de 1 a 5, com 5 sendo o máximo.

Escreva histórias para corrigir os problemas de qualidade vistos no produto.

Se você participou do trabalho de descoberta e entrega, e deveria, discuta seu trabalho de descoberta do último ciclo. O que você fez? O que aprendeu?

Plano

Se você trabalhou em uma iteração com limite de tempo ou um sprint, começou fazendo um plano e uma previsão de quanto poderia ser feito. Foi bom?

- *Decida quais histórias estão terminadas ou não.* Talvez seja mais difícil do que você pensa. Discutir ajuda sua equipe a ter uma definição comum do que ela considera terminado. "Terminado" significa que há testes automáticos? Significa que todo teste manual terminou? Significa que os proprietários do produto ou designers IU revisaram?

- Totalize o número de histórias que você concorda ter terminado. Isso é sua *velocidade*.
- Totalize as histórias iniciadas e não concluídas. Se forem muitas, sinalizará que você precisa trabalhar no planejamento. Chamo essa quantidade de *excesso*. Uma pessoa com quem trabalhei chamava de *ressaca*, porque dá dor de cabeça.
- Discuta a quantidade de tempo orçado no *trabalho de descoberta*. Você usou o tempo? Usou mais tempo do que o orçado? Usar muito pouco irá prejudicá-lo no futuro quando você não tiver as coisas prontas para criar e se sentir confiante. Usar demais pode prejudicar suas chances de entregar o que prometeu dentro do prazo.

Processo

Discuta o modo como você trabalhou no último ciclo de desenvolvimento. Você poderia fazer mudanças no modo como faz as coisas para melhorar a qualidade? Melhorar sua habilidade de planejar de maneira previsível? Apenas tornar mais divertido ir trabalhar todo dia? Como você se diverte, garanto que conseguirá fazer mais rápido.[1]

- Comece discutindo as mudanças experimentadas no último ciclo. Funcionaram? Você deseja mantê-las ou encerrá-las?
- Discuta as mudanças que gostaria de experimentar no próximo ciclo. Não muitas. As pequenas mudanças são melhores. Tentar mudar demais de uma só vez é como tentar assumir trabalho demais de uma só vez. Você ficará desapontado.

É isso. Você aprendeu com sucesso usando as histórias criadas e *todo* o trabalho feito para isso.

Revise com Outras Pessoas na Organização

Quando a equipe tiver uma avaliação justa do seu produto, aumente o público para incluir outras pessoas interessadas na organização. Esse grupo precisará de insight nas discussões que vocês tiveram como equipe e quaisquer concessões feitas. Lembre-se, as histórias traduzidas em um software funcional provavelmente são pequenas pedras fragmentadas de uma visão maior do produto acabado. As pessoas fora da equipe podem estar esperando ver esse produto acabado. É possível que elas mostrem o que falta porque

---

[1] Essa discussão da melhoria do processo costuma ser chamada de *retrospectiva* e existem muitas abordagens ótimas para realizar uma. Se você quiser ver uma receita mais completa das abordagens de retrospectiva, experimente o livro *Agile Retrospectives* (sem publicação no Brasil), de Esther Derby e Diana Larsen.

não fizeram parte das sessões de planejamento quando vocês decidiram o que adiar para depois. Espere por isso. E ajude-as a entender como as partes que vocês acabaram de criar se encaixam no plano maior. Faça isso em uma *revisão do produto com a parte interessada*.

Receita da Revisão do Produto com a Parte Interessada

Existem muitas outras pessoas na organização que provavelmente estão interessadas naquilo em que você trabalha e no que você realizou. Você precisará tornar esse trabalho visível para elas. Diferentemente da sua equipe, provavelmente essas pessoas não sabem os detalhes do que você escolheu criar nem onde se encaixam na visão do todo. Portanto você precisará planejar conectar o que realizou e aprendeu com o produto. Também é uma excelente oportunidade para aprender com elas, conseguindo seu apoio.

Convide todos que estão interessados. É uma grande revisão pública. Qualquer um que esteja interessado é bem-vindo. Verifique se a equipe inteira está lá. Ver as reações de outras pessoas ao que foi terminado, sejam positivas ou negativas, ajuda a lembrá-las que o que elas fazem é importante.

Traga comida. Garanto que todos gostarão do que você tem a dizer quando estiverem cheios de carboidratos. Até as más notícias descem melhor com cookies.

Você revisará duas categorias de informação: o trabalho de descoberta em que você se envolveu e as histórias que você entregou.

Revise o Trabalho de Descoberta

É fundamental revisar a descoberta. O melhor momento para se obter feedback das partes interessadas é antes de investir muito tempo ao criar algo. Se você mostra as lições reais aprendidas ao colocar o software diante de clientes e usuários, eles valorizarão a aprendizagem do que os clientes realmente pensam. A única coisa que supera a opinião de um executivo é a verdade nua e crua.

- Discuta cada oportunidade brevemente: para quem ela é, por que a criamos e os resultados esperados caso seja bem-sucedida.
- Discuta e mostre o trabalho feito para entender o problema e a solução.
- Discuta e mostre os protótipos e os experimentos feitos. Discuta o que clientes e usuários dizem sobre a solução.

Revise o Trabalho de Entrega

Minha experiência diz que as partes interessadas têm foco no que e quando você lançará para clientes e usuários. Devem estar porque só depois de lançar uma solução viável você conseguirá observar os resultados reais. Elas estarão interessadas no progresso feito para atingir esse objetivo.

Revise o trabalho de entrega concluído solução por solução. Pense na solução mínima viável como a pedra grande que seja a mais relevante para as partes interessadas.

Para cada solução:

- Revise os clientes-alvo, usuários e resultados da solução. É bom lembrar por que criamos isso e o que significa ter sucesso.
- Discuta e mostre os resultados das histórias criadas para cada solução. As partes interessadas darão feedback. Por sorte, se eles tiverem a chance de dar um feedback quando você faz o trabalho de descoberta, o feedback nesse ponto será "Sim, ainda parece bom".
- Discuta as histórias de forma global. Se você usar uma estratégia como na *Mona Lisa*, precisará explicar por que o software parece incompleto nesse ponto. Lembre-se de que essas pessoas talvez queiram ver um centímetro quadrado de uma imagem completa, e não o equivalente do software a um esboço da tela inteira.
- Compartilhe seu progresso para chegar a uma solução que seja lançável. Quanto trabalho resta? O que você aprendeu na criação da solução que afetará sua bem-sucedida entrega?

Esteja preparado para escrever histórias para novas oportunidades ou fazer as mudanças que precisará fazer.

É possível que as pessoas na sala, pouco familiarizadas com o que você está criando e por que, sugiram coisas que não são uma boa ideia.

Com respeito e gentileza, lembre-as do público-alvo e do resultado para a solução, por que a sugestão delas pode ser uma ótima ideia, mas não dá suporte ao resultado focado atualmente.

Mantenha seu trabalho visível para todos na empresa. Ajude-os a ficarem empolgados com o que você está fazendo e aprendendo.

O Suficiente

Fico confiante quando uso um produto do qual gosto e não aprecio todos os pequenos detalhes e decisões que foram incluídos nele. De fato, se funciona muito bem, é difícil notar o produto. Não observo como meu dispositivo móvel perde e restabelece uma conexão de internet. Não percebo quando mudo a posição de algo no app do celular no software de gerenciamento de tarefas que a versão da web parece sincronizar de imediato. Mas são qualidades importantes. E eu perceberia se não estivessem lá. Vocês como equipe vêm preparando muitos detalhes. Mas curiosamente podem não querer que os usuários e outras pessoas notem isso. Na verdade, podem querer que eles não percebam isso.

Você aprenderá muito com as partes interessadas na organização, os clientes que compram seu produto e os usuários individuais que o usarão quando colocar software suficiente diante deles para que possam ver claramente como ele os ajudarão a atingir suas metas.

Para as partes interessadas
> Um software suficiente pode ser o acréscimo de um recurso crítico para adquirir novos clientes. Ou o suficiente pode ser as informações sobre o que você aprendeu com os detalhes que devem estar no recurso para ele ser competitivo.

Para os clientes
> Um software suficiente pode ser o acréscimo de um recurso que representará um valor real quando eles e a organização deles começarem a usar o novo software.

Para os usuários
> Um software suficiente pode ser o acréscimo do software que os permita atingir uma de suas metas usando o produto.

Se você fez bem o processo de quebra das pedras, acabou com muitas partes pequenas e viáveis de criar. Cada uma destas partes permitiu que você e sua equipe aprendessem algo. Mas, se você esteve fazendo tudo certo, essas pequenas partes provavelmente são insuficientes para serem relevantes para outros grupos.

Na minha cabeça imagino isso como pequenas partes de software que criamos e empilhamos como peças de LEGO. Coloco todas essas peças em uma balança antiga, com dois pratos e um contrapeso de um lado. O que peso com essa pilha crescente de software é uma peça LEGO maior que representa o *suficiente* — o suficiente para permitir a um usuário concluir uma tarefa ou atingir uma meta; suficiente para os clientes o verem como parte de sua proposta de valor; suficiente para as partes interessadas do negócio verem como ajudará a organização a atingir uma meta de negócio. Quando o software suficiente empilha e inclina a balança, é hora de testá-lo com os usuários, revisá-lo com os clientes ou as partes interessadas do negócio.

Vocês, como uma equipe de colaboradores próximos, precisam revisar os resultados de toda história para aprender e melhorar não apenas seu produto, mas a maneira como planejam e trabalham juntos. Ao receber feedback e aprender com outros grupos, fique atento ao que é suficiente para esses grupos.

Aprenda com os Usuários

Talvez estejamos muito confiantes de que estamos criando as coisas certas quando começamos, mas para continuarmos assim é importante testar o software funcional com os usuários.

Observe que eu disse *testar* aqui. Não aprendemos muito com os usuários "mostrando e falando" — ou seja, demonstrando para eles, pedindo que se imaginem usando-o e decidam se gostam dele. É como ver um carro novo no salão e tentar decidir se gostaria de dirigi-lo. Fazer um test drive do software ajudará os usuários a realmente avaliarem se ele resolve o problema que eles têm. Como equipe, aprenderemos mais observando-os usarem. Se você e sua equipe tiveram boas conversas da história, provavelmente falaram sobre os usuários, por que eles valorizariam o que vocês criaram e como usariam. É vendo-os usarem que realmente valida essas hipóteses.

Quando você tem um software suficiente para permitir que os usuários façam algo significativo com ele, é hora de testar. Você pode não testar algo completamente novo. Pode ter feito mudanças ou melhorias em algo que seu produto já faz. Passe um tempo com os usuários para observá-los usando seu software fazendo um trabalho real.

Aprenda com o Lançamento para os Usuários

Vocês criaram pequenas quantidades de software e revisaram cada parte como uma equipe. Vocês o revisaram regularmente com as partes interessadas dentro da organização, com os clientes que comprarão ou adotarão seu produto, e com os usuários que o utilizarão. Mas, se você se lembra de onde este livro começou, não é o software que realmente queríamos — são os resultados obtidos após o software ser entregue e colocado em uso.

Quando você sente que criou o suficiente e está confiante de que terá esses resultados, então é hora de lançar o software para o mundo.

Eu imagino mais uma balança com as peças empilhadas do software que testei com os usuários, melhoradas de forma iterativa, e agora estou confiante de que poderia ser lançado. Equilibrarei essa pilha crescente com outra peça maior que também representa o suficiente — o suficiente para lançar e ter sucesso com o público-alvo. Quando consigo o suficiente, é hora de lançar.

Você precisará planejar para aprender com cada lançamento. Não lance o software e fique sentado esperando que seus clientes e usuários reclamem. Essas reclamações são os resultados. Mas muitas vezes são indicadores atrasados de como eles realmente se sentem e como o produto está se saindo. Para cada lançamento, discuta em equipe sobre como vocês medirão ou observarão os usuários do produto para saberem se realmente vocês têm os resultados esperados. Discutam e decidam como irão:

- Criar métricas para o produto que permitirão rastrear o uso dos novos recursos
- Agendarão um tempo para observar os usuários conforme eles usam a nova versão

Como equipe, discutam regularmente o que vocês aprenderam, então peguem suas ideias de melhorias e escrevam mais histórias. Algumas você verá como importantes o suficiente para implementar imediatamente. Outras você verá como oportunidades para adicionar ao backlog de oportunidades.

Resultados Seguindo um Cronograma

Existem algumas empresas e softwares que nos permitem lançar sempre que temos o suficiente. Mas para um número maior de empresas e produtos, talvez a maioria, precisamos lançar seguindo um cronograma. Se usamos nossa estratégia de desenvolvimento com eficiência, estabelecemos uma base para nossas histórias iniciais do jogo de abertura, criamos o produto usando as histórias do meio jogo e quando chega a hora de lançar, fazemos as histórias do final do jogo.

Agora precisamos lembrá-lo de mais verdades sobre o desenvolvimento de software.

O software nunca está realmente terminado.

Você implementará o software para cada história que sua equipe assume durante um ciclo de desenvolvimento curto. Mas provavelmente não terminará toda história imaginada no início do desenvolvimento nem identificada conforme aprende cada ciclo. Porém, se usou uma estratégia de desenvolvimento eficiente, o software será tão bom quanto pode ser no momento em que é lançado.

Os resultados nunca são garantidos.

Apesar de todo o trabalho feito para validar que você esteja criando as coisas certas, as pessoas que usam seu produto muitas vezes não se comportarão como o previsto. Planeje aprender com cada versão. Planeje fazer mudanças com base no que você aprendeu.

As melhorias feitas após o lançamento são as mais valiosas.

São essas coisas imprevisíveis que você observa quando os usuários começam a adotar e usar seu software com frequência que produzirão mais insight. Se você planejar ter tempo para realmente medir e observar os resultados, será recompensado com as pessoas que realmente amam seu produto e um produto que é realmente valioso para sua organização.

Use um Mapa para Avaliar a Prontidão do Lançamento

Você concluirá o lançamento do seu produto história por história. Conforme se aproxima a data de entrega prometida — e *sempre* há uma data de entrega prometida —, para cada atividade do usuário maior pergunte: "Se tivéssemos que enviar agora, qual avaliação nos daríamos?" Se você usa avaliações com letras, como na escola dos meus filhos, acabará com um boletim escolar para seu produto.

Por exemplo, se você viu um produto ou um recurso com cinco grandes atividades algumas semanas antes de sua data de lançamento prometida e viu um boletim com A, A–, B+, D, B+, talvez queira pegar as semanas restantes e focar a parte do fluxo de trabalho do usuário que atualmente tem nota D. Se no fim você lança com As e Bs, muito bom. Claro, ter somente As seria melhor, mas entregar dentro do prazo pode ser mais importante.

Avaliar a Prontidão do Lançamento na estrutura de um mapa

- feito
- em progresso
- planejado para a próxima iteração

esta atividade tem B- e precisa de mais trabalho

o boletim parece ruim agora, mas ainda resta tempo para...

À medida que a data de lançamento do produto se aproxima, trabalhem juntos para avaliar a prontidão do lançamento. Garanto a você, todos querem saber.

Este livro está quase acabando. Se você leu até aqui, talvez tenha opiniões sobre sua prontidão de lançamento. Poderia voltar ao sumário e escrever a letra de sua avaliação em cada capítulo. Tire uma foto com um smartphone e envie para mim. Eu adoraria ver.

Fim, Será?

Assim como um bom produto de software, este livro não está realmente terminado. Nele há muitos exemplos ótimos de pessoas que conheci e me falaram sobre as coisas legais que elas fazem com as histórias e o mapeamento da história. Tenho muitas outras histórias no meu HD também, e fico arrasado por não ter tempo para aprimorá-las e incluí-las no livro.

Existem também muitos outros detalhes que eu poderia discutir sobre as histórias e os mapas da história. E tenho certeza de que você tem perguntas sem respostas sobre usar histórias em seu próprio contexto. Conforme me aproximo do fechamento deste livro, também fico preocupado com isso.

Como alguém que é desenvolvedor, designer IU e gerente de produto, posso dizer que raramente fico contente no lançamento do produto. É nesse momento que sei sobre todas as coisas que não pude incluir e todas as coisinhas que poderiam ser melhores com um pouco mais de tempo para lapidar. Se você se importa mesmo com o que está criando, espero que se sinta assim também.

Repetirei a citação de Leonardo da Vinci que usei no Capítulo 4:

A grande arte nunca está terminada, apenas abandonada.

Vou parar de dizer que este livro é uma grande arte. Mas direi que o abandonei quando havia mais para ser feito. Deixarei esse *mais* para você e espero que dê notícias quando descobrir caminhos melhores para trabalhar junto a outras pessoas e criar ótimos produtos.

Agradecimentos

Esta foi uma das partes mais difíceis de escrever no livro. Fui suficientemente abençoado por ter o apoio de muitas pessoas ao longo da minha carreira. Recebo e continuo a receber muito encorajamento de todos que conheço e com quem trabalho. Então o que me assusta é que, assim que começo a agradecer às pessoas, esqueço de alguém. Se eu esquecer de você, sinto muito e desconfio que esteja em boa companhia.

E outra coisa, estou muito certo de que não tenho nenhuma ideia original. Ouvi dizer que não há mais ideias originais. Mas para mim especificamente, tudo que sei aprendi com as pessoas sábias com quem trabalhei nas duas últimas décadas. Com esses amigos e colegas inspiradores, aprendi e apliquei novas ideias e práticas. Nas longas discussões com eles, aprendi a interpretar e entender profundamente as experiências que tive ao praticar meu ofício. Parece difícil receber o crédito por qualquer ideia neste livro, uma vez que sei que a maior parte peguei emprestado ou simplesmente roubei de outras pessoas.

Sempre que tenho o que eu acredito ser uma ideia original, sou lembrado da *criptomnésia*. É uma palavra divertida que se aplica ao plágio inesperado do qual pessoas como George Harrison e Umberto Eco são culpados. A criptomnésia ocorre quando uma memória perdida retorna sem ser reconhecida como memória. O criptomnésico acredita que a ótima ideia que acabou de propor é nova e original, e não a memória perdida de algo que ele leu, ouviu ou vivenciou. As pessoas a quem agradeço a seguir provavelmente são muitas de quem roubei involuntariamente.

E com esse preâmbulo, começarei:

Quase desisti de escrever este livro. Tive um problema de verdade quando tentava escrever nos últimos 10 anos. Eu conseguia escrever pequenos artigos ou fazer uma palestra, mas, assim que tentava escrever qualquer coisa maior que mil palavras, as coisas davam errado. Posso descrever melhor a escrita do meu livro como taxidermia, ou seja, eu pegaria algo vivo e bonito, depois o mataria e o encheria. O melhor que eu poderia esperar é que seria realista. Peter Economy me tirou desse ciclo. Foram seus anos de experiência escrevendo e sua atitude sempre positiva e solidária que me ajudaram a encontrar uma voz escrita que funcionasse. Sou grato a Peter. Se você está lutando para escrever um livro, deve ligar para Peter.

Martin Fowler, Alan Cooper e Marty Cagan são meus heróis. Tive o prazer de conhecê-los, trabalhar com eles e ter longas conversas com todos. Seus pensamentos influenciaram o meu durante minha carreira. Dois deles acharam ser uma má ideia ter três prefácios no livro, mas fico feliz por ter insistido, e eles concordaram. Eles representam as vozes da engenharia, da experiência do usuário e da reflexão sobre o produto que vejo como essenciais para criar produtos de sucesso. Acho fundamental que você, leitor, ouça o que eles têm a dizer.

Alistair Cockburn tem sido meu amigo e mentor por mais de uma década. Estou muito certo de que muito do que eu acredito ser minhas grandes ideias foram roubadas de Alistair e minhas longas conversas com ele. Chamar de "mapa da história" o modelo de fichas da história que coloco nas paredes e nas mesas veio de uma dessas conversas. Conforme tentava explicar a Alistair o que era, lembro de dizer "é apenas um mapa das histórias". "Então por que você não o chama assim", disse Alistair. Em vez dos outros nomes bobos que eu estava propondo.

O que eu comecei a fazer com as fichas anos atrás para contar histórias e criar os backlogs do produto veio das práticas transformadoras que aprendi com meu amigo Larry Constantine. A prática do mapeamento da história e como penso sobre a experiência do usuário nunca teriam surgido sem a oportunidade de aprender diretamente com Larry.

David Hussman tem sido um amigo sábio, incentivador e uma alma gêmea há anos. Foi vendo David contando histórias e recebendo seu encorajamento que consegui encontrar a voz que tenho hoje. David criava mapas da história antes de eles terem esse nome.

E eu nunca teria concluído um livro sem o apoio de Tom e Mary Poppendieck. Tom em particular leu algumas das minhas piores taxidermias na última década e ainda assim oferecia palavras de encorajamento. Há alguns meses, ele se recusou a ir embora da minha casa até eu enviar meu rascunho final para a editora. Se ele não tivesse feito isso, eu continuaria mexendo no livro sem nunca o considerar bom o suficiente.

Outros amigos que se destacam como incentivadores e fontes de bons conselhos ao longo do caminho incluem Zhon e Kay Johansen, Aaron Sanders e Erica Young, Jonathan House, Nate Jones e Christine DelPrete.

Um agradecimento especial a Gary Levitt, a todas as pessoas na Globo.com, a Eric Wright da Liquidnet e a todos os meus amigos na Workiva por me deixarem contar suas histórias nos primeiros capítulos deste livro.

Inúmeras vezes ao longo dos anos eu fui abordado por pessoas que queriam me contar histórias sobre como elas usaram o mapeamento da história ou aplicaram um conselho que lhes dei. Meu segredo inconfessável é que aprendo mais com elas do que elas comigo. Fui feliz por ter a colaboração de apenas parte delas neste livro. Um agradecimento especial àqueles que puderam me dar uma contribuição em um prazo muito curto: Josh Seiden, Chris Shinkle, Sherif Mansour, Ben Crothers, Michael Vath, Martina Luenzman, Andrea Schmieden, Ceedee Doyle, Erin Beierwaltes, Aaron White, Mat Cropper, Chris Gansen e Jason Kunesh, Rick Cusick, Nicola Adams e Steve Barrett.

Há um grande grupo de pessoas com quem falei e aprendi, que simplesmente não tive tempo suficiente para conhecer devido ao meu prazo irracional. Essas pessoas incluem: Ahmad Fahmy, Tobias Hildenbrand, Courtney Hemphill, Samuel Bowles, Rowan Bunning, Scout Addis, Holly Bielawa e Jabe Bloom. A essas pessoas e a todas que leem isto, ainda quero suas histórias. Talvez eu lance uma versão especial dos realizadores do livro que incluam todas as cenas cortadas.

Na reta final para terminar este livro, recebi críticas detalhadas e valiosas de Barry O'Reilly, Todd Webb e, no último minuto, de Petra Wille. Todos os seus comentários detalhados me ajudaram a aparar as arestas do livro.

Por fim, obrigado a Mary Treseler e à equipe de produto na O'Reilly por aguentarem meus atrasos e agenda doida, continuando comigo até o amargo final.

Referências

(Apenas um com publicação no Brasil)

Adlin, Tamara; John Pruitt. *The Essential Persona Lifecycle: Your Guide to Building and Using Personas.* Burlington: Morgan Kaufmann, 2010.

Adzic, Gojko. *Impact Mapping: Making a Big Impact with Software Products and Projects.* Surrey, UK: Provoking Thoughts, 2012.

Adzic, Gojko. *Specification by Example: How Successful Teams Deliver the Right Software.* Shelter Island: Manning Publications, 2011.

Armitage, John. "Are Agile Methods Good for Design", Interactions, Vol. 11, publicação 1, janeiro-fevereiro de 2004. *http://dl.acm.org/citation.cfm?id=962352.*

Beck, Kent. *Extreme Programming Explained: Embrace Change.* New York: Addison-Wesley Professional, 1999.

Beck, Kent e Michael Fowler. *Planning Extreme Programming.* New York: Addison-Wesley Professional, 2000.

Cagan, Marty. *Inspired: How to Create Products Customers Love.* Sunnyvale: SVPG Press, 2008.

Cheng, Kevin. *See What I Mean: How to Use Comics to Communicate Ideas.* Brooklyn: Rosenfeld Media, LLC, 2012.

Cockburn, Alistair. *Agile Software Development.* New York: Addison Wesley Professional, 2001.

Cockburn, Alistair. *Writing Effective Use Cases.* New York: Addison--Wesley Professional, 2000.

Cohn, Mike. *User Stories Applied: For Agile Software Development*. New York: Addison-Wesley Professional, 2004.

Constantine, Larry L.; Lucy A. D. Lockwood. *Software for Use: A Practical Guide to the Models and Methods of Usage-Centered Design*. New York: Addison-Wesley Professional, 1999.

Cooper, Alan. *The Inmates Are Running the Asylum: Why High-Tech Products Drive Us Crazy and How to Restore the Sanity*. Indianapolis: Sams – Pearson Education, 2004.

Gothelf, Jeff. *Lean UX: Applying Lean Principles to Improve User Experience*. Sebastopol: O'Reilly Media, 2013.

Jeffries, Ron, Ann Anderson e Chet Hendrickson. *Extreme Programming Installed*. New York: Addison-Wesley Professional, 2007.

Klein, Laura. *UX for Lean Startups: Faster, Smarter User Experience Research and Design*. Sebastopol: O'Reilly Media, 2013.

Ries, Eric. *A startup enxuta: Como usar a inovação contínua para criar negócios radicalmente bem-sucedidos*. New York: Editora Sextante, 2011.

Sy, Desiree. "Adapting Usability Investigations for Agile User-Centered Design", Journal of Usability Studies, Vol. 2, publicação 3, maio de 2007. http://www.upassoc.org/upa_publications/jus/2007may/agileucd.html.

Tom Demarco et al. *Adrenaline Junkies and Template Zombies: Understanding Patterns of Project Behavior*. New York: Dorset House, 2008.

Yates, Jen. *Cake Wrecks: When Professional Cakes Go Hilariously Wrong*. Kansas City: Andrews McMeel Publishing, 2009.

Sobre o Autor

Em sua experiência de mais de duas décadas, **Jeff Patton** aprendeu que não existe "um jeito certo" de projetar e criar software, mas há muitos modos errados.

Jeff usa sua experiência de mais de 15 anos com uma grande variedade de produtos, desde pedidos de peças para aeronaves até prontuários eletrônicos para ajudar as organizações a melhorarem como elas trabalham. Onde muitos processos de desenvolvimento focam a velocidade de entrega e a eficiência, Jeff equilibra essas questões com a necessidade de criar produtos que entregam um valor excepcional e têm sucesso no mercado.

Jeff foca as abordagens Ágeis desde que trabalhou em uma primeira equipe de Programação Extrema em 2000. Em particular, ele é especialista em integrar um design UX eficiente e prática da gestão de produto com uma forte prática de engenharia.

Atualmente Jeff é consultor independente, coach de processos ágeis, coach do processo de design do produto e instrutor. Artigos atuais, trabalhos e apresentações sobre vários tópicos no desenvolvimento Ágil podem ser encontrados em *agileproductdesign.com* e no livro *Crystal Clear* (sem publicação no Brasil), de Alistair Cockburn. Jeff é fundador e moderador do grupo de discussão Yahoo na utilização ágil, colunista no StickyMinds. com e no IEEE Software, tem a certificação CST e é ganhador do 2007 Gordon Pask Award da Agile Alliance pelas colaborações no Desenvolvimento Ágil.

Colofão

O animal na capa do livro *Mapeamento da História do Usuário* é um rolieiro-de-peito-lilás, muitas vezes considerado um dos pássaros mais bonitos do mundo com sua plumagem em tons pastel, características marcantes e faixas longas na cauda. É um pássaro nacional do Quênia e de Botsuana, relativamente comum e presente em grande parte do sudeste da África.

Esses pássaros costumam ser solitários ou encontrados em pares, mas podem ficar em pequenos grupos familiares durante o inverno. Eles se empoleiram em pontos altos no topo de árvores e postes, e ficam parados observando a presa se aproximar. Depois de cair sobre a vítima, podem batê-la em uma pedra ou no chão até matar antes de engoli-la por inteiro.

Os pássaros são monogâmicos (com um companheiro para a vida toda) e o nome "rolieiro" vem das exibições aéreas que eles fazem durante a época de acasalamento. Os rolieiros-de-peito-lilás mergulham de uma altura considerável, então rolam no ar ao mesmo tempo que emitem um chamado alto para atrair um parceiro.

Muitos dos animais nas capas da O'Reilly estão em extinção; todos são importantes para o mundo. Para saber mais sobre como ajudar, acesse *animals.oreilly.com* (conteúdo em inglês).

A imagem da capa é da Braukhaus Lexicon. As fontes da capa são URW Typewriter e Guardian Sans. A fonte do texto é Adobe Minion Pro; a fonte do cabeçalho é Adobe Myriad Condensed e a fonte do código é Ubuntu Mono de Dalton Maag.

Índice

A

analistas de negócio, 169
antipadrão, 126
    cliente/revendedor, 168
aprendizagem validada, 131
armadilhas, xxi
arrogância do produto, 201
Asteroids, jogo, 245
atividades, 72, 74
aumento do escopo, 24
avaliação da oportunidade, 176

B

backdone, 21, 74
backlog, 6
    da oportunidade, 148, 174
    da versão, 150, 225, 246, 251
    de oportunidades, 248, 259
    de trabalho, 241
    do produto, 90, 187, 246
    enxuto, 20
    preparação do, 152
    refinamento do, 152
Basecamp, 243
Beck, Kent, 85

C

Cagan, Marty, 44
caixas térmicas de informações, 114
Cardboard, ferramenta, 118
cenários do usuário, 35
checklist, 102
ciclo da aprendizagem validada, 42
ciclo de desenvolvimento, receita, 238
clientes beta, 40
colaboração em aquário, 233
compreensão compartilhada, xxx, 50, 79
conversa, 90
conversar e documentar, 6
criptomnésia, 265
critérios de aceitação, 91

D

da Vinci, 56
decisão, 179
decomposição, 11
definição, 214
descoberta, 150
    do produto, 43
desenvolvimento com limite de tempo, 238
desenvolvimento de software, xii
    tempo que leva, 49
design por comitê, 161
design studio, 195, 214
    receita do, 196
design thinking, 212, 216
    definição, 214
    empatia, 213
    ideação, 214
    IDEO, 213

protótipo, 215
teste, 215
Dewey, sistema decimal, 115
diferenciador, 29
discurso do elevador, 82
documento perfeito, xxxii

E

empatia, 213
entrega, 151
épico, 145
equipe
    boa X equipe ruim, xv–xvii
    de descoberta, 164
    tamanho ideal, 163
esboço, 57
"E Se", jogo, 23, 70, 166, 199
esqueleto ambulante funcional, 51
estimativa, 49, 52
estratégia de aprendizagem validada, 42
estratégia incremental, 56
experimento do produto mínimo viável, 43

F

ficha, 6, 90
    da história, 115
    modelo, 97
    partes comuns, 115
fluxo narrativo, 22, 68, 74
    reorganizar o, 70
fotos, 91
frases verbais, 13

G

gibi de design, 222
Globo.com, 19
gráfico de burndown, 55

H

HiPPO, 31
história, xii, 3
    dividir, 144
    do usuário, 95

I

ideação, 214
    intencional, 195
impacto, xxxviii
interceptações do cliente, 223
irradiador de informações, 114
iteração, 58
iterar, 58

J

Jeffries, Ron, 89
jogo
    Bom, Melhor, Máximo, 236

K

Kano, modelo, 83
Kent Beck, xii

L

lançar software, 259
LEGO, peças, 257
líder do produto, 165

M

mapa da história, 7, 68
    a amplitude e a profundidade de um, 55
    backdone, 72
    de agora, 77
    dividir o, 74
    estrutura do, 17
    expondo o risco no, 54
    organização, 68

mapa da jornada, 78, 179
  narrativa, 192
mapeamento da experiência, 181
mapeamento da história, 4
  para grande organização, 81
  práticas recomendadas, 82
  seis passos, 80
máquina do workshop, 152
medida, 53
mesa de apostas, 29
métodos Ágeis, xii
modelos zumbis, 100
MVP. *Veja* produto mínimo viável
MVPe. *Veja* experimento do produto mínimo viável

N
nível da meta, 66–67
notas adesivas, organização, 69

O
oportunidade, 34, 148, 173
orçamento, 53
orgzonas, 191–192

P
palavras e imagens, 92
parceiros de desenvolvimento do cliente, 35
pequenas correções, 250
perfis organizacionais, 191–192
persona, 22, 189
Pivotal Tracker, 243
planejamento, 229
plano, 253
  de desenvolvimento, 51
pontos ativos, 180
priorização, 204
processo, 254–255
processo de aprendizagem validada, 218
produto, 253–254
  boletim, 260
  mínimo viável, 30, 222
profundidade, 74
programação extrema, 96
proprietário do produto, 161
proprietário do projeto (PO), 184
protótipo, 36, 215
público-alvo, 42

Q
qualidade, 127

R
raciocínio incremental, 59
redutor de custos, 29
requisitos, xxxvi, xl
  não funcionais, xxix
  ruins, 86
resultado, xxxvii
retrospectiva, 254
reunião, 227
revisão
  de sprint, 251
  do produto com o interessado
    receita, 255
  e reflexão
    receita, 252
  e retrospectiva do sprint, 155
roteiro de lançamentos, 27

S
saída, xxxvi
seguir/não seguir, 174
software suficiente, 257
solução mínima viável, 31, 142, 149, 209
solução viável, 203
Spike, 150

spoiler, 29
sprints, 52
startup enxuta, 42, 131, 218
    pensamento, 219
storyboards, 194
subtarefas, 67

T

tarefas, 64, 74
    do usuário, 64–65
    no nível do resumo, 67
    no nível funcional, 66
tela, abordagem, 176
telefone sem fio, xxvii
tema, 146
testar software, 258
teste, 215
    da história, 91

trabalho de entrega, 256
Três Amigos, 166

V

valioso, útil e viável, 162
velocidade, 254
videoconferência, 118

W

workshop, 253
workshop da história, 152, 166, 226–228
    receita, 228

X

xadrez, metáfora, 59